14歳からのプログラミング

First Programming Lessons for 14-year-olds and up

chiba Shigeru
千葉 滋

東京大学出版会

First Programming Lessons for 14-year-olds and up

Shigeru CHIBA

University of Tokyo Press, 2021
ISBN978-4-13-062461-9

はじめに

プログラミングを学ぶ楽しさの一つは、自分の手でいろいろなものを作れるようになることです。プログラミングを学べば、自分で考えたアイデアでゲームを作ったり、便利な Web サイトを作ったり、あるいはスマートフォンのアプリ（アプリケーション）を作ったりできます。ロボットやドローンを動かすためにもプログラミングは必要です。

プログラミングで何かを作ることは楽しいことですが、世の中にはプログラミングそれ自体が好きでそれを楽しんでいる人たちが大勢います。もしかすると世の中の素晴らしいソフトウエアは、そういうプログラミング自体が大好きな人たちが、そういう楽しみのついでに生み出している、とすら言えるかもしれません。

本書は、そういうプログラミングが大好きな人たちが知っている**プログラミング自体の楽しさ**を紹介できれば、と思って書いた入門書です。プログラミングはプログラムを書くことですが、このプログラムとはコンピュータにやって欲しいことを指示する手順書です。実はこの手順書、**同じ結果を指示するのに何通りもの異なる書き方、表現があります**。

どんな書き方や表現が最もよいか、それを考えることこそプログラミングの一番の楽しさでしょう。数学の問題を解くのが好きな人たちは、数学では同じ問題にもいろいろな解き方があり、その中でもエレガントな解法を考えるのが楽しい、と言います。物語を書いたり音楽を演奏したりする人たちも、同じプロット、同じ曲でも、アイデアをこらして自分なりの表現を見つける楽しみがあると思います。プログラミングにも、そういう自分なりの表現を探す楽しみ方があります。

世の中にはたくさんのプログラミング言語があります。なぜそんなにたくさんあるのか不思議に思いませんか。それは、既存のプログラミング言語ではできない表現、書き方を思いついた人たちが、それを可能にするために、新しい言語を作ってきたからです。わざわざ新しい言語を作ってでも使いたくなるくらい、プログラムの表現や書き方は面白いし深いのです。

本書は入門書ですから、プログラミングにおけるさまざまな表現や書き方のほんのさわりの部分しか紹介できません。しかし本書を入り口にして、プログラミング自体の面白さの世界へ一歩足を踏み入れてもらえればと思います。

もしプログラミングを職業にするのなら、プロフェッショナルとして選ぶべき表現、書き方というものがあります。しかし、楽しみのためにプログラミングをするのなら、どんな表現を選ぼうとあなたの自由です。プロの目から見たら眉をひそめてしまうような表現でも、あなたが好きならそれでよいのです。ようこそ、楽しいプログラミングの世界へ。

題材について

プログラミングを学ぶには何かをする簡単なプログラムを書いてみるのが一番です。学ぶ人の興味に合わせて題材を選ぶのがよいのですが、本書では題材として、コンピュータの画面上に簡単な絵（というか図形）を描いたり、ちょっとしたゲーム（らしきもの）を作ることを選びました。

プログラミングを学ぶことが主眼ですから、絵を描くといっても凝った絵を描くわけではありません。プログラミングで凝った絵を描こうとしたり、面白いゲームを作ろうとすると、**それなりの数学的なものの考え方**が必要です。本書は、おおよそ中学校ぐらいまでで学ぶ考え方ができれば読み進められるようにと思って書いてあります。

そのくらいの範囲でわかるような題材を選んでいるので、題材としては少しもの足りないかもしれません。より凝った絵を描いたり、本格的なゲームを作る話は類書に譲りたいと思います。

なお、必要なのは教科書に書いてあるような数学の知識ではなく、**数を扱う感覚や論理的な考え方**の方です。算数やパズルが得意な人ならば、もっと若い人でもすらすら読めように表なども多用して工夫したつもりです。このあたりの配慮は、逆に人によっては不要で余計なことと感じられるかもしれません。

JavaScript 言語について

本書では JavaScript（ジャバスクリプト）というプログラミング言語について学びます。そうは言っても JavaScript 言語の構文を網羅的に説明するわけではありません。JavaScript 言語の説明は基本的な部分に留め、JavaScript によるプログラミングを通して、多くのプログラミング言語に共通する考え方や面白さを学ぶことの方を重視しています。

また本書では、筆者が用意した本書専用のプログラミング環境を用います。これは初学者の人が最初にあまり本質的でない部分でつまずかないようにと考えたからです。またこの環境には、Scratch 言語風にブロックをつなぎ合わせて JavaScript のプログラムを組み立てる（書く）機能も用意されています。本書の中では使い方を説明しませんが、キーボードが苦手な人向けです。

本書を読み終えた後、この専用のプログラミング環境がないとプログラミングできないようでは少し面白くありません。そこで本書の最後では、このプログラミング環境を使わずに JavaScript 言語でプログラミングする方法も説明します。本書を最後まで読み通した後であれば、それを理解するのは難しくないと思います。

本書のプログラミング環境は、比較的新しい Web ブラウザさえあれば、何もアプリをインストールすることなく利用できます。Windows や Mac、あるいは Chromebook の方がやりやすいと思いますが、タブレットやスマートフォンでも利用できます。ただしキーボードはあった方がよいと思います。

対話篇について

本書を書き進めるにあたり、話の本筋からは少し外れる話題や、あるいは人によっては勘違いしやすい点の指摘などは、対話篇として本文から分離するようにしました。また対話篇は、本文の話の内容が切り替わるときの小見出しの役割ももたせています。

対話篇の登場人物は三人です。

嬢: 友香、お願いがあるのだけど。

友: ん、何？

嬢: 最近は小学生もプログラミングやるでしょ。あなたもやりなさい、ってママに言われて、大学生の家庭教師が来ることになったの。

友: さすがお嬢の家、教育熱心。でも自分で本読めば充分じゃない？ 先生必要なの？

嬢: 先生がついた方がママが安心するのよ。一人でやるの嫌だから友香も付き合ってくれない？

> **友:** やるやる。Scratch とか昔やったことあるし。で、先生はどんな人？
>
> **嬢:** 知らない。大学でプログラミングの勉強してるらしいんだけどね...

このような設定で対話篇を書いています。

謝辞

本書の草稿を読んで有益な助言をくれた Daniel Perez、奥田勝己、千葉小月、本藤あゆみ、山崎徹郎の各氏に感謝します。本書が少しでも読みやすいものになっているとしたら、それは各氏のときに遠慮のない指摘のおかげです。また鵜川始陽、中丸智貴の両氏にも助言を感謝します。東京大学出版会の岸純青氏には本書の企画の提案をいただいて以来、大変お世話になりました。最後に、こうして筆者が本を書いていられるのも妻典子のおかげです。ありがとう。

目次

第 1 章

プログラミングを始める

プログラムを書くこと、つまり**プログラミング**、は暗記科目ではありません。プログラムとは、コンピュータに何かさせるための命令（コマンド）を書き並べたものですが、個々の命令は単純なものですし、本質的にはそれほど多くの種類があるわけでもありません。しかし単純な命令でも、たくさん組み合わせると、驚くような結果を生み出すことができます。

1.1 JavaScript 言語を学ぶ

はじめてプログラミングを習うときは、どのプログラミング言語から始めるのがよいのでしょうか。プログラミング言語は世の中にごまんとあって、実用的に使われている言語だけ数えても両手には収まりません。

どのプログラミング言語がよいかはプログラミングで何をしたいかによる、と答える人がいるかもしれません。アメリカに旅行するなら英語を学ぶべきですし、フランス料理を学びたいならフランス語を学ぶべき、というわけです。プログラミング言語の場合、商用ゲームなら C++ 言語か C# 言語、機械学習 (AI) なら Python 言語、スマートフォンのアプリなら Swift 言語か Kotlin 言語、あるいは Java 言語でしょうか。Web サイトを作りたいなら Ruby 言語がよい、という人もいるでしょう。

とはいえ、これらの言語の基本は共通しているので、最初は取り組みやすいプログラミング言語を選ぶのがよいと思います。まずは基本を覚え、その後でより難しいプログラミング言語を習得すればよい、というわけです。1980 年代から 90 年代前半にかけては Basic 言語（この言語が生まれたのは 1964 年です）が取り組みやすい入門向けのプログラミング言語として知られていました。今の時代から見れば Basic 言語は入門用としてもあまり適切でない言語かと思いますが、覚えやすい簡単な言語ですし、Basic 言語が使えるコンピュータは当時、手に入れやすかったので、入門向け言語として広く選ばれていました。

本書では、プログラミングをする環境を手に入れやすく、取り組みやすいプログラミング言語として JavaScript（ジャバスクリプト）を選びました。JavaScript は 1995 年に生まれた言語で、Web ブラウザさえあれば、特別なソフトウェアのインストールなしに使える手軽なプログラミング言語です。同時期に登場した Java 言語と名前が似ていますが、まったく異なる言語です。JavaScript 言語には少し難しいところもあるのですが、本書は入門書ですから、そういう**難しい部分は意識的に避けて**、わかりやすい部分だけを使ってプログラミングします。そうすれば JavaScript 言語は入門向けとして悪くないプログラミング言語と思います。それに難しい部分を知らなくても、大半のプログラムは書けてしまいます。英語などと一緒で、難しい言い回しを知らなくても、**易しい言い回しを駆使すれば**、なんとかなるのです。

JavaScript は主に Web ページの制作に使われるプログラミング言語なので、書店に行くと JavaScript の本は Web デザインの棚に置かれているようです。しかし JavaScript は Web デザインに「しか」使えない言語ではありません。確かに JavaScript がよく用いられる分野は Web デザインなのですが、他の用途に JavaScript が使えないということはありません。実際、JavaScript はさまざまな分野で使われています。ゲームを作ったり、ショッピングサイトや SNS（ソーシャル・ネットワーキング・サービス）を作ったりすることも可能です。他のプログラミング言語でも、その言語がよく使われる分野がある一方、それ以外の分野でも普通に使われているのですが、それと同じです。

多くのプログラミングの入門書では、画面に絵を描いたり、簡単なゲームを作ったり、といった題材が使われるかと思います。本書でも、そのような題材を用いてプログラミングを学びます。JavaScript 言語に特徴的な Web デザインに関連するプログラミングはあえて避けています。そのようなプログラミングには JavaScript だけでなく HTML や CSS など Web ページを記述するための言語も合わせて学ぶ必要があります。また JavaScript の少し難しい部分の学習も必要です。それについては Web デザイナー（正確にはフロントエンドエンジニア）向けの他の書籍を参照してください。

本書は JavaScript 言語を用いるものの、一般的なプログラミング入門用の題材を通して、さまざまな言語に共通するプログラミングの基本を学ぶことを目指します。HTML や CSS といった Web に固有の事柄には触れずに、JavaScript だけでプログラムを書いていきます。

先: というわけで、俺が JavaScript 言語を教えます。お願いします。

嬢: 先生、よろしくお願いします。

友: お嬢の友達の友香です。よろしくお願いします！

先: テキストは俺の先生が書いた本だよ。本書のことね。

1.2 タートル・グラフィックス

プログラミングの入門的な解説では、しばしば亀を動かして絵を描く題材が登場します。これは**タートル・グラフィックス**といって、元々は 1960 年代にシーモア・パパート (Seymour Papert) というマサチューセッツ工科大学 (MIT) の教授らが考え出したものです。彼らはこれを子供たちの教育のために生み出しました。年少者向けのプログラミング教室でも使われるほど簡単な題材ですが、それゆえに、プログラミングの基本を学ぶにはとてもよい題材です。そこで、ここからの数章はこのタートル・グラフィックを使ってプログラミングの基礎を学んでいきます。

タートル・グラフィックスでは、紙の上には亀がいて、この亀がペンを引っ張っていると考えます。**亀が前に進めば、その軌跡にそって線が描かれます**。亀が回転して進む方向が変われば、亀の軌跡はジグザグな線になります。こういう亀の動きを画面上でシミュレートするのがタートル・グラフィックスです。ペンの色を変えたり、ペンを上げ下げして、線を描くのを止めたり再開したりできますので、意外に複雑な図形を描くことができると初学者に人気の題材です。

タートル・グラフィックスは最初 Logo というプログラミング言語向けに作られたのですが、今ではいろいろな言語で使えます。Python 言語や Scratch 言語でも使えます。よく年少者向けのプログラミング教室で、似たような亀のロボットを動かしますが、パパートらもタートル・グラフィックスのための亀ロボットを当時、実際に開発しています。パパートは、そういうロボットを使った子供向け教育の研究の先駆者でもあります。

先: タートル・グラフィックスは基本、絵を描くことしかできないけど、ずっとそれを題材にするわけじゃないんで。後で簡単なゲームを作る題材も出てくるから期待してて。

嬢: はい、最初は退屈でも簡単な方がいいので大丈夫です。

普通の JavaScript 言語はタートル・グラフィックスに対応していません。JavaScript のプログラミングでタートル・グラフィックスを扱うため、本書では筆者が作成した Web ページを使います。Web ページとはいっても、ページ上で直接プログラムを書き、ボタンをクリックするだけで書いたプログラムを実行できますから、これはちょっとした**プログラミング学習用の環境**です。

学習環境を Web ページとして用意することの利点は、学習にあたって Web ブラウザさえあればすぐに始められる点です。学習用の特別なアプリケーション（アプリ）をインストールする必要はありません。このような Web ページ上のプログラミング環境は特別めずらしくなく、とくに学習環境としてはいろいろなものが作られています。JavaScript のプログラミングであれば、Web ページ上であっても、書いたプログラムを外部に送信しないように学習環境を作るのも簡単で、プライバシーの点でも安心です。

一方で、このような Web ページ上の環境は、今のところ本格的な JavaScript 言語のプログラミングではあまり使われません。本格的なプログラミングでは、エディタと呼ばれるアプリケーション・ソフトウェアを使ってプログラムを書き、そのファイルを保存し、それを Web ブラウザで開いて実行する、という慣れないと面倒な手順を取るのが一般的です。そのような面倒な手順については本書の最後でふれることとし、最初はプログラミングの基本的な事柄に集中して学べるように Web ページ上の環境を採用します。

先: Web ページ上のプログラミング環境だから、パソコンでもタブレットでも何からでも使える。

友: スマホでもできる？

先: 画面が小さいけど、一応スマホでもできるはず。学校の休み時間にもできるじゃない？

嬢: あ、私たちの学校、それ禁止なんです。

先: ... ええと、次、実習するからパソコンを準備してくれる？

それでは早速、プログラミングのための Web ページを開いてみましょう。下記のページを開いてください。

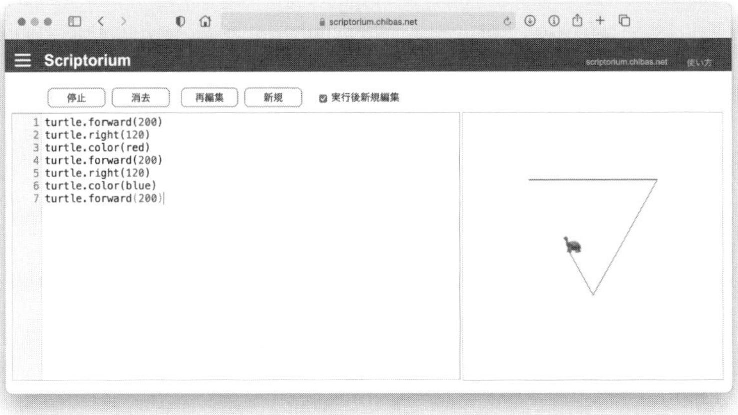

図 1.1 プログラミングのための Web ページ

`https://scriptorium.chibas.net`

図 1.1 のようにページは主に二つの**ペイン**（四角い枠の区画）からなります。上部にボタンが並んでいる左側のペインにプログラムを書きます。図 1.1 では左側のペインの中に既にプログラムが書かれていますが、ページを開いた直後は、このペインの中は空です。

ここにプログラムを書き、実行ボタンを押すと、右側のペインに絵が描かれます。実行ボタンはペインの上に並んでいるボタンの一つです。図 1.1 は実行ボタンを押した後なので、実行ボタンは停止ボタンに変わっていて右側のペインに絵が描かれている途中です。描いた絵を消したいときは、消去ボタンを押します。

嬢: URL の scriptorium って何ですか？

先: 中世ヨーロッパの修道院の写本を作る部屋。

嬢: 『薔薇(ばら)の名前』[1] に出てくるお部屋ですね。

先: それ有名な本？ 俺、そういう教養ないからなあ。とにかく、俺の先生は写本を写経に引っかけたんだ。

友: 写経？ 写経は仏教だったような... 修道院はキリスト教ですよね？

1) ウンベルト・エーコ（河島 英昭 訳）『薔薇の名前』東京創元社、1990 年。

先: … ええと、手本のプログラムをただ書き写す（タイプし直す）ことを俗に写経というんだよ。写経はプログラミングの練習にはとてもよいから、二人にも写経しながら学んでもらうつもり。

1.3 亀を動かす

実際にプログラムを書いてタートル・グラフィックスで絵を描いてみましょう。次のような一行のプログラムを書いて、実行ボタンを押してください[2)]。

```
turtle.forward(200)
```

具体的には図1.2のように書いてから実行ボタンを押します。一行しかなくても立派なプログラムです。実行ボタンを押すと、書いたプログラムにしたがってコンピュータが動いて絵を描きます。プログラムにしたがってコンピュータを動かすことを、**プログラムを実行する**といいます。

実行ボタンを押すと、右側のペインに亀が現れて水平に線が描かれたと思います。turtle.forward は亀を前にまっすぐ進める命令です。forward は英語で「前へ」の意味です。命令は他にもありますが（後で紹介します）、最初ですから、まずは turtle.forward 命令を使います。実行すると、亀はペンを引っ張っている想定なので、**亀が進んだ跡**に線が描かれます。亀が進む距離は turtle.forward に続く括弧の中に書きます。上の例では 200 です。

プログラムを書くときの一般的な注意点を以下にあげておきます。

- **半角**英数字[3)]を使います。原則、全角文字は使いません。括弧も半角文字

図 1.2　プログラムを書く

2)　実行ボタンの代わりに、Shift キー（キーボードによっては ⇑ キー）を押しながら Enter（あるいは Return や ↩）キーを押しても実行できます。ただしこの方法で実行できるのは、カーソルがプログラムを書くペインの中にあるときだけです。

3)　半角文字は「半角/全角漢字」キーで半角英数モードに切り替えて入力します。macOS なら

の括弧です。空白も半角の空白文字です。横に長い空白のときは、半角の空白文字を何個か並べて横長にします。JavaScript 言語の場合、本当は全角の空白文字も使えますが、他の大半のプログラミング言語では使えないので、使わない習慣をつけるべきです。

- アルファベットの大文字と小文字の違いに注意してください。turtle と書くべきところを Turtle と書いたら間違いです。
- ドット（ピリオド）やカンマ、アンダースコア _ などの記号に注意してください。`turtle.forward` の turtle と forward の間の点は半角文字のドット（ピリオド）です。全角文字の中点・ではありません。
- 空白の有無には慣れが必要かもしれません。伝統的にプログラムの表示には等幅フォントが使われます。アルファベットは文字によって横幅が異なるのですが、等幅フォントでは同じ大きさのマス目を埋めるように文字を配置します（均等字送り）。それを手がかりに空白の有無を判断してください。たとえば `turtle.forward` のドットの前後に空白文字は不要です。空白文字があるように見えたとしても、字送りを均等にするために隙間が空いているだけです。
- プログラムが複数行にわたる場合、各行の右端では Enter（あるいは return や ↩）キーを押して改行します。行の右端のさらに右側に余分な空白文字があっても問題ありませんが、普通は空白文字をいれずに改行します。

プログラムを書くときには常にこれらのことに注意してください。

> **先:** 半角と全角の違いはわかる？
>
> **嬢:** 横幅が半分なのが半角文字、と習いました。
>
> **先:** アルファベットは字によって横幅がまちまちだから、その説明はどうかなあ。たとえば m と i の横幅はだいぶ違うよ。
>
> **嬢:** でも普通、見ればわかると思いますが（図 1.3）。
>
> **先:** ええと...

「英数」キーを押して英字モードに、iOS や iPadOS なら英語キーボードに切り替えて入力します。

turtle. forward(200)
ｔｕｒｔｌｅ．ｆｏｒｗａｒｄ（２００）

図 1.3　半角文字（上）と全角文字（下）

図 1.4　亀を右回転させる（上に見えるのは直前に実行したプログラム）

> **友:** 全角のアルファベットは字と字の間が不自然に広いから、たいてい見ればわかるよね。でも紛らわしいのもあるから、書くときは半角英数モードになっているか気をつけろ、ってことかな。

さて、書いたプログラムの実行が終了すると、左側のペインの中は再び空になったと思います。書いたプログラムは左側のペインの上に表示されているはずです。続いて次のプログラムを書いて実行してください。

```
turtle.right(120)
```

具体的には図 1.4 のように書いて実行ボタンを押します。今度は亀の進む向きが 120 度右回転します。turtle.right が右回転の命令で、続く括弧内の値が回転角度です。先ほどは turtle.forward でしたが、今度は turtle.right です。このように括弧 () の前に書く言葉を変えることで、命令の内容が変わります。なお、このプログラムを**実行しても絵は変わりません**。次に亀が前に進むとき、進む向きを変えるようにコンピュータに伝えただけです。

再び亀を前へ進めます。下のプログラムを書いて実行してください。

```
turtle.forward(200)
```

亀は 200 進みますが、今度は左下に向かって進みます。先ほど turtle.right で亀が進む向きを変えたからです。ここまでで図 1.5 のような絵が描かれます。

もう一度、亀が進む向きを変えてから前へ進めます。今度は二行をまとめて一度に書いて実行してみましょう。

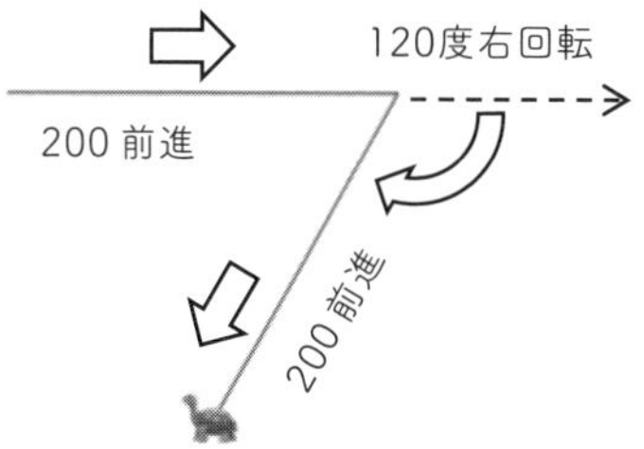

図 1.5　前進、回転、前進

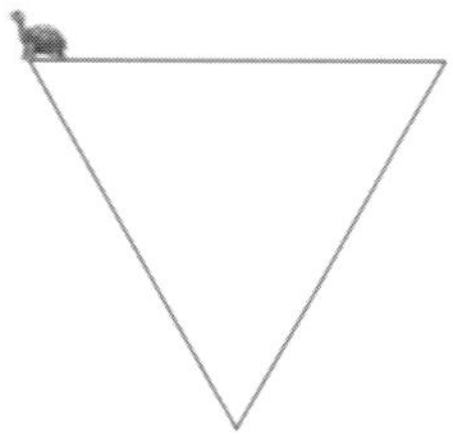

図 1.6　三角形を描く

```
turtle.right(120)
turtle.forward(200)
```

各行の右端では Enter キーを押して改行します。実行すると亀が向きを変えてから前進するのがわかると思います。ちなみに上のプログラムは二行まとめて書いて実行せずに、これまでのように一行ずつ書いて実行しても結果は同じです。ここまでの実行で図 1.6 のような三角形が描かれます。

このように二行のプログラムを実行すると、最初に上の行の命令にそってコンピュータが動き、次に下の行の命令にそってコンピュータが動きます。このことを、最初に上の行の命令が実行され、次に下の行の命令が実行される、などとも言います。このようにプログラム全体だけでなく、プログラムの中の各行についても、ある**行を実行した**、ある**行が実行された**、などの言い方をします。これらは、その行の命令にそってコンピュータを動かした、コンピュータが動かされた、という意味です。

消去ボタンを押して、描かれた三角形を消してください。ここまでのプログラムをまとめて一つのプログラムにし、実行ボタンを 1 回押すだけで三角形が描かれるようにしましょう。

```
turtle.forward(200)
turtle.right(120)
turtle.forward(200)
turtle.right(120)
turtle.forward(200)
```

全部で五行のプログラムです。これを図 1.7 のように書いて実行ボタンを押すと、再び図 1.6 のような三角形が描かれます。各行をばらばらにして一つ一つ実行した場合と描かれる絵は同じです。複数行からなるプログラムを実行すると、原則として**上から下の順に一行ずつ順番に命令が実行されます**。まず 1 行目が実行され、終わると 2 行目が実行され、と続き、最後に 5 行目が実行され

```
1 turtle.forward(200)
2 turtle.right(120)
3 turtle.forward(200)
4 turtle.right(120)
5 turtle.forward(200)
```

図 1.7　まとめて一つのプログラムにする

て、プログラム全体の実行が終了します。

　一行だけのプログラムも立派なプログラムですが、このように何行かまとめた方がよりプログラムらしい感じがしてきます。プログラムとは、**たくさんの命令をコンピュータにやらせたい順に上から下へ並べたもの**です。コンピュータは並べられた命令に順にしたがって動いていきます。

1.4 ┃ コメントを書く

　亀を操作する命令は turtle.forward と turtle.right だけではありません。命令の一覧を章末の表 1.1 に示します。

　たとえば turtle.color 命令を使えば、亀が描く線の色を変えることができます。次のプログラムは辺が黒、赤、青の三角形を描きます。

```
turtle.forward(200)
turtle.right(120)
turtle.color(red)
turtle.forward(200)
turtle.right(120)
turtle.color(blue)
turtle.forward(200)
```

途中で turtle.color 命令を実行しています。最初、線の色は黒ですが、この命令を実行した後に turtle.forward 命令で描かれる線の色は、red（赤）や blue（青）に変わります。本書のタートル・グラフィックスでは、color に続く括弧の中に、他に black や white、green を書くことができます。

> **先:** あとコメントの説明をする。これがないとプログラムの内容を解説するときに不便だからね。

プログラムには、各行の命令の意味などの説明をメモ的に書き込むことができます。これを**コメント**（注釈）と言います。コメントの機能はどんなプログラミング言語にもあり、JavaScript 言語では、// から右側行末までがすべてコメントとして扱われます。/ は斜線あるいはスラッシュと読みます。

コメント（注釈）とは、後で読み返したときにプログラムの意味がわかるようにするための補足説明です。補足説明なので、プログラムの実行の際は無視されます。無視されますから // の右側には日本語でも英語でも好きなことを書けます。書く内容もプログラムの意味に限らず、何でもかまいません。「後で変える」のような覚え書きのようなメモでもかまいません。

本書のようなプログラミングの本では、コメントはプログラムの各行の動きなどを説明するために便利に使われます。たとえば上の色つきの三角形を描くプログラムなら、コメントをつけて次のように書くこともできます。

```
turtle.forward(200)
turtle.right(120)
turtle.color(red)      // ペンを赤に
turtle.forward(200)
turtle.right(120)
turtle.color(blue)     // ペンを青に
turtle.forward(200)
```

途中の turtle.color 命令の説明のためにコメントを加えてあります。この方が turtle.color 命令が目につきやすく、見やすいと思いませんか。コメントの開始位置、つまり // の位置はどこでもかまいません。上の例では、二つのコメントの開始位置を縦にそろえてありますが、必ずしもそろえる必要はありません。そろえた方が見やすいので、そろえてあるだけです。

コメントは、あってもなくてもプログラムの動作は変わりません。上のプログラムではコメントを加えましたが、元の色つきの三角形を描くプログラムと動作はまったく同じで、描かれる絵も同じです。コメントつきのプログラムを Web ページ上の環境に自分で書き写すときは、コメントを含めて書き写してもよいのですが、コメントを除いて書き写しても問題ありません。両者は同じものです。

章のまとめ

- **JavaScript 言語**
  本書のプログラミングに用いるプログラミング言語。Web ページの制作の他、さまざまな用途で使われている。

- **プログラム**
  単純な命令を並べたもの。原則、各命令は上から下の順に実行する。

- **コメント**
  注釈。プログラムの実行中は無視される。// から行末まで。

表 1.1　亀を操作する命令の一覧

命令の名前	動作	括弧の中身
turtle.color	線の色を変える	black, white, red, green, blue
turtle.down	ペンを下げて線を描き始める	なし
turtle.forward	亀を前に進める	移動距離
turtle.left	亀の向きを左へ回転させる	回転角度
turtle.move	亀の位置を移動	移動先の x 座標と y 座標
turtle.right	亀の向きを右へ回転させる	回転角度
turtle.speed	亀の速度を変える	速度（初期値は 1）
turtle.up	ペンを上げて線を描き終える	なし
turtle.width	線の太さを変える	線の太さ（初期値は 1）

第2章 小さな部品を組み合わせる

タートル・グラフィックスでは、亀を操作する命令を上から下にいくつも書き並べると、いろいろな絵を描くことができます。コンピュータは並べられた命令を上から順に実行し、命令にしたがって亀を動かします。

単純な仕組みですが、命令の組み合わせを工夫すると、思いもよらない絵を描くこともできます。本章では引き続きタートル・グラフィックスを題材にプログラミングをしていきます。一つ一つの命令は小さな部品のようなもので非力ですが、それらをたくさん組み合わせることで、個々の命令だけでは描けない絵を描きます。

2.1 亀の座標

タートル・グラフィックスでは亀が進んだ軌跡にそって線が描かれます。亀を前にまっすぐ進める命令は turtle.forward ですが、もう一つ turtle.move という命令もあります。こちらは亀が今向いている方向に関係なく、今いる位置から指定の座標の位置に向かってまっすぐ亀を進める命令です。亀が今いる位置と指定の座標の間に直線が描かれます。

進む先の座標は turtle.move に続く括弧の中にカンマで区切って書きます。たとえば

```
turtle.move(100, 50)
```

という命令は、枠の左端から右へ水平方向に 100、上端から下へ 50 の点の座標（図 2.1）に亀を移動させます。

座標は左上隅が原点 $(0, 0)$ で、水平方向は右へ行くほど大きな正の数、垂直方向は下に行くほど大きな正の数、となります。亀の最初の位置、あるいは消去ボタンを押した直後の位置の座標は $(100, 100)$ です。普通の数学で扱う座標

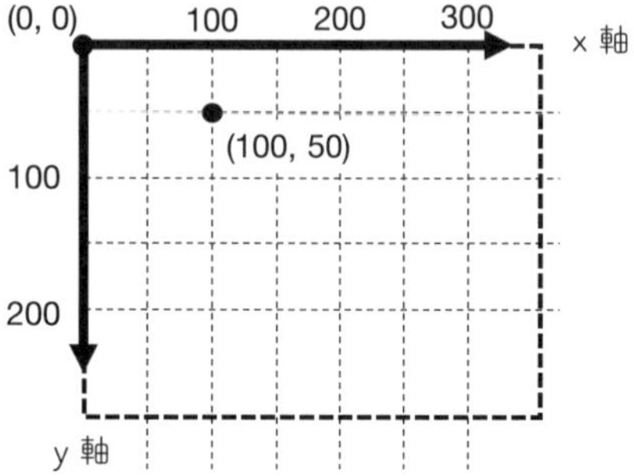

図 2.1　画面上の座標 (100, 50)

系のいわゆる y 軸とは**上下が逆さま**になっている点に注意してください。画面の上端が 0 で、下に行くほど数が大きくなります。

> **友:** なんで y 軸が逆さまなの？
>
> **先:** さあ、プログラミングでは y 軸は上が 0 が普通だよ。歴史的な事情じゃないかな。

例として次のプログラムを書いて実行してください。実行前に消去ボタンを押して前に描いた絵を消してから実行してください。

```
turtle.move(100, 50)
turtle.move(200, 100)
turtle.move(150, 200)
```

実行すると、亀は最初、座標 (100, 100) の位置にいますが、そこからまず座標 (100, 50) へまっすぐ移動します。ついで座標 (200, 100) へ移動し、最後に座標 (150, 200) へ移動します。亀が進んだ軌跡にそって線が描かれますから、座標 (100, 100) と (100, 50) の間と、座標 (100, 50) と (200, 100) の間、そして座標 (200, 100) と (150, 200) の間に合わせて 3 本の線が描かれます（図 2.2)。

タートル・グラフィックスでは亀の軌跡にそって線が描かれますから、**基本は一筆書き**です。亀が尻尾につけたペンを紙の上で引っ張っていて、そのペンで線が描かれるということになっています。しかし一筆書きだけではつまらないので、引っ張っているペンを尻尾で持ち上げて紙から離す命令と、離したペンを再び紙につける命令も用意されています（図 2.4)。ペンが紙から離れている間は、亀が進んでも線が描かれません。

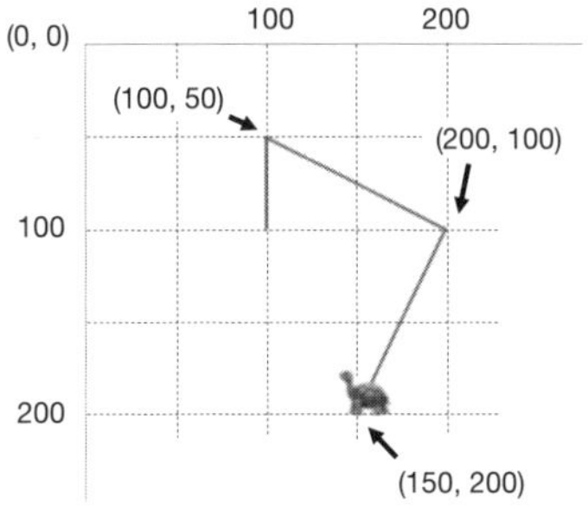

図 2.2　turtle.move で線を描く

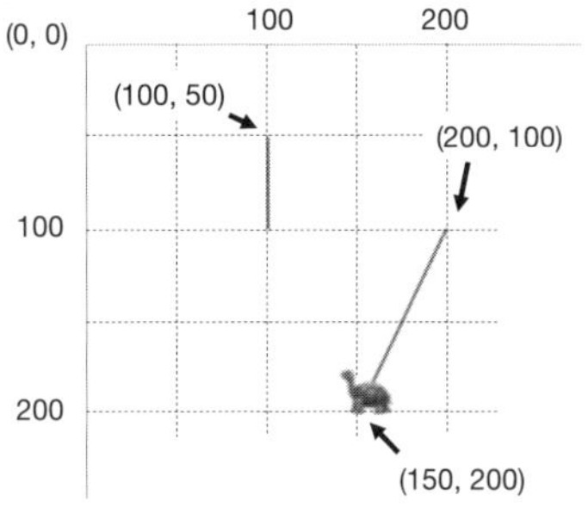

図 2.3　途中でペンを上げ下げする

図 2.4　亀はペンが下がっていれば線を描き、上がっていれば描かない

ペンを持ち上げて (pull the pen *up*)、ペンを紙から離すのが turtle.up 命令で、ペンを下げて (pull the pen *down*)、ペンを紙につけるのが turtle.down 命令です。turtle.up は線を描くのを一時的に止める命令、turtle.down は再び線を描き始める命令、と考えることもできます。turtle.up でペンが紙から離れたら、turtle.down が命令されるまで**ずっとペンは紙から離れたまま**です。turtle.forward や turtle.move を何回も命令し、亀がいくら動いても線は描かれません。

turtle.up と turtle.down は、turtle.move をはさみこむことで、軌跡の線を描くことなく次に線を描き始める位置に亀を移動させるのによく使われます。これによって、タートル・グラフィックスでも**一筆書きではない、普通の絵**を描くことができます。

例を示します。先ほどのプログラムに turtle.up と turtle.down を加えてみました。2 本目の線は描かれません（図 2.3)。

```
turtle.move(100, 50)  // 線を描く
turtle.up()           // ペンを上げる
turtle.move(200, 100) // 亀が動くだけ
turtle.down()         // ペンを下げる
turtle.move(150, 200) // 線を描く
```

turtle.up と turtle.down に続く括弧の中は空であることに注意してください。この命令を実行するのに、特に何かの数値を決める必要がないからです。空であっても括弧は () のように書かなければなりません。

プログラムは上から順に一行ずつ実行します。**最初はペンが紙についていますから**、1 行目の turtle.move は亀を移動させながら、その軌跡にそって普通に線を描きます。しかし 3 行目の turtle.move が turtle.up と turtle.down にはさまれているので、この turtle.move は線を描くことなく亀を座標 (200, 100) に移す働きをします。最後の 5 行目の turtle.move は、turtle.down の後なので再び線を描きます。結局、このプログラムを実行すると最初と最後の 2 本しか線を描きません。

2.2　点線を描く

亀を前へ進める turtle.forward も、指定した座標へ亀を動かす turtle.move も単独では直線しか描けません。しかし、これらを turtle.up や turtle.down と組み合わせると点線を描けます。turtle.up と turtle.down は本来、一筆書き以外の絵を描くための命令ですが、点線を描く助けにもなるのです。プログラミングでは**上手な命令の組み合わせ**によって、個々の命令が**直接実現できないことを可能に**します。

点線を描く方法は簡単です。一度に線を描くのではなく、少し線を描いてはペンを上げて紙から離し、少し進んだらペンを下げて紙につけ、また亀を進めて線を描き、を繰り返せばよいのです。

プログラムにすると次のようになります。

```
turtle.forward(20)   // 20 進む
turtle.up()          // ペンを上げる
turtle.forward(10)   // 10 進む
turtle.down()        // ペンを下げる
turtle.forward(20)   // 以下同じ
turtle.up()
turtle.forward(10)
turtle.down()
turtle.forward(20)
turtle.up()
turtle.forward(10)
turtle.down()
turtle.forward(20)
turtle.up()
```

図 2.5 点線を描く

```
turtle.forward(10)
turtle.down()
turtle.forward(20)   // 最後に 20 進んで終わり
```

実行すると図 2.5 のような点線を描きます。プログラムは上から順に実行されますから、まず 1 行目の turtle.forward 命令で亀を前へ進め、長さ 20 の線を描きます。次に 2 行目から 4 行目にかけて、ペンを上げて亀を前へ 10 進め、再びペンを下げることで、長さ 10 の間隔を空けます。これを 4 回繰り返して、最後に長さ 20 の線を描くことで、全体として点線を描きます。描かれる点線の長さは全体で 140 となります。

同じ長さ 140 でも、実線ならば一つの turtle.forward 命令で描くことができます。具体的には

```
turtle.forward(140)   // 140 進む
```

です。一方、点線の場合は 17 行も命令が必要です。一つ一つの命令は単純な機能しかもたないので、少し複雑なことをさせるだけで**非常に多くの命令が必要**になってしまいがちです。しかし逆に考えると、一つ一つは簡単なことしかしない命令でも、大量に集めればいろいろなことを実現できるのです。

嬢: 点線を描くのに 17 行必要なんですか...

友: プログラミングって、**ちまちました作業**の積み重ねなんだね。スマホのアプリもこんな感じで作るの？ すごいなあ。

先: ものによるけど数千、数万行ぐらいは書くかなあ。何人かで手分けして数十万、何百万行書くのも普通だと思うよ。

友: いきなりやる気がなくなりそう...

先: でも小説だって数千、数万行でしょ。それにただ単純に命令を書き並べるわけじゃなくて、いろいろ工夫ができるから、プログラミングはけっこう**楽しい知的作業**だよ。その一端を紹介するのが本書の目的じゃないかな。

2.3 曲線を描く

命令を組み合わせて点線を描く方法を前の節で紹介しましたが、実線の他に点線が描けるようになっただけで、どちらも描いたのは直線でした。しかし、直線を描く命令しかないから直線しか描けないかというと、そんなことはありません。短い直線を組み合わせれば、見かけ上ですが曲線を描くことができます。点線の例と同様に、少ない種類の単純な命令しかなくても、それらを**組み合わせれば**曲線のような個々の命令では直接描けない線も描けるようになります。

先: **小さな部品**も組み合わせれば、すごいことができるわけだよ。

まず正多角形を描くことから考えましょう。正多角形は、亀を前に進めて短い直線を描いたら、少し向きを変え、また短い直線を描き、また同じだけ向きを変え、また直線を描き、と繰り返すと描くことができます（図 2.6）。

たとえば正五角形の場合、亀の向きを毎回 72 度ずつ回転させながら直線を 5 本描けば正五角形を描けます。亀を回転させる角度のことを数学の用語では外角と呼ぶのですが、多角形の外角の和は必ず 360 度という定理が知られています。よって正五角形の場合は、360 を 5 で割った 72 度が外角となります。

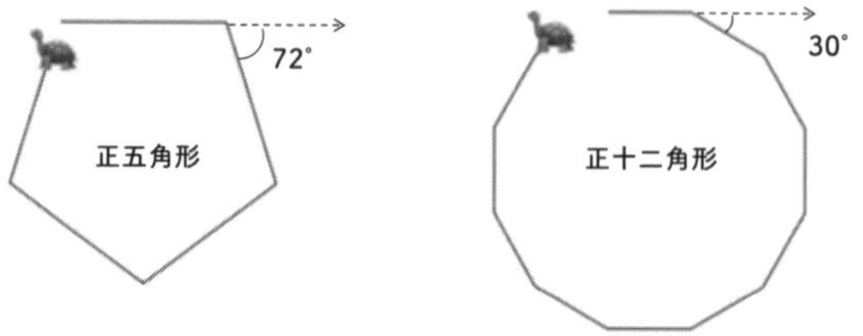

図 2.6 擬似的に曲線を描く

プログラミングのよいところは、72 度の回転でよいのか多少理屈があやふやでも、**とりあえずプログラムを書いて**実行できることです。実行して正しいか確かめればよいのです。正五角形が描けたら多分 72 度で正しいとわかりますし、描けなければ考え直せばよいのです。**プログラミングによる実験**です。

毎回 72 度ずつ回転させながら正五角形を描くプログラムはこれです。

```
turtle.forward(100)
turtle.right(72)
turtle.forward(100)
turtle.right(72)
turtle.forward(100)
turtle.right(72)
turtle.forward(100)
turtle.right(72)
turtle.forward(100)
```

消去ボタンを押して右側のペインの中を白く消してから、実行ボタンを押して実行してください。

正多角形の角の数を増やしていくと円にだんだん近づいていきます。このことを利用すると曲線を描くことができます。要するに短い直線を描いたら亀の向きを少し変え、また短い直線を描いて向きを変え、を何回か繰り返して途中で止めれば曲線になります。たとえば 1 回に 30 度ずつ回転させるだけでも、かなり円に近い感じになります。最後まで描けば正十二角形です。

この例では毎回決まった長さの短い直線を描き、決まった角度だけ亀の向きを変えますから、描かれるのは円弧（に見える折れ線）です。タートル・グラフィックスでは、円弧だけではなくさまざまな曲線を描くこともできます。毎回描く直線の長さや亀の回転角度を各回ごとに変えればよいのです。角度や直線の長さ（と本数）を調整しながら、どんな曲線が描けるか試してみてください。

このように、点線の例でも曲線の例でも、いくつかの命令をうまく組み合わせることでさまざまな線を描くことができました。上手な命令の組み合わせ方を考えることがプログラミングではとても大切なのです。

2.4 プログラムを書き間違えた

これから本書でもいろいろなプログラムを書いていくわけですが、何行もある長いプログラムを書いていると、どうしても打ち間違えが起きてしまいます。残念ながらプログラムは、その中の一文字でも打ち間違えると正しく動かなく

実行
消去
再編集
新規
1 turtle.forward(100)
2 turtle.right(72)
3 turtle.forward(100)
4 turtle.right(72)
5 turtle,forward(100)
6 turtle.right(72)
7 turtle.forward(100
8 turtle.right(72)
9 turtle.forward(100)

図 2.7 プログラムの書き間違え

なることがほとんどです。コンマ , とドット（ピリオド）. の違いなど細かな記号に気を配り、すべて半角文字で単語のつづりを間違えないように書かなければなりません。

実はプログラムを書き間違えても、それが簡単な間違いであれば、本書でプログラムを書くために使っている Web ページ上の環境は、ある程度自動的にその間違いを指摘してくれます。

図 2.7 では、2 カ所にプログラムの間違いがあります。一つは 5 行目の `turtle` と `forward` の間のカンマです。これは正しくはドット（ピリオド）です。もう一つ、7 行目の行末の閉じ括弧がありません。正しくは閉じ括弧が必要です。このため、5 行目の行番号の左側に黄色い三角の警告が、8 行目の行番号の左側には赤い丸のバツ印が表示されています。合わせて 8 行目の `turtle` の下には赤で下線が引かれています。残念ながら間違っている箇所を正確には指摘してくれないのですが、これをヒントに間違いを探すことができます。

黄色い三角の警告は、必ずしも間違っているとはいえない場合に表示されます。実際、図 2.7 の 5 行目のカンマは、プログラムの他の部分の書き方によっては正しいこともありえます。このため赤い丸のバツ印は表示されていません。

プログラム中の `turtle` のような単語のつづりは、間違えても指摘されません。やはりプログラムの他の部分の書き方によっては正しいことがあり、簡単には判断がつかないからです。つづりを間違えたままプログラムを実行すると、実行が途中で失敗し、図 2.8 のような表示が出ます。その場合、ボタンを押して表示を閉じ、実行が失敗した原因を考えなければなりません。図 2.8 は、`turtle.forward` と書くべきところを、間違えて `forward` ではなく `forwrd` と書いて実行したときにでる表示です。図中の**エラー** (error) というのは、直訳すると失策や誤りですが、ここではプログラムの実行に失敗したことを意味します。

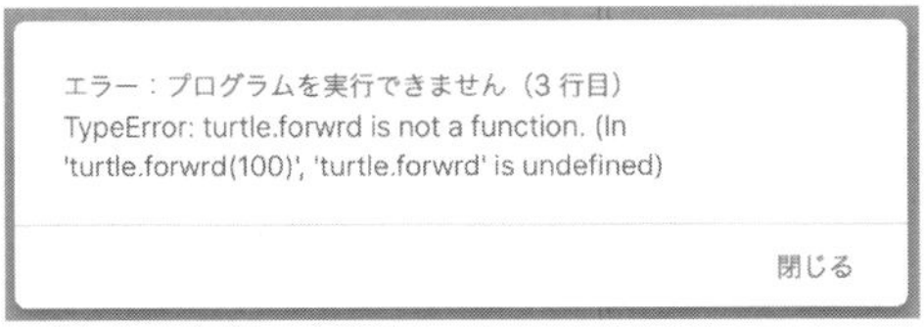

図 2.8　`forward` のつづりを `forwrd` と間違える

図 2.9　Tab キーを押して補完候補を表示する

単語のつづりを間違えないように、プログラムを書くときは、なるべく**入力補完**の機能を使うようにするとよいでしょう。本書でプログラムを書くために使っている Web ページ上の環境の場合、先頭の数文字を書いてから **Tab キー**[1] を押すと、その単語の候補が表示されて選べるようになります（図 2.9）。書いているプログラムの内容をある程度分析して候補を提示するので、比較的正しそうな単語が候補として表示されます。

前に書いて実行したプログラムを少しだけ書き換えてまた実行したいときは、前に書いたプログラムがページの上の方に残っていますから、それを**選択**、**コピー**してカーソル位置に**貼り付け**ます。また、直前に書いたプログラムであれば、再編集ボタンを押すことでコピーしなくても貼り付けることができます。

嬢: 先生、プログラムを書いている途中は、間違っていないのに赤のバツ印や黄色の警告表示がでます。なんとかなりませんか...

先: ええと、最後まで書いて、間違いがなければ消えるけど...

友: ああ、書いている途中はプログラムが未完成だからか。

1)　Tab キーはキーボードによっては →| と刻印されています。

嬢: 書いている途中はプログラムに間違いがある、という扱いなんですか？私は何も間違っていないのにひどいです。

先: いや、そんなこと言われても...

章のまとめ

- **多数の命令を組み合わせる**
  一つ一つは単純な命令をたくさん組み合わせることでプログラムは複雑なことを実現する。
- **エラー**
  プログラムの実行の失敗。あるいはプログラム中の誤り。

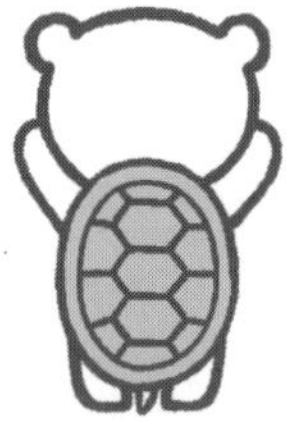

第3章

反復作業をさせる

プログラムは単純な命令を並べたものなので、しばしば同じ命令の並びが繰り返されることがあります。そのような反復実行は for...of 文を使うと手短に書くことができます。

一見複雑そうなことでも、**単純な作業の繰り返し、反復で成り立っている**ことはよくあります。それを見つけるのはプログラミングの要点の一つです。

本章ではタートル・グラフィックスと for...of 文を組み合わせ、いくつかの一見複雑な図形を単純な図形の反復で描いていきます。少し複雑そうに見える図形も、よく考えると単純な図形の反復で描けることがよくあります。繰り返しのたびに実行する命令を少し変えることもできるので、意外な図形を for...of 文による反復実行で描くことができます。

3.1 繰り返しと for...of 文

第 2 章の 2.3 節で、見かけ上の曲線を描くことを目指して正五角形と正十二角形をタートル・グラフィックスで描きました。前章の正五角形を描くプログラムは次のようでした。

```
turtle.forward(100)
turtle.right(72)
turtle.forward(100)
turtle.right(72)
turtle.forward(100)
turtle.right(72)
turtle.forward(100)
turtle.right(72)
turtle.forward(100)
```

プログラムは 9 行ですが、よく見れば turtle.forward と turtle.right の 2 命令を繰り返しています。これらを 1 行目から順に一つ一つ実行したのでした。これ

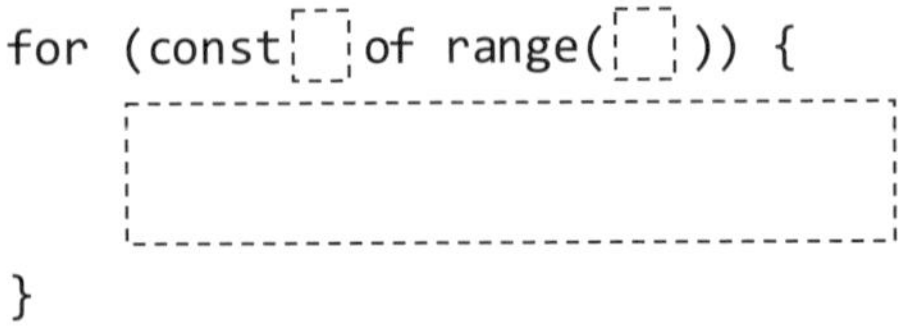
for (const of range( )) {
}

図 3.1　for...of 文

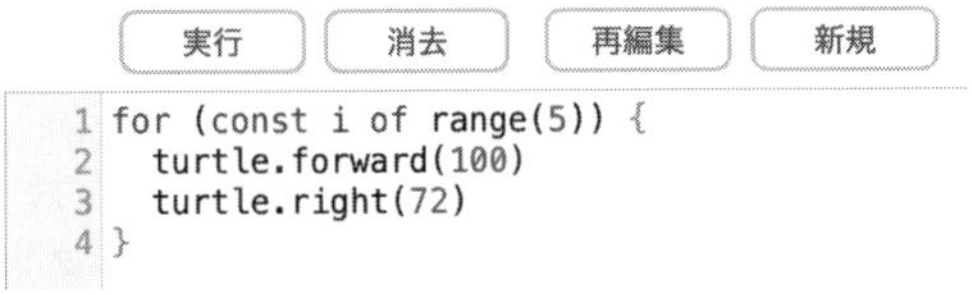
実行
消去
再編集
新規
1 for (const i of range(5)) {
2 turtle.forward(100)
3 turtle.right(72)
4 }

図 3.2　for...of 文を書く

により、向きを 72 度ずつ変えながら線を 5 本描いて正五角形を描きました。

このような同じ命令の反復は **for...of 文**（フォーオブぶん）を使って、手短に書くことができます。for...of 文は、図 3.1 のような形をした反復実行のための命令で、普通は一行に収まりません。二行以上あります。for から始まって } までの文なので、for...{...} 文と呼ぶべきかもしれませんが、普通は for...of 文と呼びます。

図中の点線の四角の中はプログラムによって異なる部分です。以下では range の右側の四角と { と } にはさまれた四角の部分の書き方を説明します。const と of の間の四角については本章の後半で説明します。

例として、消去ボタンを押してから、次のプログラムを書いて実行してください。四行全体で一つなので、図 3.2 のように四行まとめて書きます。

```
for (const i of range(5)) {
  turtle.forward(100)
  turtle.right(72)
}
```

この四行のプログラムを実行すると図 2.6 の正五角形が描かれます。for...of 文は、{ と } の間に書かれた命令を**指定した回数だけ繰り返し実行します**。{ と } の間の命令は何行でも書けます。1 行でもかまいません。繰り返しの回数は range に続く括弧の中に書きます。上の例では range(5) ですから 5 回です。つまり亀を前進 (turtle.forward) させて右回転 (turtle.right) させる一連の動作を 5 回繰り返します。

for...of 文の中身は図 3.3 のように考えます。この図では、繰り返し実行した

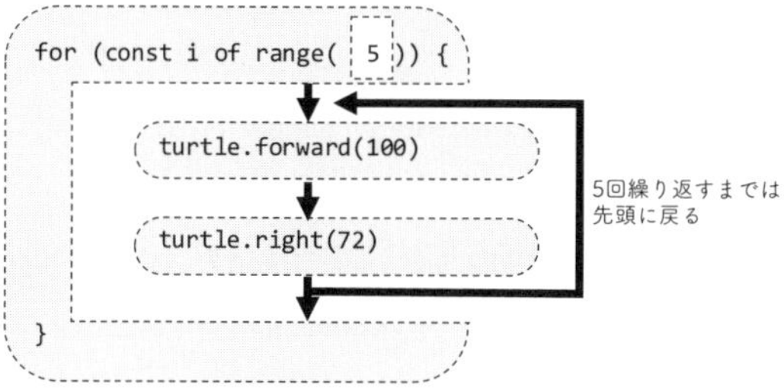
for (const i of range(5)) {
turtle.forward(100)
turtle.right(72)
}
5回繰り返すまでは
先頭に戻る

図 3.3 for...of 文の実行の流れ

い命令の並びを ⊏ のような形の for...of ではさみ込んでいます。for...of 文を実行すると、はさみ込まれた命令の並びが上から下へ一行ずつ順に実行されるのですが、決められた回数に達するまでは、一番下の行を実行した後、再び一番上の行に戻って実行を繰り返します。繰り返しの回数は range に続く括弧の中に書きますが、図中ではそこを点線の四角で穴のように描いてみました。

> **友:** 図 3.3 って Scratch[1) のブロックみたい。

図 3.3 では ⊏ のような形で繰り返し部分をはさんでいますが、実際のプログラムでは { と } で囲まれた部分を繰り返します。本書で学んでいる JavaScript 言語ではこの for...of 文のように、何行かの命令を { と } で囲むことがよくあります。このような { と } で囲まれた部分を、**ブロック**と呼びます。

{ と } で囲まれたブロックの中は、二文字か四文字右に寄せて書くのが普通です。これを**字下げ（インデント）**といいます。字下げしなくても間違いではありませんが、プログラムを見やすくするために、普通は字下げします。その方が、囲まれている行の範囲がはっきりして見やすいからです。

for...of 文を理解する上では、あくまでもプログラムは一行ずつ順々に実行されていく、ということを忘れないでください。プログラムを見たら、図 3.3 の矢印の流れを頭の中で常に考えることが大切です。自分がコンピュータになったつもりで、**一行ずつ頭の中で追いながら、それぞれの命令にそってコンピュータがどう動くか**、シミュレーションするのです。

1) プログラミング言語の一つ。https://scratch.mit.edu

友: この for...of 文を使ったプログラム、2.3 節のとは実行される命令の数が違わない？ 亀が描く絵は同じだけど。

嬢: あ、本当ですね。

友: for...of 文はブロックの中を 5 回繰り返すから、

```
turtle.forward(100)
turtle.right(72)
turtle.forward(100)
turtle.right(72)
turtle.forward(100)
turtle.right(72)
turtle.forward(100)
turtle.right(72)
turtle.forward(100)
turtle.right(72)
```

と同じことでしょ？ これは全部で十行だけど、2.3 節のプログラムは最後の一行がなくて九行。

先: ... ええと、確かに違うけど、最後の turtle.right は実行しても亀の向きが変わるだけで、描かれる絵は変わらない。だから**だいたい同じ**と言ったらダメ？

友: え、だめでしょ。教わる方は混乱するから、よくないと思うな。

次に、図 2.6 の正十二角形を描くプログラムも示しましょう。

```
for (const i of range(12)) {
  turtle.forward(50)
  turtle.right(30)
}
```

辺の数が増えても、for...of 文を使っているのでプログラムの行数は変わりません。辺を描いて少し向きを変える動作を繰り返す、という基本は同じなので、正五角形の場合とよく似たプログラムになります。違いは `range(12)` で繰り返しが 12 回になっている点と、辺の長さを 50 にした点と、回転角度が右に 30 度である点だけです。

何行かの命令を繰り返し実行することで描ける図形は他にもいろいろあります。図 3.4 の星形もそのような図形の一つです。この図形は図 3.5 のように五つの「く」の字からなると考えることができます。「く」の字を for...of 文で 5 回繰り返して描けばよいのです。

図 **3.4**　星の形

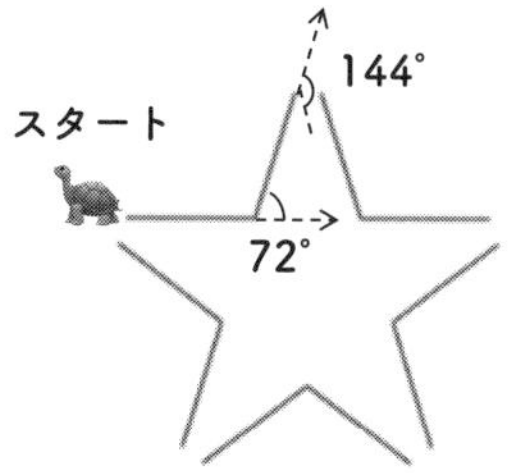

図 **3.5**　五つの部分に分解する

```
// 星形を描く
for (const i of range(5)) {
  turtle.forward(50)      // 前進
  turtle.left(72)         // 左 72 度回転
  turtle.forward(50)      // 前進
  turtle.right(144)       // 右 144 度回転
}
```

前進、左 72 度回転、前進、右 144 度回転で「く」の字が描けます。これを 5 回繰り返します。1 行目は // から始まっていますから、行全体がコメントです。あってもなくてもプログラムの動作は変わりません。

同じように考えると図 3.6 のような五芒星(ごぼうせい)を描くこともできます。どのようなプログラムにすればよいかは読者の課題とします。この図形は 5 本の直線を組み合わせると描けることに気づいてください。解答は次章 4.1 節を見てください。

嬢: 五芒星を描け、なんて先生はオカルトが好きなんですか？

先: オカルト？ 俺、そんな趣味ないよ。それに本書を書いたのは俺じゃないし。俺の先生だし。

嬢: 先生、五芒星といったら陰陽師(おんみょうじ)、安倍晴明(あべのせいめい)の紋ですよ。

先: ... ええと、それより一応、断っておくけど、range は普通の JavaScript 言語では**使えない**。

友: え、私たち、この本の中でしか使えないプログラミングを習っているの？ やる気が失せるなあ。

先: いやいや、range はプログラムが簡単になるようにと、本書のために俺の先生が用意したものだよ。普通の JavaScript でも四行ほどプログラムを追加するだけで使えるから。第 15 章の最後に書いてある。

図 3.6　五芒星

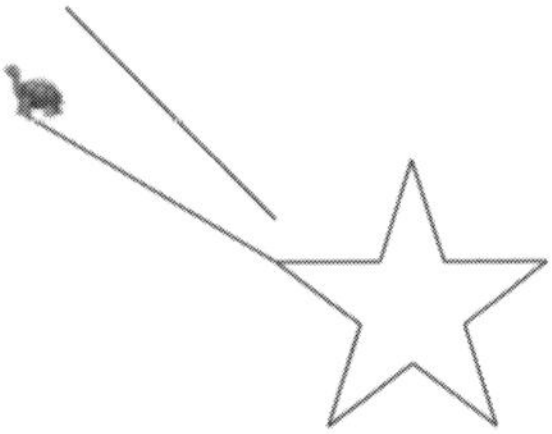

図 3.7　彗星

3.2　命令の並びの中の for...of 文

繰り返しのための for...of 文は一行に収まりませんが、turtle.move のような 1 行で完結する命令と一緒にプログラムの中に並べることができます。たとえば、先ほど示した星の絵を少し拡張して図 3.7 の絵を描くプログラムを示します。**左側の数字は行番号**です。説明のためにつけたもので、プログラムの一部ではありませんので、プログラムを実際に書き写す場合、この数字は入力不要です（図 3.8）。

```
// 彗星
turtle.speed(5)                    // 亀の速度を 5 倍速に
turtle.move(200, 200)              // 上側の直線を引く
turtle.up()                        // ペンを上げる
```

実行
消去
再編集
1 // 彗星
2 turtle.speed(5)
3 turtle.move(200, 200)
4 turtle.up()
5 turtle.move(200, 220)
6 turtle.down()
7 for (const i of range(5)) {
8   turtle.forward(50)
9   turtle.left(72)
10   turtle.forward(50)
11   turtle.right(144)
12 }
13 turtle.move(80, 150)

図 3.8　行番号は自分では書かない

```
5  turtle.move(200, 220)          // 亀の位置を下にずらす（線は描かれない）
6  turtle.down()                  // ペンを下げる
7  for (const i of range(5)) {   // ここから星を描く
8    turtle.forward(50)
9    turtle.left(72)
10   turtle.forward(50)
11   turtle.right(144)
12 }
13 turtle.move(80, 150)           // 下側の直線を引く
```

最初に turtle.speed 命令で亀の移動速度を速くしておきます。そのままでもよいのですが、速くした方が絵を描き終えるまでの待ち時間が短くなります。

プログラムはまず上側の直線を描き、次に星を描いて、最後に下側の直線を描きます。途中、ペンを上げ下げして亀が移動しても線が描かれないようにしています。全体では彗星のような絵になります。各命令の意味は第 1 章の表 1.1 を見てください。

プログラムの途中、7 行目から 12 行目までの 6 行が for...of 文で占められていますが、一行で完結する他の六つの命令と合わせて、全体としては七つの命令が上から下に順に並んでいると考えます。プログラムの 1 行目はコメントなので、何も書いていない空行と同じと考えます。

七つの命令を実行したときの流れを図 3.9 に示します。for...of 文は、{ } で

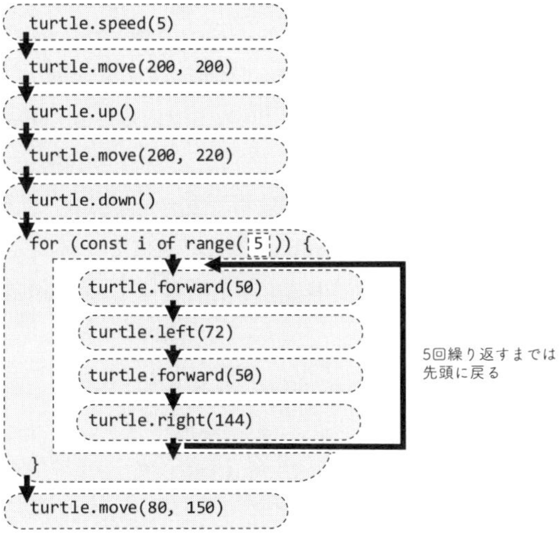
turtle.speed(5)
turtle.move(200, 200)
turtle.up()
turtle.move(200, 220)
turtle.down()
for (const i of range(5)) {
turtle.forward(50)
turtle.left(72)
turtle.forward(50)
turtle.right(144)
}
turtle.move(80, 150)
5回繰り返すまでは
先頭に戻る

図 3.9 プログラム全体の実行の流れ

囲まれたブロックの中の四つの命令を含めた全体で一つと考えます。プログラムを実行すると、この七つの命令が**上から順に一つずつ実行されます**。

最初が turtle.speed 命令で、次に turtle.move 命令、と順に実行していき、5番目の turtle.down 命令を実行した後、for...of 文を実行します。for...of 文の実行が終わったら、最後の turtle.move 命令を実行し、プログラムの実行を終えます。

for...of 文を実行する順番になったときは、ブロックの中の四つの命令が上から順に一つずつ実行されます。for...of 文ですから、ブロックの中を最後まで実行したら先頭に戻って、最初からまた実行します。これを決められた回数繰り返します。繰り返しが終わると、for...of 文の実行も終わります。for...of 文の次の行の turtle.move 命令（13 行目）が実行されるのは**その後**です。繰り返しが終わる前に、次の行を同時並行で実行することはありません。

3.3 繰り返すたびに動作を変える

繰り返しのための for...of 文には `const i` という部分がありました（const はコンストと読みます）。これをうまく活用すると繰り返しのたびに実行する命令の並びを、毎回少し変えることができます。

for...of 文の { と } で囲まれたブロックの中では、定数 i が今何回目の繰り返しであるかを表します。**定数**（ていすう）とは、ある決まった値を表す文字（や単語）です。定数とは、ある値につけた「名前」と考えてもよいでしょう。たとえば数学では円周率を表す π が定数でした。プログラミングの定数も数学の定数と似たような概念です。

実は for...of 文の定数は i である必要はありません。j や k など**異なる名前**にすることもできます。たとえば `const i` の代わりに `const j` と書くと、定数は j になります。定数を i や j などの一文字名ではなく、count などの単語にすることもできます。

例として次のプログラムを書いて実行してください。

```
// うずまきを描く
for (const i of range(18)) {
  turtle.forward((i + 1) * 10)     // * はかけ算
  turtle.right(90)
}
```

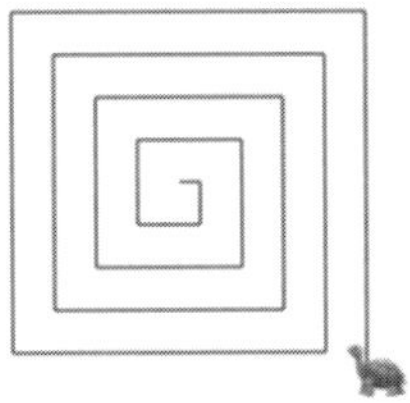

図 3.10 うずまき

実行すると図 3.10 に示すうずまきを描きます。前進して右 90 度回転、を繰り返しても四角形を描かないのは、亀が前進する距離がだんだん長くなっているからです。プログラムの中の数字をあちこち変えて、絵がどう変わるか見てみてください。

さて、上の for...of 文はブロックの中の

```
turtle.forward((i + 1) * 10)      // * はかけ算
turtle.right(90)
```

この二行の命令を繰り返し実行します。何度も繰り返して実行しますが、定数 i の値は常に今何回目の繰り返しかを表します。

定数 i の値は 0 から始まって、繰り返しのたびに 1、2、3、... と増えていき、最後は 17 となります。全部で 18 回繰り返すとき、**初回が 0 回目**で最後の回は 17 回目であることに注意してください。$i+1$ が繰り返しの総数になるように定数 i の値が変わる、と考えてもよいでしょう。

繰り返しの総数	1	2	3	...	17	18
i の値	0	1	2	...	16	17

for...of 文がブロックの中を始めて実行するとき（0 回目）、定数 i の値は 0 です。したがってブロックの中は i を 0 で置き換えた次の二行と同じです。

```
turtle.forward((0 + 1) * 10)
turtle.right(90)
```

ここで * はかけ算を表す記号です。したがって forward に続く括弧の中は $(0+1)\times 10$ の意味です。計算すると $(0+1)\times 10 = 10$ なので、結局、初回のブロックの中は次の二行と同じとわかります。

```
turtle.forward(10)
turtle.right(90)
```

for...of 文は初回の繰り返しのとき、この二行を上から順に実行します。亀は 10 前進して、右へ 90 度回転します。

初回の繰り返しが終わると、ブロックの先頭に戻って次の回の繰り返しが始まります。今度は定数 i の値は 1 です。ブロックの中は次の二行と同じになります。

```
turtle.forward((1 + 1) * 10)
turtle.right(90)
```

今度は $(1+1) \times 10 = 20$ ですから、turtle.forward に続く括弧の中は 20 となり、亀は 20 前進して、右へ 90 度回転します。その後、再び先頭に戻って、定数 i の値を 2 として次の繰り返しを始めます。

このように for...of 文はブロックを 18 回繰り返し実行するのですが、繰り返しのたびに定数 i の値が異なるので、毎回少しずつ違った距離だけ亀を進めます。亀が進む距離は、定数の値 i に対して $(i+1) \times 10$ なので、

繰り返しの総数	1	2	3	...	17	18
i の値	0	1	2	...	16	17
$(i+1) \times 10$	10	20	30	...	170	180

のように徐々に長くなります。この結果、うずまきが描かれるのです。

> **嬢:** 繰り返すたびに定数 i の値は変わるのですよね。
>
> **友:** 値が変わるのに、それを定数と呼ぶのは少し変かも。なんでそれを定数って呼ぶの？
>
> **先:** 定数 i の値は、毎回変わっているように見えるけど、{} 内のブロックを毎回実行している間は同じ値だよ。変わらない。だから i は定数でよくない？ 繰り返しのたびに新しい定数 i を置き直している、と考えればいいと思うけど。

既に述べましたが、上の例の for...of 文は {} 内のブロックを全部で 18 回実行するので、定数 i の値が 0 から 17 まで変化することに注意してください。1 から 18 ではありません。多くのプログラミング言語では、**数を数えるときは 1 ではなく 0 から**数えます。先頭は 0 番目で、先頭の次が 1 番目なのです。全部で n 回繰り返すとき、最後の繰り返しは $n-1$ 回目です。

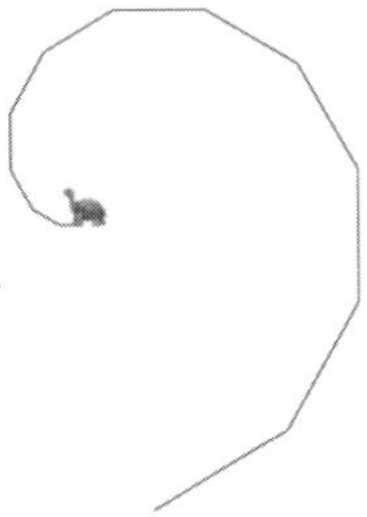

図 3.11 うず

> **先:** 先頭の 0 始まりは慣れるしかない。俺のせいじゃないけど、ごめん。

for...of 文の中で、定数 i を使った式を工夫すると、さまざまな絵を描くことができます。次のプログラムは図 3.11 を描きます。プログラムの左側の数字は行番号で、入力は不要です。

```
1  // うずを描く
2  turtle.up()
3  turtle.move(150, 350)
4  turtle.down()
5  for (const i of range(12)) {
6    turtle.left(30)
7    turtle.forward(100 - i * 8)
8  }
```

今度は turtle.forward に続く括弧の中は `100 - i * 8` です。定数 i の値が 0 から 1 ずつ増えると、式の値は 100 から 8 ずつ減っていきます。

繰り返しの総数	1	2	3	...	11	12
i の値	0	1	2	...	10	11
$100 - i \times 8$	100	92	84	...	20	12

その結果、図 3.11 のように、だんだん亀が前進する距離が短くなっていきます。描かれるのは図 3.11 のうずです。6 行目の turtle.left による左回転の角度を変えるといろいろなうずになるので試してみてください。

> **先:** 式が $100 - i \times 8$ だと i が 1 増えるたびに 8 ずつ減る、というのは中学数学の 1 次関数の知識の応用だよ。

表 3.1　計算のための演算子

種類	演算子	例	意味	例の計算結果
加算	`+`	`2 + 3`	$2+3$	5
減算	`-`	`5 - 4`	$5-4$	1
乗算	`*`	`5 * 4`	5×4	20
除算	`/`	`9 / 3`	$9\div 3$	3
剰余	`%`	`10 % 3`	$10 \bmod 3$	1
べき乗	`**`	`2 ** 3`	2^3	8

このように定数 i を上手に使うと、単純な繰り返しだけでなく、毎回少しずつ異なる繰り返しを for...of 文で実現することができます。定数 i を使った式は、四則演算の演算子である + や - だけでなく、いろいろな演算子が使えますし、括弧も含む式も可能です。

主な**演算子**の一覧を表 3.1 に示します。かけ算が × ではなくて * であることと、割り算が / であることに注意してください。また数学では、かけ算記号を省略して $2x$ のように書けますが、プログラミングでは**省略してはいけません**。必ず `2 * x` のように省略せずに書きます。

表 3.1 の剰余算は割り算の余りの計算のことです。$10\div 3$ の答は 3 あまり 1 ですが、剰余はこの余りのことです。`10 % 3` の計算結果は 1 となります。

また、表 3.1 のべき乗とは、2^3 や 5^2 のような a^n の形をした計算のことです。それぞれ `2 ** 3` や `5 ** 2` のように書けば計算できます。$2^{\frac{1}{2}}$ の計算も `2 ** 0.5` などと書けば計算できます。なお、この $2^{\frac{1}{2}}$ は 2 の平方根 $\sqrt{2}$ のことです。$\sqrt{n}=n^{\frac{1}{2}}$ であることを思い出してください。

嬢: ところで先生、なんで繰り返し用の命令の名前が for...of なんですか？

先: 多分、英語と思って読むと、それらしい意味になるからじゃ？

```
for (const i of range(12))
```

は、値が $0\le i<12$ という範囲 (range) であるような定数 (constant) i それぞれ**について** (for)、と読める。`const` は constant の略。

友: そうか、そういう i それぞれについて、続くブロックを実行する、と読むのか。何回も実行する感じがする。

先: ちなみに英語的には of ではなく in を使って

```
for (const i in range(12))
```

と書く方が自然かも。実は for...in 文もあるけど、JavaScript 言語のはちょっとクセが強いんだよね。だから本書では for...of 文を使うことにしたと俺の先生が言ってた。

章のまとめ

- **for...of 文**

  何行かの命令を指定した回数連続して繰り返し実行する。次のように書く。

  ```
  for (const 定数名 of range( 繰返し回数 )) {
      0行以上の命令の並び。何行でもよい。
  }
  ```

  {} で囲まれた部分を**ブロック**と呼ぶ。const に続けて定数の名前を書く。定数はブロックの内で今何回目の繰り返しかを表す i や j などの文字（や単語）。初回は 0 回目と数える。

- **計算式**

  表 3.1 に示すように、プログラムの中では +、-、*（かけ算）、/（わり算）、%（割り算の余り）、**（べき乗）など、基本的な計算のための演算子が使える。

第4章 場合分けをする

単純なことの繰り返しで複雑なことを実現するのはプログラミングの基本の一つです。前章で学んだ for...of 文は繰り返しのための基本的な道具です。for...of 文の定数をうまく使うと、まったく同じことの繰り返しだけでなく、実行することを毎回少しずつ変えながらの繰り返しも可能でした。しかし実行することを大きく変えるのは簡単ではありません。大きく変えたいときは本章で紹介する if 文を使います。

本章では if 文の使い方を学び、for...of 文と組み合わせることで、より複雑な繰り返しを実現します。前章に引き続き、例としてタートル・グラフィックスを使って単純な動作の反復で一見複雑に見える図形を描きます。if 文を用いることで、繰り返しのたびにかなり違ったことをしなければならない場合でも、数行の for...of 文で表現できることを学びます。

4.1 if 文による場合分け

前章の 3.1 節で、図 4.1 のような五芒星を描くプログラムを読者の課題としました。解答は次のようなプログラムです。

図 4.1 五芒星

図 4.2 一部の線が太い五芒星

```
// 五芒星
for (const i of range(5)) {
  turtle.forward(150)
  turtle.right(144)
}
```

前進して右に 144 度回転して、を 5 回繰り返すだけです。そのように 5 本の直線を引くと五芒星になります。

では 3 本目に引く線だけを太くした図 4.2 の五芒星を描くプログラムは、どのようになるでしょうか。線を太くするには turtle.width 命令を使います。命令に続く括弧の中に書いた太さに線の太さが変わります。線の太さは最初は 1 です。

まず全体を一つの for...of 文にするのをあきらめた場合のやり方を紹介します。そのやり方では、まず 2 本の線を引いたら、線を太くして 1 本だけ線を引き、また線の太さを元に戻して残りの 2 本を引きます。このやり方なら、これまで学んだことだけで図 4.2 の五芒星が描けます。次に示すのが具体的なプログラムです。

```
for (const i of range(2)) {  // 線を 2 本引く
  turtle.forward(150)
  turtle.right(144)
}
turtle.width(4)              // 線の太さを 4 に変える
turtle.forward(150)          // 線を引く
turtle.right(144)
turtle.width(1)              // 線の太さを 1 に変える
for (const i of range(2)) {  // 線を 2 本引く
  turtle.forward(150)
  turtle.right(144)
}
```

最初の for...of 文で 2 本の線を引きます。次に turtle.width 命令で線の太さを初期値の 1 から 4 に変えます。太さ 4 で線を引いた後、turtle.width 命令で線の太さを 1 に戻します。再び for...of 文で 2 本の線を引いて終わりです。

このプログラムで図 4.2 を描けますが、行数が多い、ずいぶん長いプログラムです。せっかく for...of 文を使っているのに

```
turtle.forward(150)
turtle.right(144)
```

という 2 行が 3 回プログラムの中に重複して現れるのが気になります。

先: プログラムの中に同じ命令の並びが何度も現れるのは良くない。

友: なんで？

先: 間違った命令の並びを何回も書いてしまうと、後で気づいても直すのが大変だから。

嬢: えー、でも同じ命令ならコピーして貼り付ければよいと思いますが。

先: そういう手抜きなコピペが良くないんだよ... 直すとき、絶対 1 ヵ所くらい直し忘れるから。

このような場合は **if 文を使って場合分け**をし、全体を一つの for...of 文にします。すると重複する命令の並びがなくなり、プログラムを短くすることができます。

If（イフ）は英語で「もしも」です。if 文を用いると、for...of 文の繰り返しが、「もしも」3 回目であったら線の太さを 4 とし、それ以外の場合は 1 とする、という短いプログラムを書くことができます。つまり、**ある条件が成り立っているか否かで、異なる命令の列を実行**させることができます。

具体的なプログラムを下に示します。**左側の数字は行番号**です。プログラムの一部ではありませんので、プログラムを実際に書き写す場合は入力不要です。

```
1  for (const i of range(5)) {
2    if (i == 2) {
3      turtle.width(4)     // i が 2 のとき実行
4    } else {
5      turtle.width(1)     // それ以外のとき実行
6    }
7    turtle.forward(150)  // この 2 行は
8    turtle.right(144)    // 常に実行
9  }
```

全体が一つの for...of 文で、この for...of 文のブロックの最初、2 行目から 6 行目までが一つの if 文です。図 4.3 のように考えます。

if 文は図 4.4 のような形をした文です。`if` に続く括弧 () の中には条件を表す式を書きます。2 行目の `i == 2` は、for...of 文の定数 i が 2 と**等しい**、という条件を意味します。定数 i は繰り返しが今何回目かを表します。**初回が 0 回目**ですから、i の値が 2 と等しいということは、もし 3 回目の繰り返しであったら、という意味になります。

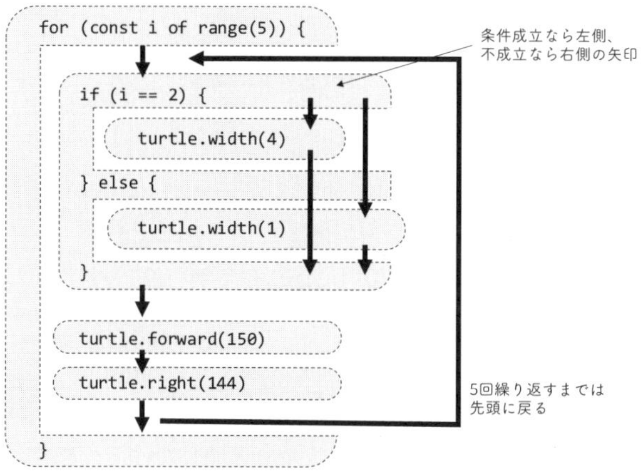
for (const i of range(5)) {
if (i == 2) {
turtle.width(4)
} else {
turtle.width(1)
}
turtle.forward(150)
turtle.right(144)
}
条件成立なら左側、
不成立なら右側の矢印
5回繰り返すまでは
先頭に戻る

図 4.3 if 文の実行の流れ

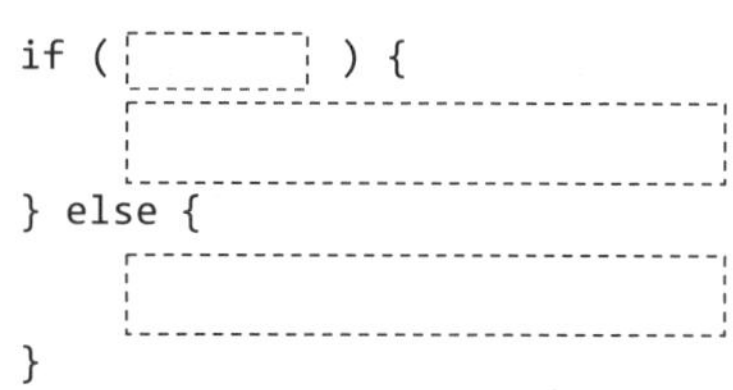
if ( ) {
} else {
}

図 4.4 if 文

友: 等号は = でなくて == なんだ。間違えそう。

先: JavaScript には === という**厳密等価**か調べる等号もあるんだよね。でもまずは == を覚えて欲しいけど。

コンピュータになったつもりで実行する順に各行をたどりながら説明します。2 行目の条件が成り立っているとき、if 文は閉じ括弧) に続く波括弧 {} で囲まれたブロックの中を実行します。上のプログラムでは 3 行目です。3 行目を実行して線の太さを 4 とし、その後、4 行目と 5 行目を飛ばして 6 行目に至り if 文の実行を終了します。

一方、条件が成り立っていなければ 3 行目を飛ばして else（エルス、さもなくば）に続くブロックの中を実行します。これは 5 行目です。5 行目を実行して線の太さを 1 とし、6 行目に至って if 文の実行を終了します。

どちらもブロックの中は一行ですが、必要なら二行以上の命令の並びを書くこともできます。またブロックの中はさらに**字下げ**して、さらに二文字か四文字右に寄せます。

> **嬢:** なんで if...else 文と呼ばないんですか。
>
> **先:** それでもよい気がするけど、普通は if 文と呼ぶなあ。次に説明するけど `else` 以降がないこともあるからじゃない？

まとめると、上のプログラムは図 4.3 に示すように、for...of 文により 2 行目から 8 行目までを 5 回繰り返しますが、if 文により、定数 i が 2 のとき、つまり 3 回目の繰り返しのときだけ実行する命令を少しだけ変えます。3 回目のときだけ線の太さを 4 に、それ以外では 1 にして、その後どちらの場合も 7 行目と 8 行目を実行します。

4.2 else がない if 文

条件が成り立たないときは何もしなくてよい場合、if 文の `else` 以降を省略することができます。例として図 4.5 を描くプログラムを考えます。前節の五芒星を描くプログラムが基本ですが、3 回目の繰り返しの直前だけ、流れ星に見えるような効果線を引きます。通常の繰り返しのときは図 4.6 の左側のように亀を動かすだけですが、3 回目のときは図 4.6 の右側のように動かし、最初に効果線を引いてから通常通り亀を動かします。これを組み合わせることで、効果線つきの五芒星を描けます。

プログラムは次のようになります。

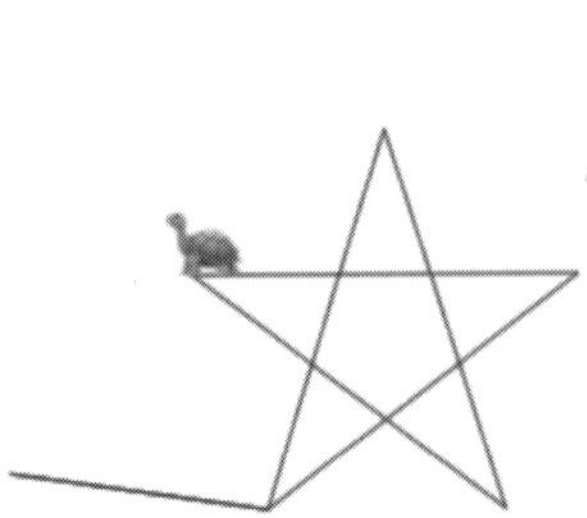

図 4.5　効果線つきの五芒星

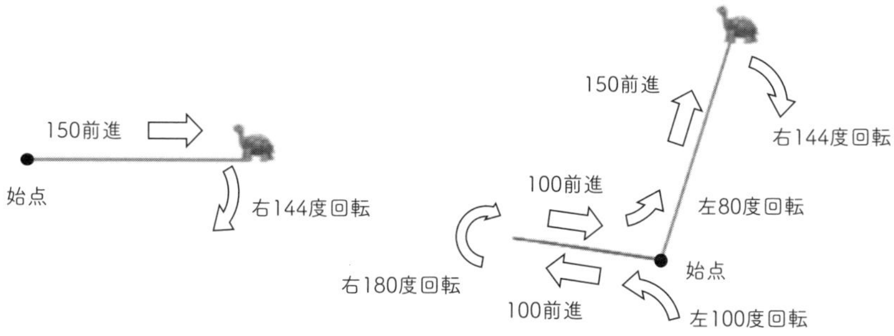

図 4.6 通常の繰り返し（左）と 3 回目の繰り返し（右）

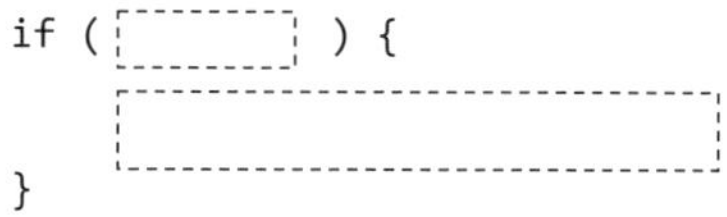

図 4.7 else なしの if 文

```
1  for (const i of range(5)) {
2    if (i == 2) {
3      turtle.left(100)
4      turtle.forward(100)   // 効果線を引く
5      turtle.right(180)     // 亀を反転させる
6      turtle.forward(100)   // 効果線を逆向きに引く
7      turtle.left(80)
8    } else {                // 条件不成立なら何もしない
9    }
10   turtle.forward(150)
11   turtle.right(144)
12 }
```

今度の if 文は、3 回目の繰り返しのときだけ、3 行目から 7 行目までを実行します。i は 0 始まりですから、3 回目のとき i の値は 2 です。それ以外のときは、8 行目と 9 行目の間に何も命令が書かれていないので、何もしません。

3 行目から 7 行目までの命令で、流れ星の線が引かれます。亀の向きを変えて 100 前進し、180 度向きを変えて、また 100 前進しますから、線を引きながら往復して元の位置に戻ってきます。同じ効果線を 2 回、ただし線を引く向きを逆にして、描くことになります。

このプログラムでは、if 文の else に続く {} で囲まれたブロックの中が空です。そのような場合、else 以降を**省略した** if 文を使うことができます（図 4.7）。省略した後のプログラムを次に示します。

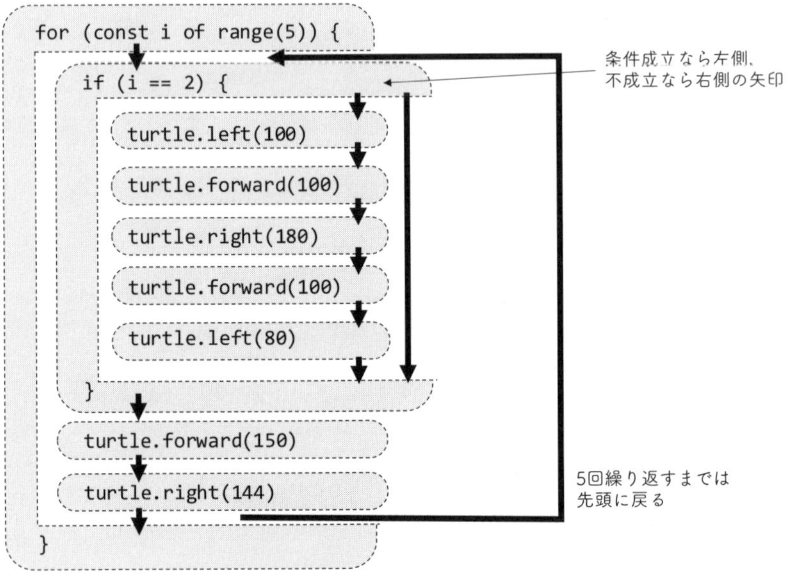

図 4.8 else なしの if 文の実行の流れ

```
1  for (const i of range(5)) {
2    if (i == 2) {
3      turtle.left(100)
4      turtle.forward(100)
5      turtle.right(180)
6      turtle.forward(100)
7      turtle.left(80)
8    }
9    turtle.forward(150)
10   turtle.right(144)
11 }
```

実行の流れは図 4.8 のようになります。for...of 文の繰り返しのたびに、2 行目から 8 行目の if 文は、条件 `i == 2` が成り立っているときだけ、ブロックの中の 3 行目から 7 行目を順に実行します。**成り立っていないときは、何もしません**。3 行目から 7 行目は飛ばしてしまいます。

嬢: ちょっと待ってください。3 回目以外の繰り返しのときは何もしなくてよい、と言ってるけど、よくわかりません。

友: 本当に何もしなくてよいのか、つまり納得いかない、ってことか。

先: 亀の動きの基本は前進して右回転するだけだよ。これを 5 回繰り返す。ただし 3 回目だけは、効果線を引いて元の位置に戻った後に、前進して右回転する。それぞれの命令を書き下すとこうなる。

```
// 3 回目                      // それ以外
turtle.left(100)
turtle.forward(100)
turtle.right(180)
turtle.forward(100)
turtle.left(80)
turtle.forward(150)         turtle.forward(150)
turtle.right(144)           turtle.right(144)
```

最初の五行分の命令の並びを実行するか、しないか、if 文で決めている。わからないことは何もないと思うけど...

友: わからない生徒の気持ちがわかるのが良い先生だと思うけど。

嬢: さっきの例では、条件が成り立つときは線の太さを 4 にして、成り立たないときは 1 にしました。成り立たないときも何かしないといけない気がして...

先: あの例で成り立たないときに何もしないと、

```
for (const i of range(5)) {
  if (i == 2) {
    turtle.width(4)      // i が 2 のときだけ実行
  }
  turtle.forward(150)   // この 2 行は
  turtle.right(144)     // 常に実行
}
```

だよね。3 回目以降も太さがずっと 4 のままになってしまう。

友: 線の太さは一度 4 に変えたら、次の繰り返しでもずっと 4 のままだもんね。

嬢: そうか、先ほどはペンの設定を変えましたが、今は亀を動かすだけだから、命令の種類が少し違うんですね。

先: そうそう。命令によって影響がずっと残る命令と、そうでない命令がある。それを俺が最初から教えればよかったのか。ごめん。

4.3 三通り以上の場合分け

if 文を使うと二通りの場合分けを表現できますが、三通り以上の場合分けをしたいときがあります。そのような場合は本節で説明する `else if` を含む if 文を使います。

五芒星を描くプログラムは、亀を回転させる角度や繰り返しの回数を変えることで、描く図形をいろいろと変化させることができます。たとえば次のプログラムは、回転角度を 140 度にして繰り返しを 18 回に変えたものですが、図 4.9 に示す太陽のような図形を描きます。

```
turtle.speed(10)                // 10 倍速に
for (const i of range(18)) {
  turtle.forward(200)           // 前進
  turtle.right(140)             // 右 140 度回転
}
```

なお、そのままではプログラムの実行に時間がかかるので、最初 1 行目の turtle.speed 命令で亀の速度を 10 倍速にしています。

このプログラムを変えて、14 本目と 15 本目の線の太さを 8 と 4 に、それ以外の線の太さを 1 にすることを考えます。描かれる図形を図 4.10 のようにしたいとします。

これは**三通りの場合分け**が必要になるので、`else if` を含む if 文を使ってプログラムを書きます。

```
turtle.speed(10)                // 10 倍速に
for (const i of range(18)) {
```

図 4.9 太陽

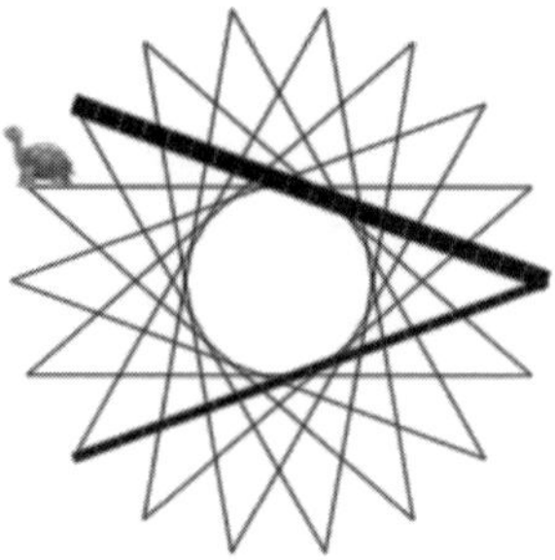

図 4.10 線の太さを変えて描いた太陽

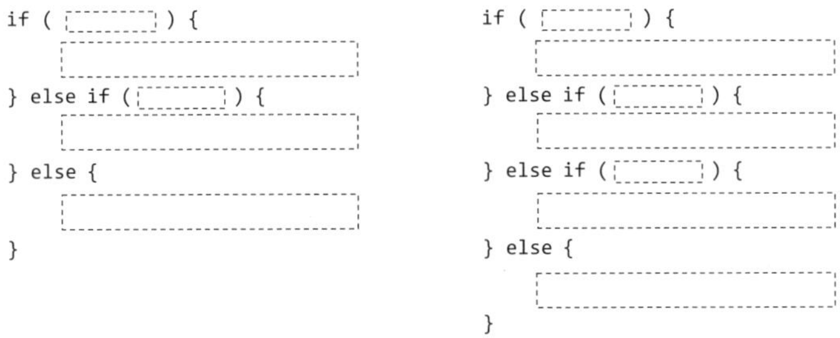

図 4.11 else if を含む if 文

```
3     if (i == 13) {
4       turtle.width(8)
5     } else if (i == 14) {
6       turtle.width(4)
7     } else {
8       turtle.width(1)
9     }
10    turtle.forward(200)          // 前進
11    turtle.right(140)            // 右 140 度回転
12  }
```

場合分けを 3 行目から 9 行目にわたる長い if 文一つで表現しています。プログラムの残りの部分は前と同じです。この if 文は図 4.11 のような形をしており、`else if` **を含む**のが特徴です。この if 文は `else if` を一つだけ含みますが、必要なら図のように二つ以上 `else if` を含めることもできます。プログラムの実行の流れを図 4.12 に示します。

この if 文はいくつかの条件と、その条件が成り立つときに実行するブロックからなります。ブロックは波括弧 `{}` で囲まれた部分です。条件は `if` または `else if` に続く括弧 `()` の中に書きます。3 行目の `i == 13` と 5 行目の `i == 14` が、それぞれ条件です。定数 i は 0 から始まります。i が 13 と等しいときは 14 回目の繰り返しのときで、i が 14 と等しいときは 15 回目の繰り返しのときです。

条件が成り立つときに実行するブロックは、それぞれの条件が書かれた括弧に続いて書かれるブロックです。したがって `i == 13` が成り立つなら 4 行目の命令を、`i == 14` が成り立つなら 6 行目の命令を実行します。最後の `else` に続いて書かれるブロックは、どの条件も成り立たないときに実行します。つまり `i == 13` も `i == 14` も成り立たないときは、8 行目の命令を実行します。

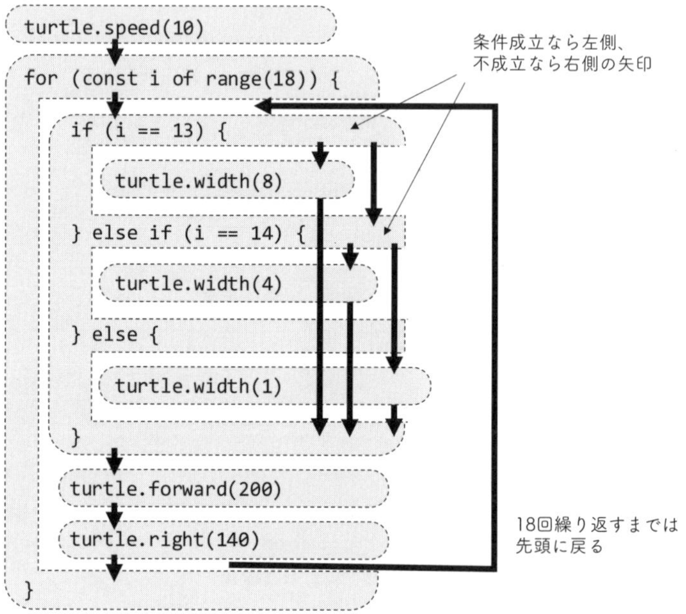
turtle.speed(10)
for (const i of range(18)) {
if (i == 13) {
turtle.width(8)
} else if (i == 14) {
turtle.width(4)
} else {
turtle.width(1)
}
turtle.forward(200)
turtle.right(140)
}
条件成立なら左側、
不成立なら右側の矢印
18回繰り返すまでは
先頭に戻る

図 4.12　`else if` を含む if 文の実行の流れ

先: `else if` は if 文の中にいくつでも含めることができるけど、注意することが一つある。

このように、三通り以上の場合分けが必要なときは `else if` を用い、それぞれの場合の条件を書くことができます。if 文の条件がいくつもあるときは、**上から順に**成り立つかどうか調べることに注意が必要です。実行されるのは、**最初に成り立つことがわかった条件に対応するブロック一つだけ**です。他のブロックは、たとえ条件が成り立っていても実行されません。

if 文の条件が等号 == を使った簡単なものであれば、それほど気にする必要はありませんが、不等号などを含む、より複雑な条件を使うようになると、この点は重要です。プログラムの中での等号や不等号の書き表し方を表 4.1 にまとめました。

先ほどのプログラムを変えて、最初の 12 本の線は太さ 1 で、次の 3 本は太さ 4 で、最後の 3 本は太さ 8 で引くようにしてみます。描かれる図形を図 4.13

表 4.1　比較のための演算子

種類	記号	例	意味
等しい	`==`	`i == 3`	$i = 3$
異なる	`!=`	`i != 3`	$i \neq 3$
大きい	`>`	`i > 3`	$i > 3$
以上	`>=`	`i >= 3`	$i \geq 3$
小さい（未満）	`<`	`i < 3`	$i < 3$
以下	`<=`	`i <= 3`	$i \leq 3$

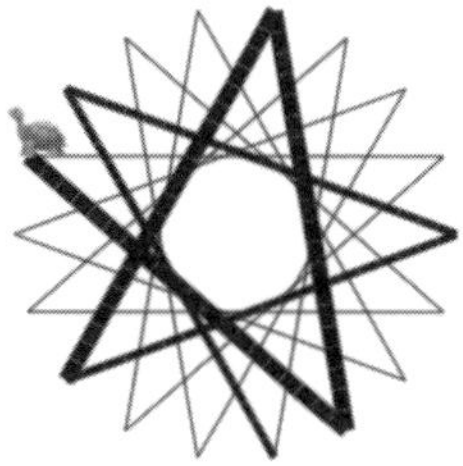

図 4.13　線の太さを徐々に太くした太陽

のようにします。今度も**三通りの場合分け**が必要ですが、不等式を条件に使った次のような if 文で目的の図形を描くことができます。

```
1  turtle.speed(10)
2  for (const i of range(18)) {
3    if (i < 12) {            // i が 12 未満（0 から 11）
4      turtle.width(1)
5    } else if (i < 15) {     // i が 15 未満（0 から 14）
6      turtle.width(4)
7    } else {
8      turtle.width(8)
9    }
10   turtle.forward(200)
11   turtle.right(140)
12 }
```

最初の条件（3 行目）は定数 i が 12 未満、次の条件（5 行目）は定数 i が 15 未満です。< は数学と同じで「小なり」の意味です。

図 4.14 を見てください。上の if 文が実行されると、まず 3 行目の最初の条件を調べます。成り立っていれば 4 行目を実行して、if 文の実行を終えます。次に実行されるのは 10 行目です。

5 行目の条件を調べるのは、3 行目の条件が成り立たなかったときだけです。それは定数 i が 12 未満でない、つまり 12 以上のときです。このときだけ 5 行

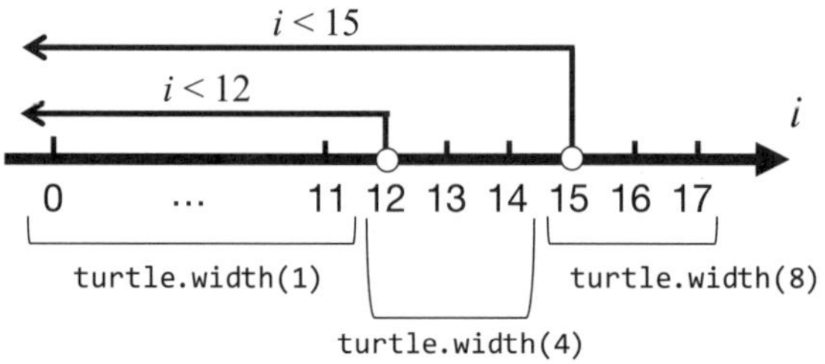

図 4.14　重なり合う不等式（○はその値を含まない）

目の条件を調べ、成り立っていれば 6 行目を実行します。したがって 6 行目を実行するのは、定数 i が 12 以上で、かつ 15 未満のときだけです。6 行目の実行後は、if 文の実行を終え、10 行目を次に実行します。

最後の else に続くブロックの中の 8 行目が実行されるのは、3 行目の条件も 5 行目の条件も成り立たなかったときです。つまり定数 i が 12 未満でも、15 未満でもないときで、これは 15 以上のときのことです。

このように、三通り以上の場合分けで条件に不等号が使われると、どのようなときに条件が成り立っているのか、判断が少し難しくなります。数学の知識が必要になるかもしれません。

嬢: そうか、i が 0 から 11 のときは $i < 12$ も $i < 15$ も両方成り立っていますが、実行するのは先に書いてある $i < 12$ の方のブロックだけなんですね。

章のまとめ

- **if 文**

  条件によって実行する命令を切り替える。次のように書く。

```
if ( 条件 ) {
    条件成立のとき実行する命令
} else {
    条件不成立のとき実行する命令
}
```

  条件が成り立たないときは何もしなくてよいのなら、次のように書く。

```
if ( 条件 ) {
    条件成立のとき実行する命令
}
```

  選択肢が三つある場合は次のように書く。

```
if ( 条件1 ) {
    命令1
} else if ( 条件2 ) {
    命令2
} else {
    命令3
}
```

  この if 文は条件 1 が成り立つときは命令 1 を、(条件 1 が成り立たず) 条件 2 が成り立つときは命令 2 を、それ以外のときは命令 3 を実行する。

- **条件**

  条件には、表 4.1 に示す等号 == や > のような不等号を含む式を書ける。

第5章 一度書いたら再利用

これまでに学んだ for...of 文と if 文は、いまどきのプログラミング言語にほぼ共通して備わる基本的なプログラムの構成要素です。そのような基本的な構成要素には、もう一つ、**関数**があります。本章はこの「関数」を取り上げます。

プログラムを実行すると、基本的には各行の命令が一つ一つ順に実行されますが、この順序は必要に応じて変えられます。この実行順序の制御はプログラミングのかなめの一つですが、for...of 文による繰り返しと、if 文による場合分け、そして本章の関数の三つが基本です。この三つがわかれば、実行順序の制御はおおよそ理解できたことになります。本書で学んでいる JavaScript 言語だけでなく、他の多くの言語でもこれは同様です。

本章では、まず関数を使わずに for...of 文と if 文だけで書いた長いプログラムを示します。そして関数を使って、このプログラムをだんだんと**短く理解しやすい形に書き直し**ていきます。この過程を通して関数の使い方を学びます。

5.1 プログラムは短い方がよい

第 3 章で学んだ for...of 文は、同じ命令の並びを連続して繰り返し実行するためのものでした。もし for...of 文がなかったら、あるいは第 4 章で学んだ if 文がなかったら、これまでに紹介したプログラムは無駄に長たらしくなり、慣れた人でもぱっと見ただけでは内容を理解するのが難しいプログラムになってしまうでしょう。

一般的にプログラムは短く簡潔な方がよいとされます。その方が内容を理解するのが易しくなりますし、間違いも入り込みにくいからです。そのため for...of 文を積極的に活用した方がよいのですが、for...of 文や if 文だけでは限界があります。**この限界を克服するためには関数が有効です**が、本節では具体例を通して、まず、この for...of 文や if 文の限界を説明します。

嬢: 短いプログラムとは、行数が少ないプログラムのことですか？

先: まあそうかな。

友: なら、行数を数えて、少なければ少ないほど、よいプログラムってこと？

先: いや、技を駆使してプログラムを無理矢理一行に収めてしまうことを趣味にする人がいて、そういうプログラムはワンライナーと言うんだけど、あれは呪文のようで読めない。

嬢: ということは、短ければ良いというわけでもないのですね。

友: なんか曖昧だなあ。

先: プログラムの良し悪しの判断は難しいよ。簡単に言えたら苦労はしないなあ。

図 5.1 の絵は、多角形を組み合わせることでタートル・グラフィックスで亀を描いています。亀の甲羅は辺の長さが一定でない十二角形です。亀の頭や足は正十二角形ですが、三辺を描かないことで、弧のような形にしています。

プログラム 5.1 が図 5.1 を描くプログラムです。// から始まるコメント行を除くと 55 行あります。長いプログラムなのでプログラム 5.1 は二段組みです。左側の列の最下行の次の行が右側の列の 1 行目です。

嬢: 私たち、このプログラム全部書き写して実行した方がよいでしょうか？

先: これは悪いプログラムの例だから、見るだけでいいよ。

4 行目の甲羅を描く部分に `i % 6` とありますが、`%` は割り算の余りを計算する演算子でした。つまり、これは `i` を 6 で割った余りを計算する式です。また

図 5.1 タートル

プログラム 5.1　亀を描くプログラム（二段組で表示）

```
// 甲羅を描く
turtle.color(green)
for (const i of range(12)) {
    turtle.forward(30 - (i % 6 - 3) * 4)
    turtle.right(30)
}
turtle.color(black)
// 左後ろ足を描く
turtle.left(100)
turtle.up()
turtle.move(130, 100)
turtle.down()
for (const i of range(9)) {
  turtle.forward(8)
  turtle.right(30)
}
// 右後ろ足を描く
turtle.left(40)
turtle.up()
turtle.move(75, 175)
turtle.down()
for (const i of range(9)) {
  turtle.forward(8)
  turtle.right(30)
}
// 右前足を描く
turtle.left(330)
turtle.up()
turtle.move(130, 210)
turtle.down()
for (const i of range(9)) {
  turtle.forward(8)
  turtle.right(30)
}
// 左前足を描く
turtle.left(30)
turtle.up()
turtle.move(185, 135)
turtle.down()
for (const i of range(9)) {
  turtle.forward(8)
  turtle.right(30)
}
// 頭を描く
turtle.left(210)
turtle.up()
turtle.move(185, 185)
turtle.down()
for (const i of range(9)) {
  turtle.forward(13)
  turtle.right(30)
}
// 尾を描く
turtle.up()
turtle.move(90, 100)
turtle.down()
turtle.left(80)
turtle.forward(20)
turtle.left(120)
turtle.forward(20)
turtle.up()
turtle.move(130, 170)
```

同じ行の * はかけ算を表す記号です。この部分は for...of 文で十二角形を描いています。各辺の長さを同じにせず、4 行目の式で変えることで、描かれる十二角形が亀の甲羅に見えるように調節しています。

先: この式だとなぜ十二角形が甲羅の形になるのか疑問に思うかもしれないけど、関数を学ぶにあたって重要な話ではないから気にしなくていいよ。でも一応、i と式の値の対応を表にしておくね。

i	0	1	2	...	5	6	7	8	...	11
30-(i%6-3)*4	42	38	34	...	22	42	38	34	...	22

ずいぶん長いプログラムと思うかもしれませんが、これでも for...of 文を使うことで、かなり短くなっています。for...of 文を使わないと、{} で囲まれたブロックの中を繰り返し回数の分だけ重複して書かなければなりません。同じ命令の繰り返しを for...of 文を使って表現することで、プログラムの長さが短くなりますし、ぱっと見でプログラムがどのように動作するか理解しやすくなっています。

参考までに for...of 文を使わずに亀を描くプログラムをプログラム 5.2 に示します。コメントを除いても 145 行あります。こんなに長くなるのは、同じ命令の並びを繰り返しの回数だけ何度も書かなければならないからです。図 5.1 を描くだけで 145 行も必要とするのですから、さらに複雑な図を描こうとすると、for...of 文なしではすぐにプログラムが長くなりすぎて手に負えなくなりそうです。

5.2 関数

プログラム 5.1 はプログラム 5.2 に比べればかなり短いプログラムですが、それでもよく見ると、プログラム 5.1 の中には同じ命令の並びが重複して現れていることがわかります。**関数を使えばこの重複を避ける**ことができ、プログラム全体をさらに短くできます。

具体的には

```
turtle.down()
for (const i of range(9)) {
  turtle.forward(8)
  turtle.right(30)
}
```

の部分が、足や頭を描くたびに何度も繰り返しプログラムの中に現れます。この命令の並びは、足や頭とみたてた正十二角形を現在位置に描きます。ただし最後の三辺を除いた九つの辺しか描かないので、for...of 文による繰り返しは 9 回で、この命令の並びは弧を描いているともいえます。

この部分がプログラム中に**連続して**繰り返されていれば for...of 文を使って、より短いプログラムに書き換えることができます。しかし間に他の命令がはさまり、さらに間によって内容が異なるので、for...of 文だけではうまくできません。if 文を使うなどの少し面倒な工夫が必要です。

このように同じ命令の並びが**飛び飛びに**現れるときは**関数**を使います（図 5.2）。

プログラム 5.2 for...of 文なしで亀を描くプログラム（三段組で表示）

```
// 甲羅を描く
turtle.color(green)
turtle.forward(42)
turtle.right(30)
turtle.forward(38)
turtle.right(30)
turtle.forward(34)
turtle.right(30)
turtle.forward(30)
turtle.right(30)
turtle.forward(26)
turtle.right(30)
turtle.forward(22)
turtle.right(30)
turtle.forward(42)
turtle.right(30)
turtle.forward(38)
turtle.right(30)
turtle.forward(34)
turtle.right(30)
turtle.forward(30)
turtle.right(30)
turtle.forward(26)
turtle.right(30)
turtle.forward(22)
turtle.right(30)
turtle.color(black)
// 左後ろ足を描く
turtle.left(100)
turtle.up()
turtle.move(130, 100)
turtle.down()
turtle.forward(8)
turtle.right(30)
turtle.forward(8)
turtle.right(30)
turtle.forward(8)
turtle.right(30)
turtle.forward(8)
turtle.right(30)
turtle.forward(8)
turtle.right(30)
turtle.forward(8)
turtle.right(30)
turtle.forward(8)
turtle.right(30)
turtle.forward(8)
turtle.right(30)
// 右後ろ足を描く
turtle.left(40)
turtle.up()
turtle.move(75, 175)
turtle.down()
turtle.forward(8)
turtle.right(30)
turtle.forward(8)
turtle.right(30)
turtle.forward(8)
turtle.right(30)
turtle.forward(8)
turtle.right(30)
turtle.forward(8)
turtle.right(30)
turtle.forward(8)
turtle.right(30)
turtle.forward(8)
turtle.right(30)
turtle.forward(8)
turtle.right(30)
turtle.forward(8)
turtle.right(30)
// 右前足を描く
turtle.left(330)
turtle.up()
turtle.move(130, 210)
turtle.down()
turtle.forward(8)
turtle.right(30)
turtle.forward(8)
turtle.right(30)
turtle.forward(8)
turtle.right(30)
turtle.forward(8)
turtle.right(30)
turtle.forward(8)
turtle.right(30)
turtle.forward(8)
turtle.right(30)
turtle.forward(8)
turtle.right(30)
turtle.forward(8)
turtle.right(30)
turtle.forward(8)
turtle.right(30)
// 左前足を描く
turtle.left(30)
turtle.up()
turtle.move(185, 135)
turtle.down()
turtle.forward(8)
turtle.right(30)
turtle.forward(8)
turtle.right(30)
turtle.forward(8)
turtle.right(30)
turtle.forward(8)
turtle.right(30)
turtle.forward(8)
turtle.right(30)
turtle.forward(8)
turtle.right(30)
turtle.forward(8)
turtle.right(30)
turtle.forward(8)
turtle.right(30)
turtle.forward(8)
turtle.right(30)
// 頭を描く
turtle.left(210)
turtle.up()
turtle.move(185, 185)
turtle.down()
turtle.forward(13)
turtle.right(30)
turtle.forward(13)
turtle.right(30)
turtle.forward(13)
turtle.right(30)
turtle.forward(13)
turtle.right(30)
turtle.forward(13)
turtle.right(30)
turtle.forward(13)
turtle.right(30)
turtle.forward(13)
turtle.right(30)
turtle.forward(13)
turtle.right(30)
turtle.forward(13)
turtle.right(30)
// 尾を描く
turtle.up()
turtle.move(90, 100)
turtle.down()
turtle.left(80)
turtle.forward(20)
turtle.left(120)
turtle.forward(20)
turtle.up()
turtle.move(130, 170)
```

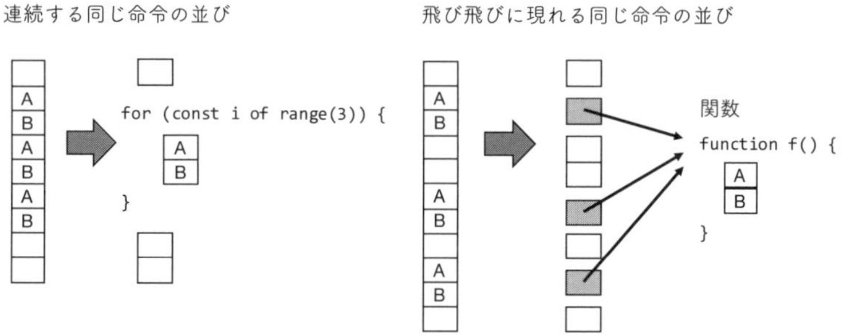

図 5.2 for...of 文と関数の使い分け

関数を使って何度も繰り返し現れる命令の並びをくくりだして名前をつけておくと、後から必要なときにその名前を書いて**再利用**できます。

> **先:** 関数といっても、数学の関数とはかなり違う。
>
> **友:** 何でそんな紛らわしい名前をつけるかなあ。
>
> **先:** 数学の関数と似ているところも大きいからじゃない？ プログラミングでも数学でも、関数は英語でファンクション (function) なんだよね。ファンクションと呼べば違和感が小さいかも。
>
> **嬢:** ファンクションの訳は、機能とか役割ですね。
>
> **友:** ふーん、要するにプログラミングの関数は機能とか役割と思えばいいわけ？

プログラム 5.1 を関数を使って短くしてみましょう。まず再利用したい命令の並びを次のように関数にします。これを**関数を宣言する**、といいます（関数を定義する、という意味と思って問題ありません)。関数にするのは足を描く部分です。

```
function drawArc() {
  turtle.down()
  for (const i of range(9)) {
    turtle.forward(8)
    turtle.right(30)
  }
}
```

1 行目の `function`（ファンクション）に続けて、その関数の名前を書きます。ここでは drawArc としました。英語で「弧を描け」(draw an arc) という意味です。関数は命令の並びをひとまとめにしたものなので、英語の動詞の命令形を使うのが一般的です。なお、大文字と小文字の違いに気をつけてください。drawArc と drawarc は同じではありません。

> **先:** drawArc は単語の切れ目を大文字にしてるんだ。こういうのをキャメルケース (camel case) っていう。
>
> **嬢:** キャメルって、動物のラクダですか？
>
> **先:** うん、ラクダのこぶみたいでしょ。
>
> **友:** 確かに！ drawAnArc なら、寝そべってるふたこぶラクダだ。

関数の名前は後で関数を利用するときに使います。名前をつけるときの留意点は次のようになります。

- 名前の長さは何文字でもかまいません。
- アルファベットの大文字小文字の他、記号 _ や $ も名前に使えます。
- 大文字と小文字は区別します。draw と Draw は違う名前です。文頭だからといって小文字を大文字に変えてはいけません。
- 数字も使えますが、名前の先頭の文字を数字にすることはできません。
- 漢字やひらがなも本当は名前に使えますが、あまり使われません。
- 関数の名前には英語として読める名前をつけるのが一般的ですが、ローマ字でもかまいません。drawArc の代わりに koEgaku（こをえがく）にすることもできます。でたらめな文字の列でもかまいません。上の例の drawArc は英語で「弧を描け」という意味ですが、でたらめに t396foo のような名前をつけても間違いではありません。ただし普通はしません。

関数の名前と括弧 () に続く波括弧 {} の中に、再利用したい命令の並びを書きます。波括弧の中は例によって**字下げ**します。波括弧で囲まれた部分は**関数の本体**（ボディ）と呼ばれます。

上の例では最初の行と最後の行の波括弧の間に、再利用したい命令の並びを書きます。途中、3 行目と 6 行目に波括弧 { と } が現れますが、これは for...of

文のための波括弧です。開き括弧と閉じ括弧の対応が正しく取れていれば、再利用したい命令の並びの中に for...of 文や if 文などの波括弧をともなう文を書くこともできます。

再利用したい命令の並びを関数にしておくと、その命令の並びを実行したいところで

```
drawArc()
```

と短く一行だけ書けば、その命令の並びが実行されます。この例では先ほど宣言した drawArc 関数の本体、つまり波括弧で囲まれた部分が実行されます。

関数名に続けて忘れずに括弧 () を書きます。このようにして命令の並びを実行することを、正しくは**関数を呼び出す**といいます。

> **友:** わかった！ 関数って、Scratch でいうと自分で作る新しい種類のブロックだね。

具体的な例を示します。次のプログラムは drawArc 関数を宣言して、その後、それを使った命令の並びが続きます。

```
1  function drawArc() {      // drawArc 関数を宣言
2    turtle.down()
3    for (const i of range(9)) {
4      turtle.forward(8)
5      turtle.right(30)
6    }
7  }
8
9  turtle.right(90)
10 drawArc()                 // drawArc 関数を呼び出す
11 turtle.width(4)
12 turtle.forward(100)
13 drawArc()                 // drawArc 関数を呼び出す
14 turtle.forward(50)
15 turtle.right(90)
16 turtle.forward(10)
```

左側の数字は行番号です。このプログラムが描く図形を図 5.3 に示します。ま

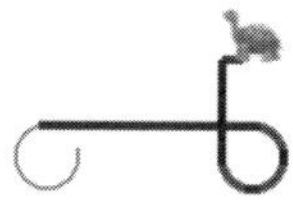

図 5.3 drawArc 関数を使って描く

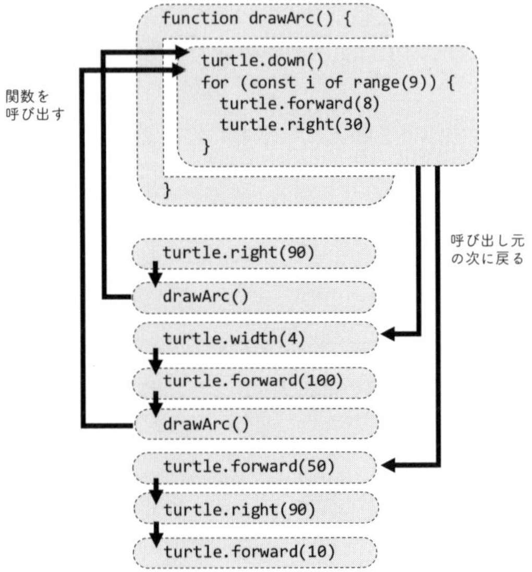
function drawArc() {
turtle.down()
for (const i of range(9)) {
turtle.forward(8)
turtle.right(30)
}
}
関数を
呼び出す
呼び出し元
の次に戻る
turtle.right(90)
drawArc()
turtle.width(4)
turtle.forward(100)
drawArc()
turtle.forward(50)
turtle.right(90)
turtle.forward(10)

図 5.4　drawArc 関数のプログラムの実行の流れ

ず亀の向きを変えてから drawArc 関数を使って弧を描きます。次に線の太さを変えて前進し、再び drawArc 関数で弧を描きます。その後、亀の向きを変えて前進し、実行を終わります。

プログラムは例によって 1 行目から順に実行されます（図 5.4）。まず 1 行目から 7 行目は関数の**宣言**（つまり関数の定義）です。この部分は drawArc 関数を使えるようにする宣言なので何も実行されません。亀が動き出すことはありません。**関数を宣言しただけでは、関数の本体の中の命令の並びは実行されません**。実行されるのは、後で呼び出されたときです。

関数を宣言した後の 9 行目以降からは順に実行されます。関数は宣言するだけでは何も起きませんから、**プログラムの実行は実質的に 9 行目から始まっている**といえます。まず 9 行目の命令は亀を右に 90 度回転させます。次の 10 行目で drawArc 関数を呼び出します。呼び出すと、2 行目から 6 行目の drawArc 関数の本体が順に実行されます。6 行目まで完全に実行されると、呼び出し元の 10 行目に戻り、次の 11 行目に進みます（呼び出し元の次の 11 行目に戻ると考えてもよい）。13 行目の drawArc 関数の呼び出しも同様になります。こうして 16 行目まで順に実行します。

友: 関数本体の実行が終わったら、**呼び出し元の次の行に帰る**んだ。ちゃんと帰れるなんて偉いなあ。

嬢: 自分がどこから来たのか覚えてるのですね。方向音痴じゃないなんて、私より賢いです。

友: お嬢はスマホのナビがあっても道に迷うもんね。

関数を使うようにプログラム 5.1 を書き直したものをプログラム 5.3 に示します。コメント行や空白行を除いて 46 行です。あまり短くなっていませんが、プログラム 5.1 と比べると、足を描く際には角度や位置を調整した後、drawArc 関数を呼び出して同じ命令を実行している、ということは明確になります。少しプログラムの中身がわかりやすくなったと言えます。

プログラム 5.3 関数を使って亀を描くプログラム（二段組で表示）

```
// 関数の宣言
function drawArc() {
  turtle.down()
  for (const i of range(9)) {
    turtle.forward(8)
    turtle.right(30)
  }
}

// 甲羅を描く
turtle.color(green)
for (const i of range(12)) {
    turtle.forward(30 - (i % 6 - 3) * 4)
    turtle.right(30)
}
turtle.color(black)
// 左後ろ足を描く
turtle.left(100)
turtle.up()
turtle.move(130, 100)
drawArc()
// 右後ろ足を描く
turtle.left(40)
turtle.up()
turtle.move(75, 175)
drawArc()
// 右前足を描く
turtle.left(330)
turtle.up()
turtle.move(130, 210)
drawArc()
// 左前足を描く
turtle.left(30)
turtle.up()
turtle.move(185, 135)
drawArc()
// 頭を描く
turtle.left(210)
turtle.up()
turtle.move(185, 185)
turtle.down()
for (const i of range(9)) {
  turtle.forward(13)
  turtle.right(30)
}
// 尾を描く
turtle.up()
turtle.move(90, 100)
turtle.down()
turtle.left(80)
turtle.forward(20)
turtle.left(120)
turtle.forward(20)
turtle.up()
turtle.move(130, 170)
```

5.3 関数の引数

前の節では関数を使って、まったく同じ命令の並びを一つにまとめました。実際のプログラミングでは、まったく同じ命令の並びが一つのプログラムの中に何度も現れることは少なく、だいたい同じだが少しだけ違った命令の並びが現れることがほとんどです。このため、まったく同じ命令の並びを関数にしようとしても、そのような並びはあまり見つかりません。

同じような話は for...of 文でも出てきました。for...of 文の場合、繰り返し実行される命令の並びに繰り返しごとに多少の違いがあっても、何回目の繰り返しかを表す定数をうまく使って**違いを吸収しました**。つまり、本当は異なる命令の並びを、同じ並びの繰り返しとして扱えるようにしました。関数でも同じようなことができます。

プログラム 5.3 では関数を使って、同じ命令の並びを何度も書かずにすむようにしました。しかしよく見ると、足を描くたびに次の四行をまだ繰り返していることがわかります。

```
turtle.left(100)
turtle.up()
turtle.move(130, 100)
drawArc()
```

ただし turtle.left や turtle.move に続く**括弧の中の数は異なります**。

このぐらいの違いであれば実はすべてまとめて一つの関数にすることができます。そしてプログラム全体の長さをさらに短くできます。そのためには**引数**（ひきすう）を使います。

具体的に説明しましょう。前の節で宣言した drawArc 関数は、プログラム 5.1 の 12 行目以降をまとめて関数にしていました。具体的には次の部分です。左側の数字は行番号です。

```
 8  // 左後ろ足を描く
 9  turtle.left(100)
10  turtle.up()
11  turtle.move(130, 100)
12  turtle.down()
13  for (const i of range(9)) {
14    turtle.forward(8)
15    turtle.right(30)
16  }
```

今回は足を描く部分全体をまとめて関数にします（8 行目のコメントは除く）。9 行目と 11 行目の括弧内の数字が、どの足を描くかによって異なるのが注意点です。9 行目の数字は弧（足）を描く角度を、11 行目の二つの数字は足の位置の座標を表します。

全体を関数にするように先ほどの drawArc の宣言を書き直します。

```
function drawArc(x, y, angle) {
  turtle.left(angle)
  turtle.up()
  turtle.move(x, y)
  turtle.down()
  for (const i of range(9)) {
    turtle.forward(8)
    turtle.right(30)
  }
}
```

関数の名前は drawArc のままです。しかし書き直した新しい宣言では関数の名前に続く括弧の中が (x, y, angle) になります。元の宣言では括弧の中は空で () でした。

括弧内の x と y と angle のことを**引数**といいます。引数は命令の並びの違い（命令の数字の違い）を吸収するために使います。上の drawArc 関数として宣言された命令の並びの中では、いくつかの数が引数 x、y、angle に置き換わっています。これらは実行する度に値を変えなければならない部分です。x と y は座標を表す部分と、angle（角度）は描く弧の角度を表す部分と置き換わっています。

引数には関数を呼び出すときに具体的な値を当てはめます。たとえば

```
drawArc(130, 100, 100)
```

と書くと、引数が並ぶ順に x が 130、y が 100、angle が 100 となります。これを、drawArc 関数に**それらの引数を渡す**、という言い方をします。drawArc 関数の本体は、引数 x、y、angle が具体的な値に置き換えられて実行されます。つまり、

```
turtle.left(100)          // angle = 100
turtle.up()
turtle.move(130, 100)     // x = 130, y = 100
turtle.down()
for (const i of range(9)) {
  turtle.forward(8)
  turtle.right(30)
}
```

が実行され、左後ろ足が描かれます。次に

```
drawArc(75, 175, 40)
```

と書くと、今度は x が 75、y が 175、angle が 40 となって、関数の本体が実行されます。これは右後ろ足を描きます。

関数を呼び出すときに渡す引数の値を変えれば、実行される命令の並びを目的の形に変えることができます。したがって、多少の違いがある命令の並びであっても、引数を使えば違いを吸収して一つの関数にまとめることができるのです。

関数は宣言するときも呼び出すときも、関数の名前に続く括弧 () の中にカンマ , で区切って**必ず引数を書きます**。前の節のプログラム 5.3 の中の drawArc 関数の場合、関数の名前に続けて () と書いていました。この場合も例外ではありません。**引数の数が 0 個なので括弧内に何も書かない**だけです。

引数の名前は一文字である必要はなく、angle のようにアルファベット何文字かでもかまいません。関数の名前のつけ方と同じで、引数名はアルファベットの他に _ や $ を含むことができます。名前の先頭の文字でなければ数字も使えます。また正しい英単語である必要はありません。

先: ここではどちらも引数と呼んでいるけど、function から始まる関数の宣言に出てくる x や y のような引数は**仮引数**（かりひきすう）、あるいは**パラメータ** (parameter) とも言う。

友: どちらも、って、もう一方は何？

先: 関数を呼び出す側の括弧 () の中に書く引数。そちらは**実引数**（じつひきすう）または**アーギュメント** (argument) とも言う。

嬢: 用語が多すぎて覚えられません...

先: 世の中には違う流儀もあるようだけど、とりあえず俺は仮引数と実引数、**両方合わせて引数**、と呼んでる。仮引数は必ず x や y のような「名前」で、実引数はそれに当てはめる具体的な数値だね。

引数つきの関数を使うと、亀の頭を描く部分も drawArc 関数にまとめてしまえます。足を描く命令の並びと頭を描く命令の並びの違いは、既に x、y、angle に置き換えた部分に加え、for...of 文のブロック {} の中の最初の行の turtle.forward に続く括弧の中が 8 か 13 であるかだけです。二つの部分を並べて比べてみます。

```
// 左後ろ足を描く
turtle.left(100)
turtle.up()
turtle.move(130, 100)
turtle.down()
for (const i of range(9)) {
  turtle.forward(8)
  turtle.right(30)
}
```

```
// 頭を描く
turtle.left(210)
turtle.up()
turtle.move(185, 185)
turtle.down()
for (const i of range(9)) {
  turtle.forward(13) // 違う
  turtle.right(30)
}
```

この違いも引数を使えば吸収できます。関数 drawArc の宣言をもう一度書き直します。

```
function drawArc(x, y, angle, length) {
  turtle.left(angle)
  turtle.up()
  turtle.move(x, y)
  turtle.down()
  for (const i of range(9)) {
    turtle.forward(length)          // length で違いを吸収
    turtle.right(30)
  }
}
```

引数 length（長さ）を追加することで、亀の足も頭も同じ drawArc 関数を呼び出すことで描けるようになります。

引数つきの関数を使ってプログラム 5.3 を書き直したものをプログラム 5.4 に示します。今度は 30 行になりました。

プログラム 5.4 引数つき関数を使って亀を描くプログラム（二段組で表示）

```
// 関数の宣言
function drawArc(x, y, angle, length) {
  turtle.left(angle)
  turtle.up()
  turtle.move(x, y)
  turtle.down()
  for (const i of range(9)) {
    turtle.forward(length)
    turtle.right(30)
  }
}

// 甲羅を描く
turtle.color(green)
for (const i of range(12)) {
    turtle.forward(30 - (i % 6 - 3) * 4)
    turtle.right(30)
}
turtle.color(black)
```

```
// 左後ろ足を描く
drawArc(130, 100, 100, 8)
// 右後ろ足を描く
drawArc(75, 175, 40, 8)
// 右前足を描く
drawArc(130, 210, 330, 8)
// 左前足を描く
drawArc(185, 135, 30, 8)
// 頭を描く
drawArc(185, 185, 210, 13)
// 尾を描く
turtle.up()
turtle.move(90, 100)
turtle.down()
turtle.left(80)
turtle.forward(20)
turtle.left(120)
turtle.forward(20)
turtle.up()
turtle.move(130, 170)
```

> **先:** プログラム 5.4 は十分短くなったから、書き写して実行してみたら？

5.4 ライブラリ

関数の呼び出しは、関数名に引数を括弧 () で囲んだものが続く形をしていました。たとえば

```
drawArc(130, 100, 100, 8)
```

のようにです。一方、タートル・グラフィックスで亀を動かす命令は次のようなものでした。

```
turtle.forward(100)
```

なんだかよく似ています。

実は turtle.forward も関数呼び出しの一種です。正確には本章の中で説明してきた関数とは少し違うのですが、ある種の関数が最終的に呼び出されて実行されます。このような turtle. から始まる関数はすべて、筆者があらかじめ書いておいた関数です。

上の turtle.forward が関数呼び出しの一種なので、続く括弧の中の値も**引数**といえます。これまで、turtle.forward 命令を続く括弧の中を 100 にして実行する、などといってきましたが、今後は 100 を引数にして turtle.forward を呼び出して実行する、などということにします。

> **先:** これで turtle.forward 命令、なんていう呼び方を終われる。
>
> **友:** いくら私たちが初心者だからって、正しくない呼び方をしてきたのは良くなかったなあ。
>
> **嬢:** turtle.forward は命令じゃなくて、関数だったのですね。

本書のこれまでのプログラミングでは、筆者があらかじめ書いておいた関数（これまでは「命令」と呼んできました）をいくつも利用してきました。turtle.forward などだけでなく、for...of 文の range も筆者が書いた関数です。これにより、読者は難しいプログラムを書かなくてもタートル・グラフィックスを試すことができます。

他人が書いた関数を利用してプログラミングするのは初学者だけではありません。より本格的なプログラミングでも、すべてを自分で一から書くということはありません。他の人が書き、正しく動くことを十分テストしている**関数（やそれに類するもの）を可能な限り利用して書く**のが普通です。

このような自分のプログラムに組み込んで利用できる関数（やそれに類するもの）の集まりのことを**ライブラリ**と呼びます。事前に誰かが書いてくれた関数の集まりです。実用的なプログラミング言語には、その言語用に書かれた関数を目的別に集めたライブラリがたくさん用意されています。「ライブラリ」といっても図書館の意味ではなく、作品集の意味です。ライブラリはモジュールやパッケージなどと呼ばれることもありますが、多くのプログラミング言語では、これらはライブラリを構成する部品のようなものを意味します。フレームワークという用語もありますが、これは特定の種類のライブラリをさします。

ライブラリは大切です。たいていのプログラミング言語であれば、理屈の上では何を使っても、どんな種類のアプリケーション（アプリ）のプログラムも書けてしまいます。しかし、そのプログラムを書くのに役立つライブラリがなければ、完成させるのは難しいでしょう。一人ですべてのプログラムを書かなければならないからです。目的にあったライブラリがあるかどうかは、プログラミング言語を選ぶときの大事な視点です。

先: だからといって、プログラミング言語の優劣を、その言語で使える有名なライブラリの優劣で判断するのはどうかと思うよ。

友: でも良いライブラリがあれば、自分で関数を書かなくていいんでしょ？

先: 良いライブラリが使えれば、かなり難しいことするプログラムも簡単に書けるけど、それで自分はプログラミング得意とか言う人にはなって欲しくないなあ。

章のまとめ

- **関数**（ファンクション）
  命令の並びをまとめたもの。次のように**宣言**する。

```
function 関数名 ( 引数名1 , 引数名2 , 引数名3 ) {
    0行以上の命令の並び。何行でもよい。
}
```

  引数がある場合は、引数名をカンマ , で区切って括弧内に並べて書く。引数が 1 つの場合は (引数名) のように書き、引数がない場合は () のように括弧内は空にする。波括弧 {} で囲まれた部分を**関数の本体**（ボディ）と呼ぶ。

- **関数の呼び出し**
  宣言された関数は、プログラム中の離れたところで利用することができる。これを関数を**呼び出す**、呼ぶ、呼び出して実行する、などという。

  関数を呼び出して実行するには次のように書く。

```
関数名 ( 引数値1 , 引数値2 , 引数値3 )
```

  引数の値、つまり実引数はカンマ , で区切って括弧内に並べて書く。関数の宣言と同様、引数が 1 つの場合は (引数値) のように書き、引数がない場合は () のように括弧内は空にする。括弧内に書かれた引数の値は、呼び出し時にその**関数に渡される**。

- **ライブラリ**
  プログラムに組み込んで利用できる関数などを集めたもの。

第6章

いろいろなやり方を試す

ここまでで for...of 文、if 文、そして関数を学び、プログラムの実行順序をどのように制御するのか、その基本が理解できたと思います。これら三つを組み合わせて使えば、さまざまなプログラムを書くことができます。

プログラミングが面白いのは、同じことをする場合でも、これら三つの組み合わせ方は**一通りとは限らない**、というところです。本章ではこの点について実例を通して学びます。どの組み合わせでも大きな違いがない場合もありますが、上手な組み合わせを選べば、プログラムが短くなって理解しやすくなる場合も少なくありません。

6.1 ジグザグな四角形を描く

例題として図 6.1 のようなジグザグな四角形を描くプログラムを考えます。この四角形は図 6.2 のジグザグな線を四つの辺とする四角形です。

ジグザグな線は、for...of 文を使って、「┏」を何回か繰り返して描くことで簡単に描けます。プログラムは次のようになります。

```
for (const i of range(8)) {   // 以下を 8 回繰り返す
  turtle.left(90)             // 90 度左回転
  turtle.forward(10)          // 線を引く
```

図 6.1　ジグザグな四角形

図 6.2　ジグザグな線

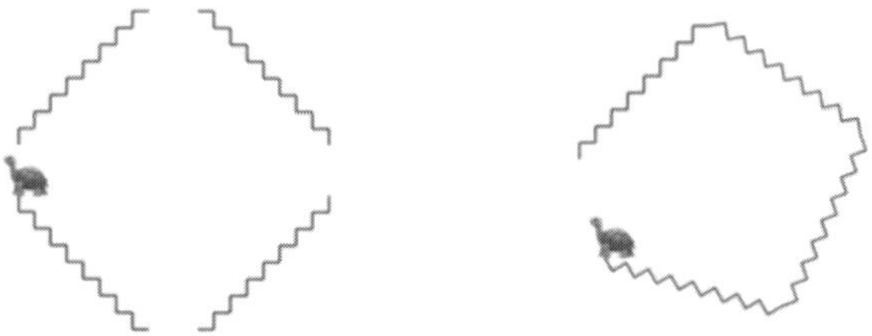

図 6.3　二つの方針（左：4 本の線を描く、右：長い線を折り曲げる）

```
  turtle.right(90)              // 90 度右回転
  turtle.forward(10)            // 線を引く
}
```

このプログラムを実行すると図 6.2 のようになります。for...of 文の {} で囲まれたブロックの中を 1 回実行すると「┏」が一つ描かれます。これを 8 回繰り返すのでジグザグな線になります。

このプログラムを元にして図 6.1 のジグザグな四角形を描くには、大きく二つの方針があります（図 6.3）。一つはこのプログラムを使って線の向きと位置を変えながら 4 本のジグザグな線を描いて四角形にする方針です。もう一つの方針では、まずこのプログラムを変えてもっと長いジグザグな線を描くプログラムにします。そして描く途中でジグザグな線の向きを 3 回 90 度曲げることで四角形にする方針です。以下では、この二つの方針をそれぞれ見てみます。

6.2　4 本のジグザグな線を描く

（その 1・四つの for...of 文） まず、ジグザグな線を 4 本組み合わせて図 6.1 の四角形を描くプログラムを考えます。この方針だけでも何通りかプログラムの書き方があります。単純なものから順に見ていきます。

普通の四角形は、亀を前進させて線を引き、90 度右回転させる、という二つの動作を 4 回繰り返せば描けます。プログラムにすると次のようになります。

```
turtle.forward(100)             // 線を引く
turtle.right(90)                // 90 度右回転
turtle.forward(100)             // 線を引く
turtle.right(90)                // 90 度右回転
turtle.forward(100)             // 線を引く
turtle.right(90)                // 90 度右回転
turtle.forward(100)             // 線を引く
```

ジグザグな四角形は直線を引く代わりにジグザグな線を引けば描けます。そこで上のプログラムの turtle.forward の呼び出しを、ジグザグな線を描く for...of 文で置き換えます。

```
// ジグザグな四角形　その 1・四つの for...of 文
for (const i of range(8)) {   // 8 回繰り返す
  turtle.left(90)             //  ┏ を描く
  turtle.forward(10)
  turtle.right(90)
  turtle.forward(10)
}
turtle.right(90)              // 90 度右回転
for (const i of range(8)) {   // 8 回繰り返す
  turtle.left(90)             //  ┏ を描く
  turtle.forward(10)
  turtle.right(90)
  turtle.forward(10)
}
turtle.right(90)              // 90 度右回転
for (const i of range(8)) {   // 8 回繰り返す
  turtle.left(90)             //  ┏ を描く
  turtle.forward(10)
  turtle.right(90)
  turtle.forward(10)
}
turtle.right(90)              // 90 度右回転
for (const i of range(8)) {   // 8 回繰り返す
  turtle.left(90)             //  ┏ を描く
  turtle.forward(10)
  turtle.right(90)
  turtle.forward(10)
}
```

亀を 90 度右回転させるための turtle.right の呼び出しが途中 3 回必要なのは普通の四角形を描くときと同じです。

このプログラムを実行すると図 6.1 のジグザグな四角形を描けます。しかしこのプログラムは同じ for...of 文が 4 回も繰り返し登場する長いプログラムです。

> **友:** このプログラム、長すぎて書き写す気が失せるなあ。見るだけでいいよね？

（その 2・関数） 飛び飛びに同じことが繰り返されるときは関数を使うのでした。ジグザグな線を描くための for...of 文を関数にしてしまえばプログラムを短くすることができます。関数を使ったプログラムを「その 2」とします。このプログラムでは最初に関数を宣言し、続いてその関数を呼び出す行を書きます。

```
// ジグザグな四角形 その2・関数
function drawZigZag() {          // ジグザグな線を描く関数
  for (const i of range(8)) {   // 8回繰り返す
    turtle.left(90)             // ┏ を描く
    turtle.forward(10)
    turtle.right(90)
    turtle.forward(10)
  }
}

drawZigZag()            // drawZigZag 関数を呼び出す
turtle.right(90)        // 90 度右回転
drawZigZag()            // drawZigZag 関数を呼び出す
turtle.right(90)        // 90 度右回転
drawZigZag()            // drawZigZag 関数を呼び出す
turtle.right(90)        // 90 度右回転
drawZigZag()            // drawZigZag 関数を呼び出す
```

だいぶ短くなりました。これがジグザグな四角形を描くプログラムの二つ目の書き方です。

> **嬢:** このプログラムの最後の方は、drawZigZag と turtle.right の呼び出しが連続して繰り返されますね。もしかしたら for...of 文が使えますか？
>
> **先:** うん、使えるよ。

(その3・関数と for...of 文) 上のプログラムでは、drawZigZag が4回、turtle.right が3回呼び出されます。turtle.right は亀を回転させるだけで線を引いたりはしませんから、最後にもう1回 turtle.right を呼ぶことにしても描かれる図形は変わりません。そこで最後に turtle.right を余分に呼ぶことにすると、上の「その2」のプログラムの最後の部分は

```
drawZigZag()            // drawZigZag 関数を呼び出す
turtle.right(90)        // 90 度右回転
drawZigZag()            // drawZigZag 関数を呼び出す
turtle.right(90)        // 90 度右回転
drawZigZag()            // drawZigZag 関数を呼び出す
turtle.right(90)        // 90 度右回転
drawZigZag()            // drawZigZag 関数を呼び出す
turtle.right(90)        // 90 度右回転 (余分な回転)
```

となり、drawZigZag と turtle.right の組が4回ずつ呼ばれることになります。

すると for...of 文を使って、上のプログラムをさらに短くすることができま

す。これがプログラムの三つ目の書き方です。

```
1   // ジグザグな四角形　その 3・関数と for...of 文
2   function drawZigZag() {          // ジグザグな線を描く関数
3     for (const i of range(8)) {    // 8 回繰り返す
4       turtle.left(90)              // ┏ を描く
5       turtle.forward(10)
6       turtle.right(90)
7       turtle.forward(10)
8     }
9   }
10
11  for (const i of range(4)) {      // 4 回繰り返す
12    drawZigZag()                   // drawZigZag 関数を呼び出す
13    turtle.right(90)               // 90 度右回転
14  }
```

左側の数字は行番号です。プログラムの一部ではありません。このプログラムでは、for...of 文の {} で囲まれたブロックの中で、プログラムの冒頭で宣言した drawZigZag 関数を呼び出しています。12 行目です。ブロックの中では turtle.right などだけでなく、同じプログラムの中で宣言した drawZigZag 関数を呼び出すこともできます。

プログラムの実行の流れは図 6.4 のようになります。drawZigZag 関数を宣言した後、11 行目からの for...of 文が実行されます。これは 12 行目と 13 行目を順に実行し、これを 4 回繰り返します。12 行目の関数呼び出しが実行されるたびに、3 行目からの drawZigZag 関数の本体が実行されます。関数本体の実行が終了すると、呼び出し元の次の行、つまり 13 行目に戻ります。

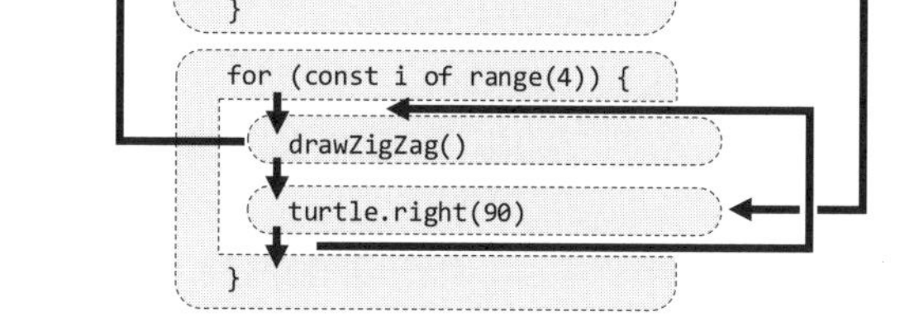
function drawZigZag() {
for (const i of range(8)) {
turtle.left(90)
turtle.forward(10)
turtle.right(90)
turtle.forward(10)
}
}
関数を
呼び出す
呼び出し元
の次に戻る
for (const i of range(4)) {
drawZigZag()
turtle.right(90)
}

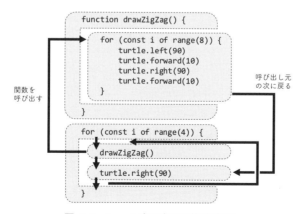

図 6.4　for...of 文の中の関数呼び出し

6.3 入れ子の for...of 文

（その 4・入れ子の for...of 文） 実は for...of 文や if 文の**ブロックの中**には、関数の呼び出しだけでなく、別の for...of 文や if 文を**自由に書く**ことができます。これを利用すると、わざわざ drawZigZag 関数を宣言して呼び出す代わりに、for...of 文のブロックの中にジグザグな線を描く for...of 文を直接書くことができます。つまり、次のようなプログラムになります。

```
1  // ジグザグな四角形　その 4・入れ子の for...of 文
2  for (const i of range(4)) {     // 4 回繰り返す
3    for (const j of range(8)) {  // 8 回繰り返す
4      turtle.left(90)            // ┏ を描く
5      turtle.forward(10)
6      turtle.right(90)
7      turtle.forward(10)
8    }
9    turtle.right(90)             // 90 度右回転
10 }
```

これがジグザグな四角形を描くプログラムの四つ目の書き方です。かなり短くなりました。

このプログラムでは、for...of 文のブロックの中に別な for...of 文が書かれています。このような関係を**入れ子**と呼びます。このプログラムでも描かれるのは同じ図 6.1 のジグザグな四角形です。

入れ子の for...of 文がどのように動くのか、プログラムの実行の流れを図 6.5 に示します。外側の for...of 文の実行が始まると、内側の for...of 文（3 から 8 行目）とそれに続く 9 行目の turtle.right の呼び出しを 4 回繰り返し実行しようとします。

内側の for...of 文が実行されると、それ自身のブロックである 4 行目から 7 行目を実行します。これを 8 回繰り返します。内側の for...of 文の実行が終了して次の 9 行目に移るのは、8 回の繰り返しが終了した後です。

結局、内側のブロックを 8 周し、それを含む経路をさらに 4 周します。内側のブロックの中を $8 \times 4 = 32$ 回繰り返し実行することになります。

入れ子になった for...of 文の場合、外側の for...of 文の実行の途中で内側のブロックも実行されます。**同時に**二つの for...of 文が繰り返しの回数を数えることになります。このため、入れ子になった for...of 文では、繰り返しの回数を表

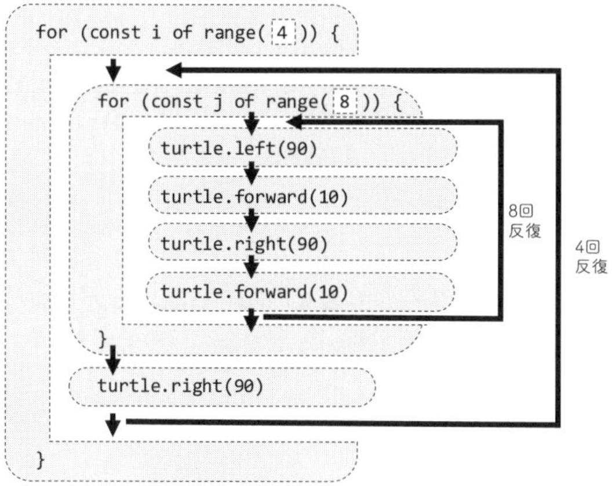
for (const i of range(4)) {
for (const j of range(8)) {
turtle.left(90)
turtle.forward(10)
turtle.right(90)
turtle.forward(10)
}
turtle.right(90)
}
8回
反復
4回
反復

図 6.5　入れ子の for...of 文

す定数を外側と内側で**異なる名前**にします。上のプログラムでも、2 行目では `const i` ですが、3 行目では `const j` です。内側の for...of 文の繰り返し回数を表す定数は i ではなく j です。

> **先:** for...of 文の定数の名前は自由に決めていい。外側の for...of 文の定数を j にして、内側の定数を i にしてもかまわない。普通、外側からアルファベット順に i、j、k、... だけど。
>
> **友:** for...of 文のブロックの中には i も j も出てこないでしょ。出てこないのに名前変えたりいろいろ考えるなんて面倒だなあ。
>
> **先:** 本当はそういう場合、両方の定数を同じ名前にしても間違いじゃないのだよね。出てこない場合 _（アンダースコア）を定数の名前にする人もいる。そこはお好みで。

6.4　ジグザグな線を途中で曲げる（論理演算を使う）

ジグザグな四角形を描くプログラムを既に四通り紹介しましたが、まだあります。これまでのプログラムは、ジグザグ線を 4 本描くことで目的の図形を描きました。ここからは、ジグザグな長い線を途中で 90 度 3 回曲げることでジグザグな四角形を描くプログラムを紹介します。

> **友:** 四つもプログラムがあるけど、結局、どれがいいの？
>
> **嬢:** その 4 が短くて良いのではないかしら。
>
> **友:** 行数が一番少ない短いプログラムだしね。
>
> **先:** 短く、わかりやすいプログラムが良いと思う。でもセンスの問題だから、その 2 やその 3 も悪くはないね。これから見せるその 6 が一番良いという人もいるんじゃないかな？

(その 5・途中で折り曲げる) 図 6.1 の四角形は 32 個の「┏」からなります。したがって 32 個の「┏」を描きながら、8 個目と 16 個目、24 個目を描いた直後に亀の向きを右に 90 度回転させても、目的の四角形を描けます。つまり「┏」を 8 個描くたびに亀を右に 90 度回転させても描けるのです。

そのような方法で描くなら、for...of 文を使って 32 個の「┏」を描きながら、if 文でときどき亀の向きを回転させることになります。問題は、8 個目と 16 個目、または 24 個目を描いた直後をどう判別するかです。判別の仕方を if 文の条件として書かなければなりません。

まず素直に else if を含む if 文を使ってプログラムを書いてみます。これは三通り以上の場合の場合に使う if 文でした（第 4 章 4.3 節）。

```
// ジグザグな四角形　その 5・途中で折り曲げる
for (const i of range(32)) {   // 32 回繰り返す
  turtle.left(90)              // ┏ を描く
  turtle.forward(10)
  turtle.right(90)
  turtle.forward(10)
  if (i == 7) {                // 8 回目なら（i が 7 なら）
    turtle.right(90)           //   90 度右回転
  } else if (i == 15) {        // 16 回目なら（i が 15 なら）
    turtle.right(90)           //   90 度右回転
  } else if (i == 23) {        // 24 回目なら（i が 23 なら）
    turtle.right(90)           //   90 度右回転
  }
}
```

定数 i の値が 7、15、23 のときだけ、「┏」を描いた直後に turtle.right を呼んで亀の向きを回転させます。定数 i の値が 8、16、24 ではなく、1 だけ小さい 7、15、23 のときに turtle.right を呼び出しているのは、定数 i の値が 0 始まりだからです。

表 6.1　論理演算子

種類	記号	例	意味
かつ (AND)	`&&`	`2 < i && i < 4`	$2 < i$ と $i < 4$ の両方が成り立つ
または (OR)	`||`	`i < 3 || 4 < i`	$i < 3$ と $4 < i$ の片方もしくは両方が成り立つ
否定 (NOT)	`!`	`!(i > 0)`	$i > 0$ が成り立たない、つまり $i \leq 0$ が成り立つ

if 文の末尾に else とそれに続くブロックがありませんが、何もしなくてよいときは省略できるので、上のプログラムでも省略しています。省略しないのなら、プログラムの最後の部分は

```
11    } else if (i == 23) {          // 24 回目なら（i が 23 なら）
12      turtle.right(90)             // 90 度右回転
13    } else {
14    }
15  }
```

のようになります。何もしないので、13 行目の else に続くブロックの中は空です。

（その 6・論理演算） プログラムその 5 でもジグザグな四角形を描けますが、8 行目と 10 行目、12 行目が同じであることが気になります。やることは同じなのですが、条件が三つに分かれているので同じ内容のブロックをそれぞれに書かなければなりません。

このようなときは**論理演算子**と呼ばれるものを使います。論理演算子を表 6.1 に示します。論理演算子「または」を使えば、定数 i の値が 7 または 15 あるいは 23 のとき成り立つ、という条件を次のように一つの式で書くことができます。

```
if (i == 7 || i == 15 || i == 23) {
```

この場合、|| で区切られた三つの等式の一つが成り立っていれば、if 文の条件全体が成り立ちます。この || が論理演算子「または」です。

これなら else if を使わずにプログラムを書けます。

```
// ジグザグな四角形　その 6・論理演算
for (const i of range(32)) {  // 32 回繰り返す
  turtle.left(90)             // ┏ を描く
  turtle.forward(10)
  turtle.right(90)
  turtle.forward(10)
  if (i == 7 || i == 15 || i == 23) { // 8 または 16、24 回目なら
    turtle.right(90)          // 90 度右回転
```

```
9      }
10   }
```

条件が一つになったので turtle.right の呼び出しも 8 行目に一度書くだけです。同じ行を何度も重複して書く必要はありません。

> **先:** 人によっては、その 6 が一番直感的だと思うのじゃないかな。
>
> **嬢:** ジグザグな線を描きながら途中で 4 回曲げればよい、と最初に思ったら、これを一番自然に思いつきそうです。

その 6 のプログラムで、十分短くてわかりやすくなりましたが、実は**数学の知識があると**、7 行目の if 文の条件を次のように書きたくなるかもしれません。

```
if (i % 8 == 7) {
```

この条件は定数 i の値を 8 で割った余りが 7 のとき成り立ちます。その 6 のプログラムの 7 行目をこのように変えても、ジグザグな四角形を描けます。定数 i の値が 7、15、23 のとき、これを 8 で割った余りはすべて 7 だからです。

その 5 やその 6 のプログラムでやりたかったことは、亀が「┏」を 8 個描くたびに右に 90 度回転させることでした。このように 8 回に 1 回のように、**周期的に何かをしたいとき、割り算の余りの計算がしばしば使われます**。たとえば定数 i が 0、1、2、3 ... であるとき、8 で割った商と余りは次の表のようになります（ここでは整数の割り算を考えます）。

i の値	0	1	2	3	4	5	6	**7**	8	9	10	11	12	13	14
商	0	0	0	0	0	0	0	0	1	1	1	1	1	1	1
余り	0	1	2	3	4	5	6	**7**	0	1	2	3	4	5	6

i の値	**15**	16	17	18	19	20	21	22	**23**	24	25	26
商	1	2	2	2	2	2	2	2	2	3	3	3
余り	**7**	0	1	2	3	4	5	6	**7**	0	1	2

このように余りは最初 0、1、2、... と増えていきますが、7 を最後に 0 に戻り、再び 0、1、2、... と増えます。割り算の余りは、割る数を d とすると（たとえば $d = 8$）、0 から $d - 1$ まで（たとえば 0 から 7 まで）を繰り返すので、周期的に何かをさせたいときに便利に使われます。

友: 結局、六つのプログラムのどれが正解なの？

先: 正解はないよ。自分にとって一番自然なやり方でプログラムを書くべきだよね。

嬢: でも一般的によいとされるプログラムはありそうですね。

先: それはある。難しい条件の if 文とか、for...of 文が何個も入れ子になるのは避けた方がいいんじゃない？ だけど流行や個人のスタイルもあるからなあ。基本的にはセンスの問題だけど、自分流をつらぬくのも嫌いじゃないな。

6.5 console.log でデバッグ

前節の最後のプログラムでは図 6.1 を描くために、if 文の条件に `i % 8 == 7` と割り算の余りの計算を使いました。`%` を使うと周期性をもった場合分けを表現できますが、自分で試行錯誤しながらプログラムを書いている場合、本当にこの条件でよいかと迷うものです。

そのような場合は、間違っていてもよいのでプログラムを書いて実行してみるのが良いやり方です。そして**条件の式の計算結果がどうなっているか、具体的な値をプログラムに表示させる**のです。計算結果は **console.log を使うと表示できます**。

具体的には、正しいかどうか確かめたいプログラムの途中に console.log の呼び出しを挿入します。

```
1  // ジグザグな四角形
2  for (const i of range(32)) {
3    turtle.left(90)
4    turtle.forward(10)
5    turtle.right(90)
6    turtle.forward(10)
7    console.log(i, i % 8)    // 値の表示
8    if (i % 8 == 7) {
9      turtle.right(90)
10   }
11 }
```

7 行目に console.log の呼び出しを挿入しました。これは引数として渡された値を表示します。上の例では定数 i の値と i を 8 で割った余り（`i % 8` の計算結

果）が表示されます。引数の個数は 1 個以上なら何個でもよく、2 個以上のときはカンマで区切ります。

プログラムを実行すると、プログラムを書くペイン（四角い枠の区画）の下に次のように console.log の引数の値が表示されます。

```
0 0
1 1
2 2
3 3
4 4
5 5
6 6
7 7
8 0
9 1
10 2
11 3
12 4
13 5
14 6
15 7
16 0
17 1
18 2
  :
中略
  :
29 5
30 6
31 7
```

for...of 文による繰り返しで console.log を呼び出すたびに、`i` と `i % 8` の値が一行に並んで表示されます。左側が `i` の値で、右側が `i % 8` の計算結果の値です。

プログラムを書いていると、しばしば試行錯誤が必要になります。プログラムが思ったように動かず、誤りを直すときは特にそうです。プログラムの誤りや不具合を直すことを**デバッグ**といいますが、console.log でいろいろな値を表示してみるのは、単純ですが基本的なデバッグの手法の一つです。

先: デバッグは「虫（バグ）を取り除く」という意味。ここでいう虫は害虫で、プログラムの欠陥のこと。

嬢: 虫？ プログラミングする人は虫が好きなんですか？

先: ... 俺は嫌いだね。プログラムの虫も苦手だけど、本物はもっと嫌い。虫の話は止めよう。

嬢: デバッグって、虫をグチャってつぶす感じですか？

先: うわわ... JavaScript 言語では表示のための関数は console.log という名前だけど、他のプログラミング言語では普通、print（プリント）なんとか、という名前なんだよね。だからこの手のデバッグはよくプリント・デバッグって呼ばれる。

友: Print なら印刷する、の意味だから、そのものずばりで意味がよくわかるな。でも虫とは関係なさそう。

先: プリント・デバッグもいいけど、紙とペンでどこが間違っているか、じっくり考えることも時に大事だけどね。

嬢: 先生は紙でお上品に虫をつまむんですね。それから console（コンソール）って何ですか？ 虫と関係ありますか？

友: Console は操作パネルとか制御卓だよ。ほら、壁に大きな画面が何枚もある司令室みたいなところの机みたいなの。害虫駆除の司令室？

先: もしかして俺をいじってる？ 司令室は正しい喩えだけど。

嬢: log（ログ）の訳は丸太ですか？？ 虫に食われた丸太？

友: 記録をとる、の方の意味じゃない？

先: ... そう、記録をとる、の意味。昔は、海に投げ込んだ丸太の動きを観察して船の速度を測ったんで、それで 19 世紀ごろから記録をとることを log と言うようになったらしい。console.log はプログラムの実行の途中経過を記録するのに使うから、意味はあってる。

嬢: そうなんですか。虫とりの記録というわけでは...

友: お嬢、もうやめとこうよ。えっと、console.log 使うと Web ページに数字が表示されるけど、コンソールって Web ページのこと？

先: Web ブラウザのコンソールは本当は別にあるけど、初心者が見るには少し難しいんだよね。だから本書の環境では Web ページ上に数字が表示されるように少し改造してあるんだ。

章のまとめ

- **さまざまなプログラムの書き方**
  同じ結果を得るプログラムでも何通りも書き方がある。一般的な正解はないが、自分が一番良いと思う書き方を考えるのはプログラミングの面白さの一つ。

- **論理演算**
  if 文の条件の式に用いる「または」や「かつ」のことを論理演算という。論理演算を使うと、いくつかの条件のうち最低一つが成り立つとき、いくつかの条件のすべてが成り立つとき、などを表現できる。論理演算は表 6.1 に示す演算子で表現する。「または」が || で、「かつ」が &&。

- **console.log(式)**
  console.log(式 1, 式 2, ...)
  カンマで区切られた括弧内の式の計算結果を表示する。

第7章

絵を動かす

これまでタートル・グラフィックスで for...of 文や if 文、それから関数について学んできました。前章までで紹介したタートル・グラフィックスのプログラムはどれも短いものばかりでしたが、それは筆者があらかじめ書いておいた関数を部品として利用していたからです。出来合いの部品を利用して、プログラミングの難しいところを避けてきたとも言えます。

そこでタートル・グラフィックスは前章で終わりとし、本章からは新しい題材を使ってプログラミングを学んでいきます。自分で書く部分を増やしていき、それにともなって必要になってくるプログラミングの知識を解説していきます。この題材は Processing というデジタルアートで使われる簡単なプログラミング言語を元にしています。本章では、この題材を使ってまずは簡単な動画（アニメーション）を実現するプログラムを書きます。

7.1 Processing

デジタルアートで使われるプログラミング言語で、プログラミングの入門にもよいとされる Processing（プロセシング）という言語があります。本章からは、この Processing 言語風のプログラミングを題材として、プログラミングを学びます。Processing 言語は今私たちが学んでいる JavaScript 言語とは異なる言語で、Web ブラウザ上では動きません。ですから、あくまで Processing 言語「風」のプログラミングです。Processing 言語からアイデアを得たライブラリを筆者が JavaScript 言語用に書いておいたので、このライブラリを使って Web ブラウザ上でプログラミングをします。タートル・グラフィックスのときと同様です。

ライブラリというのは、あらかじめ誰かが書いておいた関数の集まりで、他の人がプログラムを書くときに部品として使えるようにしたもののことでした。ライブラリについては第 5 章の 5.4 節を読み返してみてください。

> **先:** 同じように JavaScript で Processing 風のプログラミングができるようにした p5.js が有名だけど、本書では俺の先生が書いた独自のライブラリを使う。
>
> **嬢:** 私たちとしては有名なものを使う方が安心ですが...
>
> **先:** そりゃそうだけど、安心なものが一番よいとは限らないし。それに本書のライブラリは、プログラミングを教えるのに都合がよいように少し変えてあるし。

Processing は 2001 年に世に出た言語で、マサチューセッツ工科大学 (MIT) の研究所であるメディアラボのキャセイ・レアス (Casey Reas) とベン・フライ (Ben Fry) によって開発されました。メディアラボは、タートル・グラフィックスを生み出したシーモア・パパートの研究グループの流れを汲む組織です。Scratch 言語を開発したのも、この研究所のグループです。

Processing 言語を使うと、美しい絵や動画を描くプログラムを比較的簡単に書くことができます。マウスやトラックパッド、タッチ操作に反応するプログラムも簡単に書けます。そのような処理に役立つ多数の関数が Processing 言語では用意されているからです。これらの関数を組み合せることで、ねらった絵や動画を短いプログラムで描くことができます。本書で使うプログラミング環境にも、同様の関数を筆者が JavaScript 言語で書いて用意したので、それらを使って Processing 風のプログラミングをしていきます。

> **先:** といっても俺の先生が用意したのは Processing で使える関数のごく一部だけどね。
>
> **友:** なら、後で本格的にデジタルアートしたくなったら、本物の Processing を使うしかないね。
>
> **先:** そうなるね。でも本書を読んだ後なら、すぐに覚えられるのじゃないかな。特に p5.js なら簡単なはずだよ。

7.2 draw 関数

プログラムで動画を表示する場合、1 秒間に何十枚もの静止画像を一コマ一コマ描いては消し、描いては消し、を繰り返します。中のものが少しずつ動いている画像を連続的に表示すれば、見た目にはものが動いているように見えます。いわゆる**パラパラ漫画の原理**と同じです。

これを実現するために、本書の Processing 風プログラミングでは次のような形のプログラムを書きます。

```
function draw() {
  // 一コマ分の静止画を描く
}

pro.start()      // 動画の開始
```

draw という名前の関数を宣言した後、pro.start を呼び出します。draw（ドロー）は描く、の意味です。波括弧 {} で囲まれた draw 関数の本体の中には、**前のコマを消して一コマ分の新しい静止画を描く**プログラムを書きます。

上のようにプログラムを書いて実行すると、1 秒間に何十回という頻度で draw 関数が繰り返し何度も呼び出されます。**毎回呼び出されるたびに少しずつ違う絵を描くように** draw 関数のプログラムを書いておけば、人間の目には絵が動いているように見えます。

呼び出されるのはいつも同じ draw 関数ですから、何も工夫しないと毎回同じ絵を描いてしまい動画になりません。関数とは、同じ命令の並びを繰り返し実行するとき、**同じことを何度も書かずにすむように**その並び（プログラムの断片）をくくりだし、名前をつけたものでした（5.2 節）。基本的には呼び出されるたびに同じことをするための仕組みが関数なのです。

そこで同じ draw 関数が**呼び出されるたびに違う絵を描く工夫**が必要です。どのように工夫すればよいか、本章以降ではそれを説明していきます。またその説明を題材にプログラミングのさまざまな手法を学びます。

友: なんでこんな難しくするの？ わざと？

嬢: 毎回違う絵なのですから、それぞれ違う関数を書いた方がわかりやすそうです。

> **先:** 毎秒何十コマも描くんだよ。それぞれのコマのために別々の関数を愚直に書いたらとんでもない長さのプログラムになるよ。結局、プログラムを短くするために、同じ関数を呼び出すことにして、呼び出しのたびにその関数が違った絵を描くように工夫するわけ。

関数は宣言しただけ（定義しただけ）では実行されません。その関数を呼び出すプログラムを書く必要があります。1 秒間にちょうど数十回になるように調節して draw 関数を呼び出すプログラムはそれほど簡単ではありません。そこで本書の Processing 風のプログラミングでは、筆者があらかじめ用意しておいた **pro.start をプログラムの最後に呼び出します**。pro は Processing を略したものです。本当は省略せずに processing.start という名前がよいのですが、processing では長いので pro と略した名前にしました。

この pro.start を呼び出すと、1 秒間に数十回の頻度で繰り返し draw 関数を呼び出します。pro.start は関数（のようなもの）で、その本体はおおよそ次のような for...of 文と同じです。

```
for (const i of range(無限回)) {
  draw()
}
```

宣言された draw 関数を非常に多くの回数繰り返し呼び出します。ただし本物はもっと複雑で draw を呼び出した後に少し時間を置きます。

宣言された draw 関数と pro.start の呼び出しの関係を図 7.1 に示します。

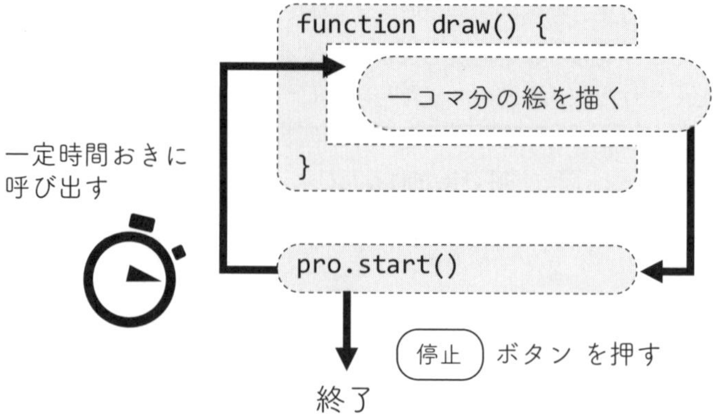

図 7.1　draw 関数と pro.start

pro.start は呼び出されると、各コマの絵を描くために一定の時間間隔で draw 関数を何度も呼び出します。pro.start は永遠に draw 関数を呼び出し続けるので、プログラムの実行を止めるには**停止ボタンを押してプログラムを強制的に終了します**。停止ボタンは実行ボタンと同じです。実行ボタンを押すと、そのボタンが停止ボタンに変わります。

嬢: 繰り返しだから for...of 文なのですね。

友: ふーん、だったら**呪文みたい**な pro.start の呼び出しの代わりに自分で for...of 文を書いた方がわかりやすくない？

上の for...of 文は説明のために示したものであって、本物の pro.start は for...of 文を使っていません。本物はもっと難しいプログラムです。draw と draw の呼び出しの間には数十分の 1 秒の間隔をあけますし、後で出てきますが、画面上のポインタ（マウスカーソル）の動きやキーボードの読み取りも途中で必要です。

そのような難しいものなので、筆者があらかじめ pro.start 関数（関数のようなもの）として書いておきました。読者の皆さんはプログラムの最後に pro.start を呼び出すだけで自分のプログラムを完成できます。

このように、よく必要になるが書くのが難しい、あるいは面倒なプログラムの断片を関数（あるいは関数のようなもの）にしておくのはプログラミングの基本です。誰か（この場合は筆者です）が一度だけ書けば、残りの人たちのプログラムはそれを呼び出すだけで使えて楽ができます。最初の誰かの仕事の成果を残りの人たちが**再利用**するのです。

友: 最初の偉い誰かが苦労すれば後に続く人たちは楽ができるから、全体としては幸せ、ってことかな。

先: 面倒くさく見えるかもしれないけど、昔のすごいエンジニアの人たちが試行錯誤して、draw 関数を宣言する方式に落ち着いたんだよ。Processing 言語だけじゃないよ、この方式を採用しているのは。

嬢: ところで、タートル・グラフィックスのときもアニメーションで亀が動いていました。Processing のアニメーションとは違うのでしょうか？

先: 同じだけど、あのときはアニメーションを実現する難しい部分を自分で書いていないでしょ。この章からは一歩進んで、そういう少し難しい部分のプログラムも自分で書くんだよ。

7.3 動画（アニメーション）

例として簡単な動画のプログラムを書きます。図 7.2 のような、長方形を上から下に向かって動かすだけの動画です。

プログラムは次のようになります。

```
function draw() {
  pro.background(white)                    // 背景を白く塗りつぶす
  pro.rect(100, pro.frameCount * 5, 30, 10)  // 長方形を描く
}

pro.start()     // 動画の開始
```

まずはこのプログラムを書いて実行し、長方形の動きを確かめてください。実行ボタンを押すと動画の表示が始まります。pro.start は永遠に draw 関数を呼び出し続けてプログラムが永遠に終了しないので、**停止ボタン**を押して実行を止めます。実行ボタンを押すと、そのボタンが停止ボタンに変わりますから、それを押します。

プログラムは draw 関数の宣言と、pro.start の呼び出しからなります。draw 関数は動画の中の一コマ分の絵を描く関数でした。この関数の中で使われている pro. から始まる名前の関数も、Processing 風プログラミングのために筆者が用意した関数（のようなもの）です（章末の表 7.1）。これらの関数を使い、draw 関数は呼び出されるたびに前の長方形を消して新しい位置に長方形を描きます。

まず draw 関数は、pro.background で画面全体を背景色で塗りつぶします。背景色は pro.background の引数です。上の例の場合、引数は white ですから、白で塗りつぶします。**白で塗りつぶすことで、前のコマで描かれていた絵を消去します**。もし消去せずに次のコマの絵を描くと、前のコマの絵と二重になってしまいます。

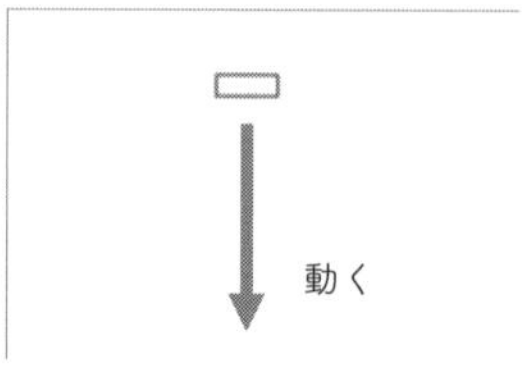

図 7.2　落下する長方形

先: white はタートル・グラフィックス用に俺の先生がライブラリを書いて用意した色の流用だよ。

次に pro.rect を呼び出して長方形 (rectangle) を描きます。第一引数と第二引数が長方形の左上すみの x 座標と y 座標です。第三引数と第四引数が長方形の幅と高さです。

長方形が上から下へ動く動画にするには、**draw 関数が呼び出されるたびに、位置を少しずつ下へ動かしながら**長方形を描かなければなりません。これを実現するためには、長方形の左上すみの y 座標をうまく決めなければなりません。そのために pro.frameCount（フレーム・カウント）を使います。これは for...of 文の定数のようなもので、その値は、**今 draw 関数の何回目の呼び出しか**を表します。例に出てきた for...of 文の定数は i や j の一文字でしたが、pro.frameCount は単語全体で一つの値を表します。なお**フレーム** (frame) というのは、draw 関数が描く一コマ分の絵のことです。

この pro.frameCount の値は **draw 関数が呼ばれるたびに 1 ずつ増えて**いきます。描く長方形の y 座標を、この pro.frameCount を使って毎回計算し直すことで、draw 関数が呼び出されるたびに、長方形の y 座標をねらった値に変えて描きます。

プログラムの中で実際に長方形を描くのは 3 行目の pro.rect の呼び出しです。

```
pro.rect(100, pro.frameCount * 5, 30, 10)  // 長方形を描く
```

pro.rect の引数は四つで左から順に、長方形の左上すみの x 座標と y 座標、長方形の幅と高さです。したがって 3 行目で描かれる長方形の左上すみの x 座標は常に 100 で、幅と高さは常に 30 と 10 です。y 座標だけは式の形になっていて `pro.frameCount * 5` です。`*` はかけ算の記号ですから、pro.frameCount の値の 5 倍が y 座標です。draw 関数が呼び出されるたびに、**そのときの** pro.frameCount の値を調べて 5 倍し、それを pro.rect の第二引数にして呼び出します。pro.frameCount の値と座標の関係は次の表のようになります。

pro.frameCount	0	1	2	3	4	5	...	10	...
x 座標	100	100	100	100	100	100	...	100	...
y 座標	0	5	10	15	20	25	...	50	...

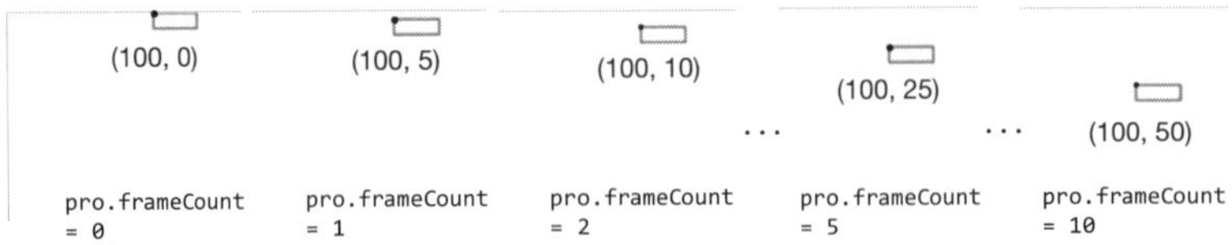

図 7.3　長方形の左上すみの座標の変化（左から右へ時間が経過）

プログラムは draw 関数を繰り返し呼び出すので、時間の経過とともに pro.frameCount の値は増えていきます。それにともない描かれる長方形の座標も表のように変わり、目的とする絵の動きを実現できます（図 7.3)。y 座標の大きさが少しずつ大きくなるので、描かれる長方形の位置（y 座標）も少しずつ下に動いていきます。なお、第 2 章 2.1 節の図 2.1 で示したように、y 座標の値は下に行くほど大きくなることを思い出してください。

> **友:** pro.frameCount って for...of 文の定数に似ているね。これのおかげで draw 関数が描く絵を毎回実行するたびに少しずつ変えられるから。

何も設定しない場合、draw 関数は 1 秒間におよそ 10 回呼び出されます。呼び出される頻度を変えたいときは pro.frameRate（フレーム・レート）を呼び出します。たとえば

```
function draw() {
  pro.background(white)
  pro.rect(100, pro.frameCount * 5, 30, 10)
}

pro.frameRate(20)       // 毎秒 20 フレームに設定
pro.start()             // 動画の開始
```

のように pro.start を呼び出す前に pro.frameRate を呼び出します。この場合、pro.frameRate に渡す引数が 20 ですから、draw 関数が 1 秒間に 20 回呼び出されるようになります。この回数を**フレーム・レート**といいます。フレームは draw 関数が描く一コマ分の画像のことでした。レートは速度の意味ですから、フレーム・レートはコマ送りの速度の意味です。

フレーム・レートが 20 なら、1 秒間に 20 回 draw 関数が呼び出されて画面が書き換わるので、これを毎秒 20 フレームあるいは 20 fps (frame per second) の動画（アニメーション)、などともいいます。1 秒間に 20 コマ、つまり 20 枚の画像が表示されます。pro.frameRate は最大毎秒 60 フレームまで対応してい

ます。頻繁に draw 関数を呼び出せば、それだけ速く画面が書き換わりますから、動画の動きが速くなります。逆に毎秒 1 フレームなどに設定すれば、スローモーションのコマ送りのような動画になります。

友: 最大毎秒 60 フレームなんだ。すごく速そう。

先: 実際 60 フレームと設定して本当に 60 フレームになるかというと、使っているパソコンの性能次第かも。あと厳密には、そのフレーム・レートの頻度でプログラムが描くそれぞれの絵を実際に画面に映す頻度はリフレッシュ・レートといって別なんだ。こちらはハードウェアによって毎秒 50 回などと決まっている。だからリフレッシュ・レート以上のフレーム・レートで絵を描き換えても意味がないよ。

嬢: ところで pro.background の background（バックグラウンド）は背景、pro.rect の rect(angle) は長方形ですよね。両方とも名詞ですけれど、関数の名前は動詞の命令形が普通、って先生は前におっしゃいませんでしたか？

先: 元の Processing がそういう名前をつけてるから... **名前のつけ方には流行もあるし**。Processing が生まれたのは 2001 年でしょ。気になるのなら、心の中で draw を補ってプログラムを読んだら？ pro.rect は **<u>Pro</u>**cessing, draw a **<u>rect</u>**angle（プロセシングよ、長方形を描け）の省略形と思えばいい。

7.4 色をつける

本書の Processing 風プログラミングでも、線に色をつけたり、色つきの長方形を描いたりできます。先の例で描いた長方形に色をつけましょう。

pro.rect で描く長方形の輪郭線の色は、事前に pro.stroke を呼び出すことで変えられます。たとえば上のプログラムの draw 関数を

```
function draw() {
  pro.background(white)                 // 背景を白く塗りつぶす
  pro.stroke(red)                       // 線の色を赤に変更
  pro.rect(100, pro.frameCount * 5, 30, 10)  // 長方形を描く
}
```

と変えると、長方形が赤い輪郭線で描かれます。

> **友:** 選べる色はタートル・グラフィックスのときと同じ？
>
> **嬢:** black、white、red、green、blue の五色だけでしたっけ。
>
> **友:** 他の色は選べないの？
>
> **先:** 実はタートル・グラフィックスもなんだけど、他の色も選べるんだよ。やり方はもう少し後の第11章の11.3節に出てくるんだけど。

描かれる長方形の内側を塗りつぶす色も変えるには pro.fill を呼び出します。

```
function draw() {
  pro.background(white)                    // 背景を白く塗りつぶす
  pro.stroke(red)                          // 線の色を赤に変更
  pro.fill(blue)                           // 塗りつぶし色を青に変更
  pro.rect(100, pro.frameCount * 5, 30, 10)  // 長方形を描く
}
```

このようにすると、輪郭線の色を赤に、塗りつぶし色を青にして、5行目の pro.rect が長方形を描きます。

輪郭線の色を無色（輪郭線を描かない）にするには pro.noStroke を呼び出します。以下の draw 関数は、輪郭線なしの青色の長方形を描きます。

```
function draw() {
  pro.background(white)                    // 背景を白く塗りつぶす
  pro.noStroke()                           // 輪郭線なし
  pro.fill(blue)                           // 塗りつぶし色を青に変更
  pro.rect(100, pro.frameCount * 5, 30, 10)  // 長方形を描く
}
```

直前で pro.noStroke が呼び出されているので、5行目で描かれる長方形の輪郭線はありません。内側だけが青で塗りつぶされます。

このように pro.stroke と pro.fill を呼び出すことで、線や塗りつぶしの色を変えることができます。これらを呼ばないと、pro.rect や次章で登場する pro.line などは黒で線を描き、白で塗りつぶします。線を無色にするには pro.noStroke を、塗りつぶし色を無色にするには pro.noFill を呼び出します。

章のまとめ

- **Processing 言語**
  デジタルアート等で使われるプログラミング言語。本書後半では Processing 言語に着想を得たライブラリを使ってプログラミングをおこなう。

- **動画（アニメーション）**
  少しずつ変化する絵を一コマ一コマ、短い時間間隔で連続的に画面に描くことで実現する。本書の Processing 風プログラミングでは、一コマ分の絵を描く draw 関数を宣言し、pro.start を呼び出して動画の表示を開始する。

- **フレーム**
  動画のために描く一コマ分の絵。

- **フレーム・レート**
  1 秒間に何コマの絵を表示するか。単位は fps (frame per second)。値が大きいほど絵が速く動いているように見える。あるいは絵の動きがなめらかに見える。

表 7.1　Processing 風プログラミング

名前	意味
draw()	描画する
mouseClicked()	画面をクリックしたときの処理を実行
keyPressed()	キーが押されたときの処理を実行
pro.start()	描画を開始
pro.stop()	描画を終了
pro.frameRate(r)	毎秒のフレーム数を r に設定する
pro.background(c)	背景を c の色で塗りつぶす
pro.line(x1, y1, x2, y2)	座標 (x_1, y_1)–(x_2, y_2) の間に線を引く
pro.rect(x, y, w, h)	座標 (x, y) を左上すみとして幅 w、高さ h の長方形を描く
pro.circle(x, y, r)	座標 (x, y) を中心に半径 r の円を描く
pro.text(t, x, y)	文字列 t を座標 (x, y) に描く
pro.stroke(c)	線の色を c の色にする
pro.noStroke()	線の色をなし（透明）にする
pro.fill(c)	塗りつぶし色を c の色にする
pro.noFill()	塗りつぶし色をなし（透明）にする
pro.textFont(f)	フォントを f にする
pro.color(r, g, b)	引数に対応する色を戻り値として返す
pro.beep(f)	f Hz のビープ音を鳴らす（f が無指定なら 440 Hz）
pro.frameCount	今、何回目の draw の呼び出しか
pro.width	絵が描かれるペイン（四角い枠の区画）の幅
pro.height	絵が描かれるペイン（四角い枠の区画）の高さ
pro.mouseX	画面上のポインタの x 座標
pro.mouseY	画面上のポインタの y 座標
pro.key	最後に押されたキーの種類を表す文字列

第8章

定数と変数

なるべくプログラムが短く簡潔になるように、これまで for...of 文による繰り返しや関数の利用を説明してきました。そこでは名前が大切な役割を果たします。関数とは、何行分かのひとかたまりのプログラムに名前をつけたものでした。for...of 文には定数があり、これは今繰り返しの何回目かを表す値に名前をつけたものでした。前章の pro.frameCount も今何回目の draw 関数の呼び出しかを表す値に名前をつけたものでした。

プログラムのかたまりや何かの値に**名前をつける**ことは、プログラミングでよく使われるテクニックです。これはプログラムの中の重複をなくして全体を短くできる他、プログラミングのいろいろな手法の基礎になります。

プログラムが複雑になってくると、何かの値に独自の名前をつける、つまり**独自の定数を宣言する**とよい状況が出てきます。この章では、新しい定数を自分で宣言する方法を説明します。また定数の値は一度宣言したらずっと同じですが、後からその値を変えられる**変数**というものもあります。本章ではこの変数についても学びます。

8.1 定数を宣言する

定数を説明するにあたり、例として次のようなプログラムを考えます。中身を説明する前に、このプログラムを書いて動かしてみましょう。図 8.1 のように 2 本の平行な直線が上から下に向かって動きます。

```
function draw() {
  pro.background(white)  // 背景を白く塗りつぶす
  pro.line(50, pro.frameCount * 5, 150, pro.frameCount * 5)
  pro.line(50, pro.frameCount * 5 + 30,
           150, pro.frameCount * 5 + 30)
}

```

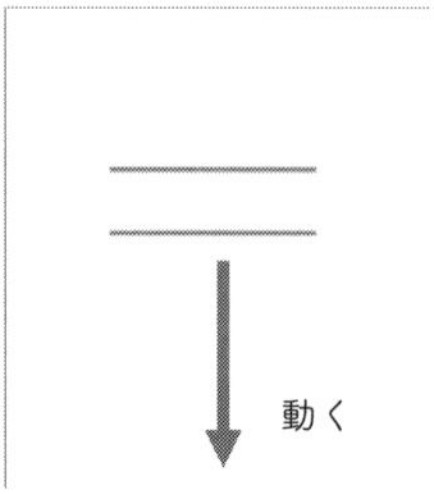

図 8.1　落下する 2 本の平行な直線

```
8  pro.frameRate(20)        // 毎秒 20 フレームに設定
9  pro.start()              // 動画の開始
```

例によって draw 関数は動画の一コマ分の絵を描きます。この draw 関数は pro.line を 2 回呼び出して 2 本の線を平行になるように描きます。4 行目の pro.line の呼び出しは長いので途中で改行して二行に分けています。**括弧内の引数の数が多くて一行が長くなるとき**はカンマ , の後ろで改行します。

pro.line を呼び出すと直線が 1 本描かれます。四つの引数は次のように左から順に、始点の x 座標、y 座標、終点の x 座標、y 座標です。

pro.line(<始点 x 座標> , <始点 y 座標> , <終点 x 座標> , <終点 y 座標>)

上のプログラムで描かれる 2 本の直線の始点と終点の x 座標は、どちらの直線も 50 と 150 です。y 座標はどれも pro.frameCount を含む式の計算結果です。

どの y 座標も pro.frameCount を含む式になっているのは、2 本の直線がだんだん下に動く動画を実現するためです。この式で y 座標をだんだん大きな値にします。y 座標は**下に行くほど大きな値**になることに注意してください。

3 行目の pro.line の呼び出しで描かれる直線の始点と終点の y 座標はともに `pro.frameCount * 5` の計算結果です。一方、4 行目（と 5 行目）の pro.line の呼び出しで描かれる直線の始点と終点の y 座標はともに `pro.frameCount * 5 + 30` の計算結果です。図 8.2 で示すように、4 行目で描かれる直線の方が 30 だけ下になります。4 行目で描かれる直線の y 座標は、3 行目で描かれる直線の y 座標の値にさらに 30 を足した値となります。

pro.frameCount の値と、それぞれの直線の y 座標の関係を表にすると次のようになります。

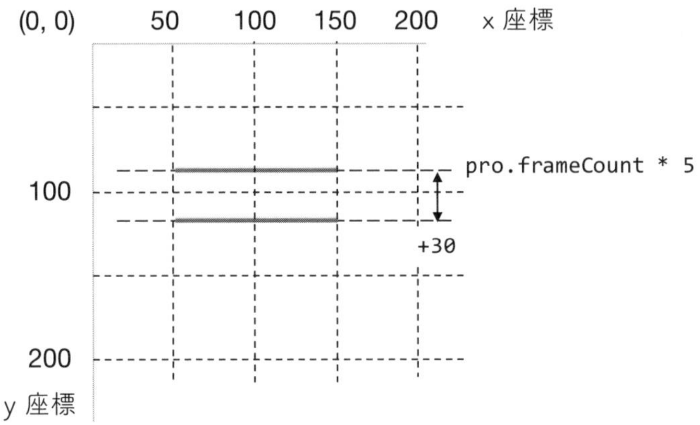

図 8.2 2 本の平行な直線の座標

pro.frameCount	0	1	2	3	...	20	...
pro.frameCount * 5	0	5	10	15	...	100	...
pro.frameCount * 5 + 30	30	35	40	45	...	130	...

4 行目で描かれる直線の y 座標が、3 行目で描かれる直線の y 座標の値より常に 30 大きい値になっていることがわかります。

> **嬢:** このプログラムでは pro.frameCount * 5 が何度も出てきて重複しているので、定数を使って何とかするんですね？

上のプログラムに出てきた pro.frameCount * 5 のように、同じ式が何度も頻繁に出現するときは、その式の値をあらかじめ計算しておいて、その値を独自の**定数**にすることができます。つまり、その値に「名前」をつけておいて、後で何度も利用することができます。具体的には次のようにします。

```
function draw() {
  pro.background(white)
  const y = pro.frameCount * 5          // 定数 y の宣言
  pro.line(50, y, 150, y)               // (50,y)–(150,y) に直線
  pro.line(50, y + 30, 150, y + 30)     // (50,y+30)–(150,y+30) に直線
}

pro.frameRate(20)       // 毎秒 20 フレームに設定
pro.start()             // 動画の開始
```

```
const [ 名前 ] = [ 式 ]
```

図 8.3　独自の定数の宣言

3 行目の const（コンスト）から始まる行が**定数を宣言**します。関数の宣言と同じで、定数を定義することを「宣言する」と言います。定数の宣言は図 8.3 のような形をしています。const に続く y が定数の名前で、その値は = の右辺の式の計算結果です。このように定数 y を宣言すると、それを**宣言した行以降で**用いることができます。

独自の定数 y を宣言したことで、draw 関数の行数は 1 行増えますが、全体としてはより見やすくなります。draw 関数の動作は変わりません。4 行目と 5 行目の draw.line の呼び出しは、引数の中の y の部分を y の値で置き換えてから実行されます。これは元のプログラムのときと同様、式 pro.frameCount * 5 の計算結果です。

独自に宣言した定数 y の利用は、**不注意によるプログラムの誤りを避ける**ことにも役立ちます。定数 y を使わない元のプログラムでは、pro.frameCount * 5 が 4 回出現します。同じことを何度も書かなければならないので、誤っていずれかの式を pro.frameCount * 4 などと書いてしまうかもしれません。それを避けられます。

また、後から pro.frameCount * 5 の式を修正したいとき、**修正もれを避ける**ことができます。2 本の直線の動き方を調整しようとして、この式の * 5 を * 10 に変えたいとします。定数 y を使わないと 4 ヵ所書き直さなければならないので、何ヵ所か修正を忘れてしまいそうです。定数 y を使う場合は、const から始まる y を宣言する行だけを修正すればよいので、間違えにくいのです。

定数の名前は y のような一文字の名前でもよいのですが、yPos（y position の略）のような何文字かからなる単語でもかまいません。名前づけの規則は関数の名前の規則（第 5 章の 5.2 節）と同じです。

友: for...of 文にも const って出てこなかったっけ？

先: 出てきたよ。実はあれも定数を宣言しているから const と書くんだ。

嬢: pro.frameCount のマネをして pro.yPos のような定数を宣言してもよいですか？

先: 残念だけど .（ドット、ピリオド）は定数の名前に含めてはダメなんだ。

実は pro.frameCount は一つながりの名前ではなく、pro と frameCount という二つの部分に分かれた名前で、それをドット（ピリオド）でつなげたものなんで。

嬢: そうすると pro.yPos という名前の定数は宣言できないんですね。がっかりです。

友: ということは pro.frameCount は本当は定数じゃないんだ。前の章で定数だ、と言ってなかったけ？

先: 確かに pro.frameCount は const で宣言する定数とは違うけど、前章でも定数**みたいなもの**だ、と言ってたよ...

8.2 定数の有効範囲

プログラムの中では自由に定数を宣言できますが、いくつか細かな制限があります。それらについて順に説明していきます。

まず宣言の位置です。たとえば前節の draw 関数を少し変えてみましょう。const から始まる定数 y の宣言を draw 関数の波括弧 {} で囲まれた本体の最後に移しました。このプログラムを実行すると、3 行目で、y の値がまだ決まっていない、という誤りで実行が失敗します。

```
1  function draw() {
2    pro.background(white)
3    pro.line(50, y, 150, y)            // 誤り
4    pro.line(50, y + 30, 150, y + 30) // 誤り
5    const y = pro.frameCount * 5       // y の宣言
6  }
7
8  pro.start()
```

3 行目に宣言前の定数 y が含まれているのが問題です。**定数は宣言した場所より後ろでしか利用できません**。プログラムは上から順に一行ずつ実行していくのが基本ですから、宣言する前は利用できないのです。

もう一つ大事な制限があります。**同じ名前の定数を 2 回宣言してはいけません**。同じ名前の定数が二つあると、どちらの名前がどちらの値なのか曖昧になりがちで混乱の元だからです。たとえば次のプログラムでは、間違えて y を 2 回宣言しています。実行すると、二度目の宣言に到達したところで実行が失敗します。

```
1 function draw() {
2   pro.background(white)
3   const y = pro.frameCount * 5        // 最初の宣言
4   pro.line(50, y, 150, y)
5   const y = pro.frameCount * 5 + 30   // 二度目の宣言（誤り）
6   pro.line(50, y, 150, y)
7 }
8
9 pro.start()
```

定数 y は 3 行目で宣言されているのに、5 行目で再び宣言しようとしているので、誤りとなります。3 行目で宣言した y は 4 行目から 6 行目までで有効、5 行目で宣言した y は 6 行目で有効なので重なりがあります。5 行目で定数を宣言するなら、y とは異なる名前の定数にしなければなりません。たとえば次のようにします。

```
1 function draw() {
2   pro.background(white)
3   const y = pro.frameCount * 5         // y の宣言
4   pro.line(50, y, 150, y)
5   const y2 = pro.frameCount * 5 + 30   // y2 の宣言
6   pro.line(50, y2, 150, y2)
7 }
8
9 pro.start()
```

6 行目以降では定数の名前として y ではなく y2 を使っています。先頭の文字でなければ、**名前には数字を含めることができます**。

嬢: あの、y2 の 2 に特別な意味はないのですか？

友: 確かに。y2 は実は y^2、つまり y の 2 乗の意味だったりしないの？

先: えー、しないよ。俺、そういう風に思ったことはないなあ。よく数学で y_1、y_2、y_3、... のように書くじゃん。こういう y の後ろの 1 とか 2 って、単なる区別のための名前でしょ。y2 は y_2 みたいな気持ちじゃないかなあ。

宣言した定数を利用できる範囲にも制限があります。定数を利用できる有効範囲（可視範囲ともいいます）のことを**スコープ** (scope) といいます。

定数のスコープは基本的に、const から始まるその定数の宣言を囲んでいる波括弧 { と } の内側です。たとえば { と } で囲まれた**関数の本体の内側**や**ブロックの内側**がスコープです。定数はこのスコープの内側（かつ宣言の後ろ）でだけ利用できます。ブロックは for...of 文や if 文に出てくる { と } で囲まれた部分のことでした。

スコープによる利用範囲の制限には良い面があります。上で見たように、同じ名前の定数を二つ以上同時に宣言することはできません。しかし、宣言できないのは同じスコープをもつ場合であり、同じ名前の定数であっても、**スコープが同じでなければ宣言することができます**。たとえば異なる関数の本体の中なら同じ名前の定数を宣言できます。スコープが異なれば、互いに相手の定数は無いのと同じだからです。

また波括弧 {} で囲まれたブロックは、その中に別なブロックを入れ子で含むことがあります。定数のスコープは、その定数の宣言を囲んでいる**一番内側のブロックの中**です。これが異なれば同じ名前の定数を宣言できます。

たとえば次のプログラムには定数 y が二つ宣言されていますが、正しいプログラムです。実行すると、2 本の平行線な直線が下に落ちていき、途中で一つの長方形に形を変えてさらに下に落ちる動画が見られます（図 8.4)。

```
function draw() {
  pro.background(white)
  if (pro.frameCount < 30) {  // pro.frameCount の値で場合分け
    const y = pro.frameCount * 5       // 定数 y の宣言
    pro.line(50, y, 150, y)            // 2 本の線
    pro.line(50, y + 30, 150, y + 30)
  } else {
    const y = pro.frameCount * 5 + 20 // 定数 y の宣言
    pro.rect(50, y, 100, 10)           // 長方形
  }
}

pro.frameRate(20)
pro.start()
```

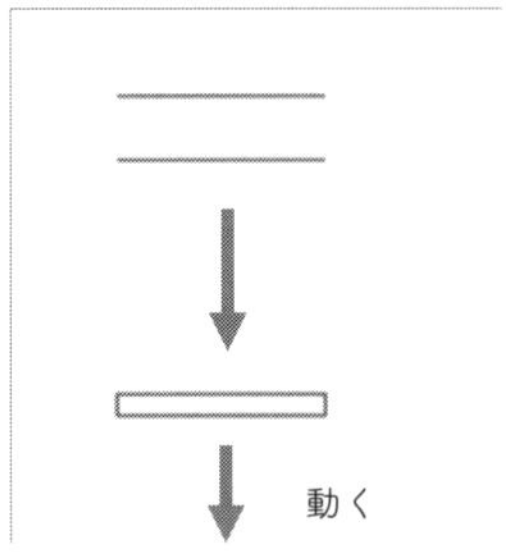

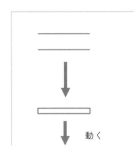

図 8.4 落下の途中で長方形に変わる

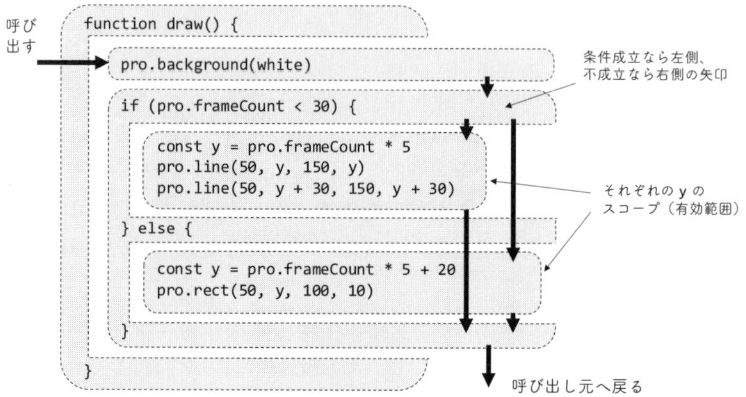
呼び
出す
function draw() {
pro.background(white)
if (pro.frameCount < 30) {
const y = pro.frameCount * 5
pro.line(50, y, 150, y)
pro.line(50, y + 30, 150, y + 30)
} else {
const y = pro.frameCount * 5 + 20
pro.rect(50, y, 100, 10)
}
}
条件成立なら左側、
不成立なら右側の矢印
それぞれの y の
スコープ（有効範囲）
呼び出し元へ戻る

図 8.5　二つの定数 y のスコープ（有効範囲）

この draw 関数は pro.frameCount の値が 30 未満の間は 2 本の平行線な直線を、30 以上なら長方形を一つ描きます。13 行目で毎秒 20 フレームに設定していますから、pro.frameCount の値が 30 を超えるのは開始 1.5 秒後です。

このような絵の動きを実現するため、プログラムには 3 行目から 10 行目にわたる if 文が含まれます（図 8.5)。この if 文は pro.frameCount が 30 未満のときは 4 行目から 6 行目を、そうでないときは 8 行目から 9 行目を実行します。それぞれ波括弧 {} で囲まれたブロックです。

4 行目と 8 行目に定数 y の宣言が 2 回現れます。しかし 4 行目の定数 y のスコープは、それを囲む 3 行目の { から 7 行目の } までのブロックです。8 行目の定数 y のスコープは同様に 7 行目の { から 10 行目の } までのブロックです。互いに異なるスコープなので、y を二つ宣言していても誤りとはなりません。

二つのブロックは、1 行目の { と 11 行目の } で囲まれたより大きな外側のブロック（正しくは関数の本体）に入れ子で含まれますが、それぞれの y のスコープは外側の大きなブロックの中ではありません。内側の二つのブロックの中なのです。

> **先:** スコープの外では定数が使えない例も見たいよね。

このように定数のスコープが一番内側のブロックの中であると便利な反面、注意も必要です。たとえば実行すると 1 本の直線が上から下へ動くプログラムを書くとします。最初 pro.frameCount の値が 30 未満のときは、直線の左端の x 座標を 50 に、その後は 100 にしたいとします。これを実現するには if 文を使って次のようなプログラムを書けばよさそうです。

```
1   function draw() {
2     pro.background(white)
3     const y = pro.frameCount * 5      // 定数 y の宣言
4     if (pro.frameCount < 30) {        // pro.frameCount の値で場合分け
5       const x = 50                    // 定数 x の宣言
6     } else {
7       const x = 100                   // 定数 x の宣言
8     }
9     pro.line(x, y, x + 100, y)        // 定数 x は使えない（誤り）
10  }
11
12  pro.start()              // 動画の開始
```

残念ながらこのプログラムには誤りがあり、実行しても動きません。

このプログラムは if 文を含みます（図 8.6)。pro.frameCount の値が 30 未満の間は 5 行目で値が 50 の定数 x を宣言します。それ以外のときは 7 行目で値が 100 の定数 x を宣言します。

ここまでは正しいのですが、こうして宣言した定数 x を使って線を描く 9 行目に間違いがあります。それぞれの定数 x のスコープは宣言を囲む一番内側の波括弧 {} の中です。それぞれ 5 行目だけ、7 行目だけです。最後の 9 行目の pro.line の呼び出しはスコープの外なので、9 行目では定数 x が使えません。この行は誤りです。

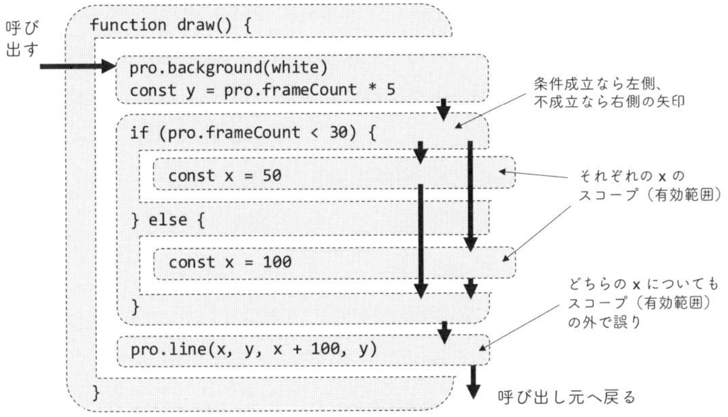

図 8.6　定数はスコープ（有効範囲）の外では使えない

8.3 変数の値は後から変えられる

`const` から始まる行を書けば独自の定数を宣言することができます。しかし**定数の値は後から変えることができません**。場合によっては途中で値を変えられると便利なことがありますが、定数は読んで字の通り、値が定まっていて変えられません。そこで、そのようなときは**変数**を使います。

定数と変数はよく似ています。宣言するときに、`const` から始めずに `let`（レット）から始めると定数ではなく変数になります。たとえば

```
let y = pro.frameCount * 5
```

これは変数 `y` を宣言します。最初の値は `pro.frameCount * 5` の計算結果です。定数との違いは後から `y` の値を変えられることだけです。変数 `y` のスコープも定数の場合と同じように考えます。

変数の宣言に使う `let` は、何かを何かにする、という英語の動詞です。たとえば数学で n を 1 と置く、を英語では let n be 1 といいます。これを知れば、変数の宣言を `let` から始めるのは英語としてなら自然であることがわかります。

> **友:** Let は "Let It Go" の let だね[1)]。
>
> **先:** それ普通に訳せば、それを放っておく、手放す、解き放つ、ぐらいの意味だよ。
>
> **嬢:** "Let It Be" という曲もありますよね[2)]。私の母が好きなんです。
>
> **先:** これも訳は、それを（なすがままに）せよ、放っておけ、だよね。変数の宣言とは関係ないと思うなあ。

宣言された**変数の値は後から変更できます**。先頭に `let` を（`const` も）書かないと、既存の変数の値を変更する、という意味になります。

```
y = pro.frameCount * 5 + 30
```

これは変数 `y` の値を新しい値に変更します。変数 `y` に新しい値を**代入する**、ともいいます。`y` は変数として既に宣言されている必要があります。変更後の

1)　2013 年のディズニーのアニメ映画「アナと雪の女王」の楽曲「レット・イット・ゴー～ありのままで～」の原題。

2)　1970 年の The Beatles の曲。

新しい値は `=` の右辺である `pro.frameCount * 5 + 30` の計算結果です。

具体的な例を示します。簡単な例として前の 8.2 節で示した例を再び取り上げます。この例は次のような誤ったプログラムでした。

```
1  function draw() {
2    pro.background(white)
3    const y = pro.frameCount * 5        // 最初の宣言
4    pro.line(50, y, 150, y)
5    const y = pro.frameCount * 5 + 30   // 二度目の宣言（誤り）
6    pro.line(50, y, 150, y)
7  }
8
9  pro.start()
```

このプログラムを実行すると途中で実行が失敗します。二つの定数 y の**スコープが同じだった**からです。

見方によっては、このプログラムは 5 行目で定数 y の値を別な値に無理矢理に変えようとしています。それならば定数 y を変数に変えて、これを正しいプログラムにすることができます。

まず 3 行目で定数 y を宣言する代わりに、**変数** y を宣言します。5 行目では新しい定数や変数を宣言するのではなく、3 行目で宣言した変数 y の値を変更します。

```
1  function draw() {
2    pro.background(white)
3    let y = pro.frameCount * 5     // 変数の宣言
4    pro.line(50, y, 150, y)
5    y = pro.frameCount * 5 + 30    // 変数の値を変更
6    pro.line(50, y, 150, y)
7  }
8
9  pro.start()
```

5 行目では変数 y の値が `pro.frameCount * 5 + 30` の計算結果の値に変わります。変数の値を変えるときは**行頭に `let` をつけません**。

6 行目に現れる y の値は 5 行目で変更した後の値です。プログラムは原則として上の行から下の行へ順に実行されます。変数の値が変更されると、**それ以降に実行される行で、変更後の新しい値が使われます**。変数の値はプログラムの各行の実行順序で決まるので、その変数の値が何なのか、注意が必要です。たとえば 4 行目に現れる y の値は、最初に 3 行目で y を宣言したときに決めた値です。4 行目はまだ 5 行目を実行して変数の値を変える前だからです。

先: 変数と定数の違いは、後から値を変えられるかどうかだけなんだよね。

嬢: そういえば for...of 文の定数は繰り返しのたびに値が 1 ずつ増えます。値が後から変わりますが、やはり定数なのですか？

先: スコープ（有効範囲）の中のプログラムの実行が始まってから終わるまでの間に値が変わらないから定数なんだ。

嬢: for...of 文の定数のスコープは波括弧 {} で囲まれたブロックの中ですか？

先: その通り。for...of 文では 1 回の繰り返しのたびにこのブロックの中を最初から最後まで実行する、と考える。1 回分の繰り返しが終わるとスコープの中の実行も終わるんだよ。次の繰り返しのときは、ブロックの最初から白紙の状態で実行し直している。

友: ふーん、スコープの中を実行している間は値が変わらないから定数でいいんだ。

先: 繰り返しのたびに新しいスコープに入って、そのスコープを抜けてから次の繰り返しのスコープに入る、そのとき 1 増やした値の定数を新しく宣言する、ということかな。

変数の値は**何度でも変更することができます**。しかし let を行頭につけるのは**最初の 1 回だけ**です。上の例でも 5 行目には `let` がありません。もし 5 行目にも `let` をつけると誤りとなり、プログラムの実行に失敗します。5 行目にも `let` をつけると、それは別な変数の宣言と解釈され、同じ名前が使われているので誤りとなるのです。

変数にも定数と同様の**スコープ**（有効範囲）が決まっています。スコープが同じ二つの変数や定数を同じ名前で宣言することはできません。同じ名前の変数や定数を宣言できるのは、そのスコープが互いに異なるときだけです。

以上のことは関数の引数にも当てはまります。実は**関数の引数**は変数と同様、後から何度でも値を変更することができます。引数と変数は同じようなものなのです。関数の引数のスコープは**その関数の本体**を囲む波括弧 {} の間です。スコープが互いに同じ定数、変数、あるいは引数に同じ名前をつけることはできません。

先: ところでプログラムの直し方として、y を定数から変数に変えるのは、この場合、あまりよいやり方ではないと思う。y2 のような別な名前の定数を宣言する方がよいと思う。

友: え、なんで？

先: 変数は使い方が難しいから、使わずにすむなら使わない方がいいよ。実行の流れをちゃんと読まないと、今どの値かわからないじゃん。

友: 先生、混乱させないでよ。変数を使えと言ったり、変数は使わない方がよいと言ったり。

先: 変数は使わない方がいいけど、**変数を無理して使わないとかえってプログラムが面倒くさくなる**ことがあるんだよ。

変数を使うときは、実行の流れを丁寧に追わないと、**その値を勘違いして間違ったプログラムを書いてしまいがち**です。上の例のプログラムでも、無理に変数の値を変えるのではなく、別な名前の定数を新しく宣言する方がよいでしょう。

一方で、変数を使った方がよい場合もあります。たとえば次のプログラムを実行すると、直線が上から下へ落ちていきますが、y 座標が 200 になると止まります。このプログラムは変数を使いません。**定数**だけを使います。

```
1  function draw() {
2    pro.background(white)
3    const y = pro.frameCount * 5
4    if (y < 200) {
5      pro.line(50, y, 150, y)       // y が 200 未満ならそのまま
6    } else {                        // それ以外なら
7      pro.line(50, 200, 150, 200)   // y 座標は 200 に固定
8    }
9  }
10
11 pro.start()
```

落ちていく直線を途中で止めるために直線の y 座標が 200 を超えそうなときは 200 に固定して描きます。4 行目の if 文がこれを実現します。

まず pro.frameCount を用いて定数 y の値を計算します。これが 200 未満のときは 5 行目でそれをそのまま y 座標として直線を描きます。一方、200 以上のときは y 座標を 200 に固定して直線を描きます。このため pro.line の呼び出しが二つ別々になっています。

変数を使うと二つの pro.line の呼び出しを一つにまとめることができます。

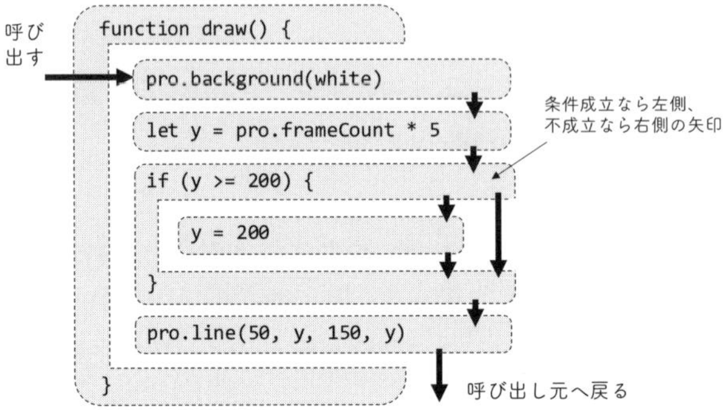

呼び出す
function draw() {
pro.background(white)
let y = pro.frameCount * 5
if (y >= 200) {
y = 200
}
pro.line(50, y, 150, y)
}
条件成立なら左側、不成立なら右側の矢印
呼び出し元へ戻る

図 8.7 変数と else なしの if 文を使ったプログラム

```
1  function draw() {
2    pro.background(white)
3    let y = pro.frameCount * 5   // 変数 y を宣言
4    if (y >= 200) {
5      y = 200              // y が 200 以上なら 200 に変更
6    }
7    pro.line(50, y, 150, y)
8  }
9
10 pro.start()
```

このプログラムでは y は**変数**です。落ちていく直線を途中で止めるため、y の値が 200 以上になったら値を 200 に変えてから pro.line を呼び出します。そうでなければ、値を変えずにそのまま呼び出します。これを実現しているのが 4 行目の if 文で、第 4 章の 4.2 節で紹介した else がない if 文です（図 8.7)。変数を使うことで少しだけプログラムの説明が素直になった気がしないでしょうか。

友: 素直なプログラムかあ。ふーん、それ大事なの？ という感じかな。

先: まあ次の章で、これなら変数を使いたいという例が出てくるから。

嬢: それにしても、プログラミングって、同じことをするのに何種類もやり方がありますよね。どれを選べばよいか難しいのですけれど...

先: 最初のうちは、どれでも思いついたやり方でやればいいと思うけど。それぞれの状況で、どの方法が一番良いかは、経験と修行で身につけるしかないなあ。俺もまだ修行中って感じ。

友: 修行？ 何それ、プログラミングって武術か何かの親戚なの？

章のまとめ

- **定数の宣言**
  次のように書くと、指定した名前の定数を宣言（定義）できる。

```
const [ 名前 ] = [ 式 ]
```

  式の計算結果が定数の値となる。

- **変数の宣言**
  次のように書くと、指定した名前の変数を宣言（定義）できる。

```
let [ 名前 ] = [ 式 ]
```

  変数の初期値は式の計算結果の値。

- **スコープ**
  定数や変数、引数が利用できる有効範囲（可視範囲）。その定数や変数の宣言を囲む一番内側の波括弧 `{}` の中。関数の引数の場合はその関数の本体の波括弧 `{}` の中。

- **変数の値の変更**
  変数のスコープの中で次のように書くと、その変数の値を変更できる。変数は**あらかじめ** let で宣言されていなければならない。

```
[ 名前 ] = [ 式 ]
```

  式の計算結果の値が指定した名前の変数の新しい値となる。同様の方法で関数の引数の値も新しい値に変更できる。変数や引数の値を新しい値に変更することを、変数や引数に新しい値を**代入する**、とも言う。

第9章 変数を使って画面のクリックに反応する

前章では変数について学びました。変数を使うときは注意が必要ですが、変数を使った方がプログラムがわかりやすくなる場合があります。本章ではそのような例として、変数を使って絵を動かすプログラムを紹介します。ついで、画面のクリックあるいはタッチに反応して絵の動きを変える方法を紹介します。最後にこれらの応用編として、ごく簡単なゲームのプログラムを書きます。

9.1 変数を使って絵を動かす

まず第7章の7.3節で示した落下する長方形のプログラムを例に、変数を使って絵を動かす方法を説明します。このプログラムは図9.1のように小さな長方形を画面の上から下へ動かす動画のプログラムでした。変数を使わなくても書けるプログラムですが、変数を使って書くこともできます。両者を比べてみましょう。

まず、第7章の7.3節で示したプログラムは、定数を使わずにpro.frameCountを直接使うプログラムでした。後で示す変数を使うプログラムと比較しやすいように、このプログラムを少しだけ変えて、定数yを宣言することにします。変更後のプログラムは次のようになります。

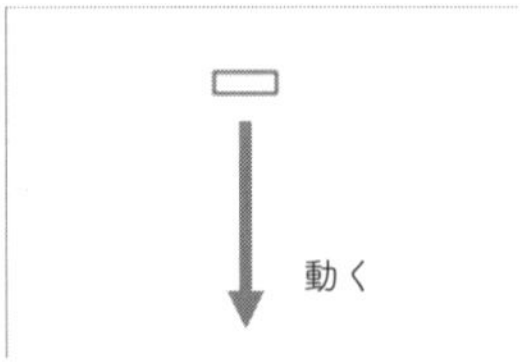

図 9.1 落下する長方形

```
function draw() {
  pro.background(white)           // 背景を白く塗りつぶす
  const y = pro.frameCount * 5    // y 座標
  pro.rect(100, y, 30, 10)        // 長方形を描く
}

pro.start()        // 動画の開始
```

draw 関数は動画の一コマ分を描く関数でした。4 行目の pro.rect は呼び出されると長方形を描きます。rect は rectangle（長方形）の略でした。pro.rect の引数は四つで、左から順に、長方形の左上すみの x 座標、y 座標、描く長方形の幅、そして長方形の高さです。それぞれ 100、定数 y の値、30、10 です。

定数 y は 3 行目で宣言されていて、値は `pro.frameCount * 5` の計算結果です。pro.frameCount は今 draw 関数の何回目の呼び出しか、を表します。それを $\times 5$ しますので、毎回 5 ずつ大きくなります。**時間の経過とともに y の値は変わる**のです。その結果、描かれる長方形の y 座標が 5 ずつ大きくなり、下へ動いているように見えます。

友: 変数を使うプログラムはどうなるの？ 早く見せてよ。

一方、上のプログラムと同じ動画を**変数を使って実現**するプログラムは次のようになります。

```
1  let y = 0                          // y 座標を表す変数 y の宣言
2
3  function draw() {
4    pro.background(white)
5    pro.rect(100, y, 30, 10)
6    y = y + 5                        // 変数の値の変更
7  }
8
9  pro.start()                        // 動画の開始
```

このプログラムは 1 行目で変数 y を宣言し、その値を 0 にします。続いて 3 行目から 7 行目で draw 関数を宣言します。**宣言しただけでは関数の本体は実行されません**から、変数 y の値は 0 のままです。最後に 9 行目で pro.start を呼び出します。これにより draw 関数が一定時間おきに繰り返し呼び出されるようになり、動画が始まります（図 9.2）。

このプログラムでは、変数 y は**次に draw 関数が呼び出されたときに長方形を描く位置の y 座標**を表します。最初に draw 関数が呼び出されるとき、変数 y

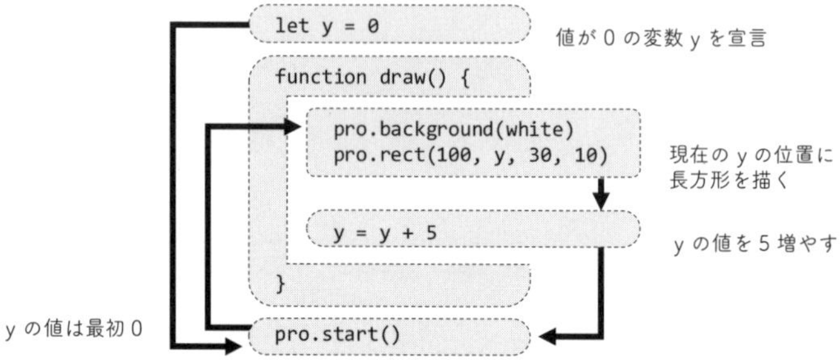

図 9.2　変数を使ったプログラム

の値はまだ初期値の 0 です。したがって 5 行目の pro.rect の呼び出しは、y 座標が 0 の位置に長方形を描きます。これは pro.frameCount を使った元のプログラムと同じ位置です。

この後、6 行目で変数 y の値は**新しい値に変更**されます。この新しい値は次に draw 関数が呼び出されるときまで**ずっと残ります**から、draw 関数は次回、この新しい y 座標の位置に長方形を描きます。変数 y の値が元の 0 に戻ることはありません。1 行目は二度と実行されないからです。

6 行目は次のような行でした。

```
y = y + 5
```

この行は変数 y の値を、**それまでの値から 5 増やします**。これは、変数 y の古い値に 5 を足した値を変数 y の新しい値にする、と読みます。次回の draw の呼び出しに備えて、変数 y の値を変えるのです。

嬢: `y = y + 5` は方程式なんですか？

友: だとしたら y の解はなしだね。

先: `y = y + 5` を方程式と思ったらだめだよ。これはあくまで = の右側の式 `y + 5` の計算結果の値を = の左側の変数 y の新しい値に変える、という意味だよ。

嬢: ええと、その y は変数 y の古い値をさすのですか、それとも新しい値をさすのですか？

先: = の右側の式を計算している間は、**変数の値は古い値のままだ**と覚えればいい。

友: そうか、変数の値が新しい値に切り替わるのは、= の右側の式の計算が終わった後なんだ。

6 行目の実行が終わると、draw 関数の実行も終わりですが、しばらく時間をおいた後、動画の次のコマを描くために draw 関数が再び呼び出されます。前の回同様、draw 関数は 4 行目で前の回に描いた長方形を消して、5 行目で新しい長方形を描きます。前の回で変数 y の値を 5 にしたので、新しく描かれる長方形の y 座標は 5 です。その後、6 行目で次の回の draw 関数の呼び出しに備えて、再び変数 y の値を 5 増やして 10 に変更します。

この調子で draw 関数は呼び出されるたびに、変数 y がさす y 座標に長方形を描いては、次に備えて変数 y の値を 5 増やします。結局、pro.frameCount を使ったプログラムと同様、変数を使ったこのプログラムでも、描かれる長方形の位置は毎コマごとに y 座標が 5 ずつ大きくなり、下へ動いているように見えます。やはり**時間の経過とともに y の値は変わる**のです。

先: 前回との差分に注目して y の値を計算するわけだ。数学でいう**微分**の考え方だね。

友: 微分って難しいやつじゃなかったけ？

嬢: ここの話は微分を知らないと理解できないのでしょうか？

先: あ、いや、そんなことはないよ。

友: 今もしかして、微分とか難しい単語を出してイキってる？ やだなあ、そういうの。

嬢: ところで変数宣言は、{} で囲まれた関数本体の中に書かなくてもよいのですか？

友: 確かに。1 行目の変数 y の宣言は関数の宣言の外だ。

1 行目の変数 y の宣言は関数宣言の外にあります。このような変数のスコープ（有効範囲）はプログラム全体となります。当然、draw 関数の本体の中でも利用可能です。スコープがプログラム全体である変数のことを一般に**大域変数**といいます。「大域」は global の訳なので**グローバル変数**ともいいます。

上のプログラムで変数 y が大域変数であることは大切です。この変数の宣言を関数の本体の中に誤って移すと、うまく長方形が上から下へ動かなくなります。

```
1  function draw() {
2    let y = 0                    // 変数の宣言が外にない
3    pro.background(white)
4    pro.rect(100, y, 30, 10)
5    y = y + 5                    // 変数の値の変更
6  }
7
8  pro.start()                    // 動画の開始
```

このプログラムでは、draw 関数が呼び出されるたびに毎回、2 行目の宣言で変数 y の値を 0 に戻してしまいます。結局、4 行目で長方形を描く y 座標は常に 0 になってしまいます。毎回、同じ位置に長方形を描くので、長方形は動きません。

> **友:** うーん、難しいかも。
>
> **先:** 変数の扱いは難しいんだよ。
>
> **嬢:** だからなるべく使わない方がよい、とおっしゃっているのですね。
>
> **友:** じゃ、今回のプログラムも本当は変数を使わない方がよいわけ？
>
> **先:** いや、この後、長方形の動きが複雑になってくると、もう変数なしでは書けなくなるよ。

9.2　クリックしたら落下する

前節で書いたプログラムでは、pro.start を呼び出すと同時に長方形が下に向かって動き始めました。このプログラムを改造して、マウスやトラックパッドを使って画面をクリックすると（あるいは画面をタッチすると）長方形が動き出すプログラムにしてみます。このプログラムは変数を使わずに実現するのが難しいプログラムです。

pro.start を呼び出すと、pro.start は一定時間おきに draw 関数を呼び出しますが、途中で画面をクリックすると mouseClicked 関数を呼び出します（図 9.3）。ただし mouseClicked 関数が宣言されていない場合は何もしません。今回書くプログラムでは mouseClicked 関数を宣言して、画面がクリックされたら長方形を動かし始めるようにします。

画面がクリックされたら動かし始めるという処理を実現するのに**変数 y を活用します**。これまで draw 関数は常に長方形を動かしていましたが、今回は変数

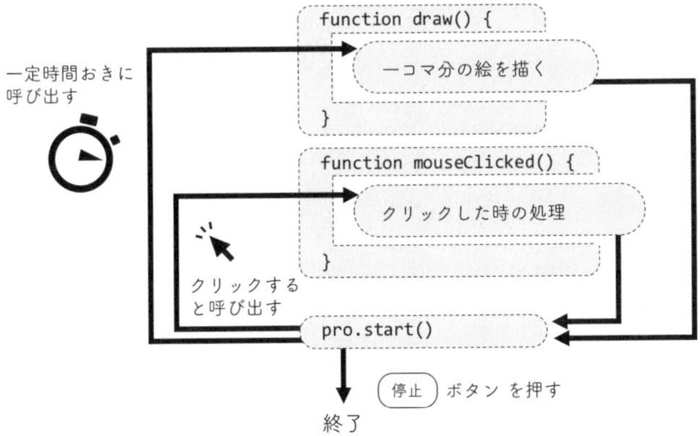

図 9.3　draw 関数と mouseClicked 関数

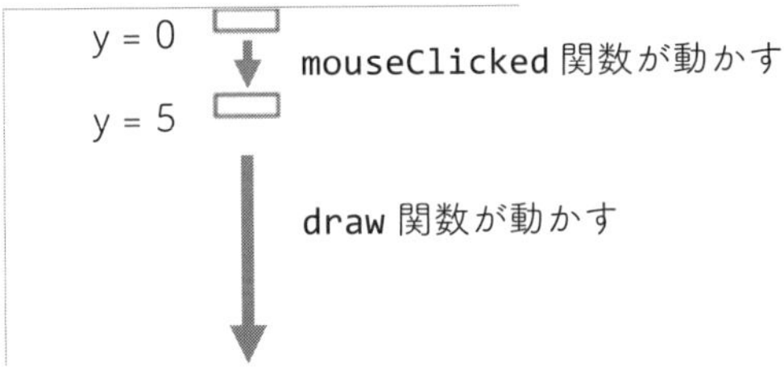

図 9.4　クリックすると落下する長方形（図の縮尺は見やすいように変えてあります）

y の値が 0 の間は動かさず、0 より大きくなったら動かし始めるようにします。変数 y の値は最初 0 ですから、このままでは永遠に長方形は動き出しません。

そこで mouseClicked 関数を使います。画面がクリックされて mouseClicked 関数が呼び出されたら、変数 y の値を 5 に変えます。そうすると次に draw 関数が呼び出されたとき、長方形が動き出します（図 9.4）。

まとめると、画面をクリックすると長方形が動き出すプログラムはプログラム 9.1 のようになります。クリックする場所は、絵が描かれるペイン（四角い枠の区画）の中であれば、どこでもかまいません。

このプログラムは、変数 y の値を 0 から 5 に変えるときだけ mouseClicked 関数を使い、それ以後 5 ずつ増やすためには draw 関数を使います。

変数 y の値が 0 より大きいときだけ y の値を増やして長方形の位置を動かすよう、draw 関数の本体の中で 6 行目から 8 行目にわたる if 文を使います。この if 文により最初、変数 y の値が 0 のときは何もしません。y の値は 0 のままです。

プログラム 9.1　クリックすると落下する長方形のプログラム

```
1   let y = 0                        // y 座標
2
3   function draw() {
4     pro.background(white)
5     pro.rect(100, y, 30, 10)       // (100, y) に長方形を描く
6     if (y > 0) {                   // y > 0 のときだけ
7       y = y + 5                    // y の値を 5 増やして
8     }                              // 長方形を動かす
9   }
10
11  function mouseClicked() {        // クリックされたら
12    y = 5                          // y の値を 5 に変更して
13  }                                // 長方形を動かし始める
14
15  pro.start()                      // 動画の開始
```

画面がクリックされたときに呼び出される mouseClicked 関数は 12 行目で変数 y の値を 5 に変更します。変数を宣言するのではなく、1 行目で宣言された既存の変数の値を変更するので、行の先頭に `let` はつけません。

この後、再び draw 関数が呼び出されると、変数 y の値が 0 より大きいので、`y > 0` が成り立ち、7 行目が実行されます。7 行目は変数 y の値を前の値より 5 増やしますから、次回は今より 5 下に長方形が描かれます。

なおこのプログラムでは、長方形が下に向かって動き出した後、再び画面をクリックすると、y 座標が 5 の位置に長方形が戻り、再び下に向かって動き出します。画面をクリックすると、そのときの長方形の位置によらず、変数 y の値が 5 に変わるからです。

先: 変数 y を使わずに pro.frameCount だけで同じ動きを実現するのは無理なんじゃないかな。

友: クリックすると長方形が落ちるのかぁ。これ使ってゲーム作れそう。

仕上げにプログラムにもう一工夫加えて、長方形が下の端に到達したら何もしなくても一番上まで戻すようにします。そのためには draw 関数の中で変数 y の値を 5 増やした後、変数 y の値が長方形が描かれているペイン（四角い枠の区画）の高さより大きくなったら、変数 y の値を 0 に戻します。y 座標がペインの高さより大きくなったら、それはペインの下の端に到達したということです。

修正したプログラムはプログラム 9.2 です。元のプログラム 9.1 との違いは

プログラム 9.2　長方形を上の端に戻す

```
1   let y = 0                        // y 座標
2
3   function draw() {
4     pro.background(white)
5     pro.rect(100, y, 30, 10)       // (100, y) に長方形を描く
6     if (y > 0) {                   // y > 0 のときだけ
7       y = y + 5                    // y の値を 5 増やす
8       if (y > pro.height) {        // y がペインの高さを超えたら
9         y = 0                      // 長方形を上の端に移す
10      }
11    }
12  }
13
14  function mouseClicked() {        // クリックされたら
15    y = 5                          // y の値を 5 に変更
16  }
17
18  pro.start()                      // 動画の開始
```

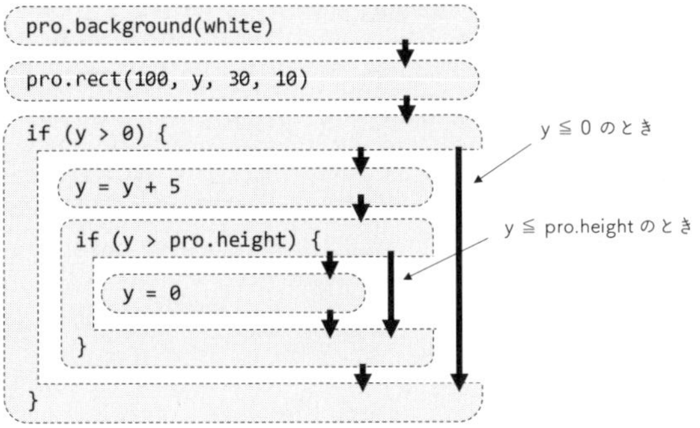

図 9.5　入れ子の if 文を含む draw 関数の本体

6 行目から始まる if 文の中に新たな if 文が挿入されたことです。8 行目から 10 行目の if 文がそれで、if 文の中に別な if 文が**入れ子で含まれている**ことになります（図 9.5）。

挿入された 8 行目からの if 文は条件 `y > pro.height` が成り立っているかを調べます。成り立っていれば、長方形がペインの下端に達しています。この条件式の y は 7 行目で変更した後の変数 y の値を表し、`pro.height` はペインの高さの値を表します。たとえば変数 y の値が 20 で、ペインの高さが 400 であれば、$20 \not> 400$ ですから条件は成り立ちません。

この if 文の条件が成り立つときは 9 行目が実行され、y の値をさらに変更して 0 にします。これにより次に draw 関数が呼び出されたときには長方形を一

番上の端に描きます。また次から 6 行目の if 文の条件 `y > 0` が成り立たなくなりますから、長方形は一番上の端で止まったままになります。

変数 y の値が pro.height より大きくないときは 9 行目を実行しません。変数 y の値は 7 行目で変更した値のままです。

> **先:** 変数を使うとこういう複雑な動きも表現しやすいんだよね。

8 行目の if 文の条件に現れる pro.height はペインの高さを表しますが、pro.frameCount と同じで、定数のようなものです。なお、pro.frameCount や pro.height は定数のようなもの、と説明していますが、厳密には変数のようなもの、と説明すべきです。pro.frameCount も pro.height も、Processing 風プログラミングのために筆者が用意した**ライブラリの中で変数のようなものとして宣言されています**。これはライブラリの中の関数が、必要に応じてその値を適宜変更するからです。変更するには普通の変数と同様、`pro.height = 200` のように書けばよいのですが、詳しくは第 12 章で触れます。

9.3　当たりを判定する

最後に前節のプログラム 9.2 をさらに拡張して、簡単なゲームを作ります。ゲームといっても、絵を描くペイン（四角い枠の区画）の下部を長方形が左から右に動くので、タイミングをはかって上から別の長方形を落とし、命中したら成功、というものです（図 9.6）。

図 9.6　長方形を命中させるゲーム

まず落とした長方形を当てる相手の長方形を動かすプログラムを書きます。大域変数を使ったプログラムにすることもできますが、ここでは変数を使わずpro.frameCountを使うプログラムにしてみます。本章の9.1節の最初に示したプログラムと似たプログラムになります。

長方形の左上すみのx座標を定数x2で、y座標を定数y2で表すことにして、長方形が下の方を左から右に動いて見えるように値を決めます。定数の名前をx2、y2としましたが、別な名前でもかまいません。ここでは二つ目の長方形の座標なのでx2、y2としました。描かれる長方形の幅は30、高さは10とします。

```
function draw() {
  pro.background(white)
  const x2 = (pro.frameCount * 5) % pro.width
  const y2 = pro.height - 50
  pro.rect(x2, y2, 30, 10)     // 長方形を描く
}

pro.start()
```

定数y2の値は、ペインの高さを表すpro.heightから50を引いた値です。y座標の値は下に行くほど大きくなるので、これはペインの下の端から50上のy座標です。

定数x2の値はpro.frameCountを5倍してpro.widthで割った余りです。pro.frameCountの値は、今何回目のdraw関数の呼び出しかを表します。これを5倍するので毎回5ずつ値が大きくなります。しかし、このままだとペインの右端に長方形が到達した後は、ペインの外に消えてしまいます。そこで5倍した値をpro.widthで割った余りをx2の値にします。pro.widthはペインの幅を表します。

この計算により右端に達したら消えて左端から再び現れる、という長方形の動きを実現します。この余りの計算は、第6章の6.4節の最後で説明した手法を使っています。この手法は周期的な動きをさせたいときに使うものでした。

たとえばpro.widthの値が400であるときの計算結果を表に示します。

pro.frameCount	0	1	2	…	79	80	81	82	…
* 5	0	5	10	…	395	400	405	410	…
% pro.width	0	5	10	…	395	0	5	10	…

中段はpro.frameCountを$\times 5$した値、一番下の段はそれをpro.widthで割った余りです。これが定数x2の値になります。pro.frameCountの値が増えるにつ

れて、それを 5 倍した値も大きくなります。しかし 5 倍した値を pro.width（ここでは 400）で割った余りは、395 まで増えた後は再び 0 に戻ることがわかります。これにより、描かれる長方形は左から右へ動き、右端に達したら左端に戻る、という動きをします。

> **先:** この、長方形を左から右へ動かすプログラムを、前の節で書いた長方形を上から下へ落とすプログラムと一緒にするとゲームになる。

落とした長方形を当てる相手の長方形を動かすプログラムができたので、クリックすると長方形が上から下へ落ちるプログラム 9.2 と合わせます。二つを合わせたプログラムはプログラム 9.3 のようになります。

長方形が上から下へ落ちるプログラム 9.2 に新しく 3 行が加えられます。7 行目から 9 行目までがその三行で、長方形を左から右へ動かすプログラムから書き写しました。このプログラム 9.3 を実行すると、二つの長方形が同時に動きます。

プログラム 9.3　二つの長方形を動かすプログラム

```
1   let y = 0                          // 落ちる長方形の y 座標
2
3   function draw() {
4     pro.background(white)
5
6     // 次の三行が左から右に長方形を動かす部分
7     const x2 = (pro.frameCount * 5) % pro.width
8     const y2 = pro.height - 50
9     pro.rect(x2, y2, 30, 10)
10
11    pro.rect(100, y, 30, 10)         // 上から下へ落ちる長方形を描く
12    if (y > 0) {                     // y > 0 のときだけ
13      y = y + 5                      // y の値を 5 増やす
14      if (y > pro.height) {          // y がペインの高さを超えたら
15        y = 0                        // 長方形を上の端に移す
16      }
17    }
18  }
19
20  function mouseClicked() {          // クリックされたら
21    y = 5                            // y の値を 5 に変更
22  }
23
24  pro.start()                        // 動画の開始
```

友: あれ、長方形をうまく当てても何も起きないよ。

最後に、落ちてきた長方形がうまく相手の長方形に当たったら、落ちてきた長方形を赤色で塗ってプログラムを終了させるようにします。当たったら成功で終わり、というわけです。そのために仕上げとして**当たり判定**をプログラム 9.3 に追加します。完成したプログラムがプログラム 9.4 です。

まず元のプログラム 9.3 に定数を三つ追加します。プログラム 9.4 の 6 行目

プログラム 9.4 長方形を落として当てるゲーム

```
1   let y = 0                        // 落ちる長方形の y 座標
2
3   function draw() {
4     pro.background(white)
5
6     const x = 100                  // 落ちる長方形の x 座標
7     const width = 30               // 長方形の幅
8     const height = 10              // 長方形の高さ
9
10    // 左から右へ長方形を動かす（ほぼ元のまま）
11    const x2 = (pro.frameCount * 5) % pro.width
12    const y2 = pro.height - 50
13    pro.rect(x2, y2, width, height)
14
15    // 落ちる長方形を描く（当たり判定あり）
16    if (x - width < x2 && x2 < x + width &&
17        y - height < y2 && y2 < y + height) {
18      // 当たっている
19      pro.fill(red)                      // 塗りつぶし色を赤に
20      pro.rect(x, y, width, height)      // 長方形を描く
21      pro.stop()                         // プログラムを終了
22    } else {
23      // 当たっていない
24      pro.rect(x, y, width, height)      // 長方形を描く（元のまま）
25    }
26
27    // 落ちる長方形の y 座標の変更（元のまま）
28    if (y > 0) {
29      y = y + 5
30      if (y > pro.height) {
31        y = 0
32      }
33    }
34  }
35
36  function mouseClicked() {
37    y = 5
38  }
39
40  pro.start()
```

から 8 行目の三行です。落ちる方の長方形の左上すみの x 座標を表す定数 x と、両方の長方形の幅と高さを表す定数 width と height を宣言します。これから当たり判定のプログラムを書くのですが、少し複雑な不等式が必要になります。プログラムに 30 や 10 のような数字を直接書くと、**その数が何を意味しているのか読み取りにくくなります**。そこで不等式の意味が少しでもわかりやすくなるように定数を宣言します。（英語が読めれば）式の中に定数が書いてある方が意味を取りやすいからです。

これに伴い、プログラム 9.4 の 13 行目の pro.rect の呼び出しの 3 番目と 4 番目の引数が width と height に変わっています。元のプログラム 9.3 の対応する行は 9 行目ですが、これらの引数は 30 と 10 でした。

当たり判定は 16 行目からの if 文がおこないます。元のプログラム 9.3 では 11 行目の pro.rect が落ちてくる長方形を描いていました。これを当たり判定つきに置き換えたものが 16 行目からの if 文です。

この if 文の条件は、落ちてきた長方形が下の長方形に当たっているときに成り立ちます。成り立つときは、塗りつぶし色を赤に変えてから長方形を描き、pro.stop を呼び出します。pro.stop を呼び出すと、現在呼び出し中の draw 関数の実行が終わった後は、それ以上 draw 関数が呼び出されることがなくなり、プログラムが終了します。

一方、長方形が当たっていないときは if 文の条件が成り立ちません。そのときは元のプログラム 9.3 と同様に長方形を描くだけです。塗りつぶし色を指定しないので白い長方形が描かれます。プログラムは終了しないので、しばらく時間がたつと再び draw 関数が呼び出されます。

> **嬢:** 当たり判定の if 文の条件は難しそうですね。

当たり判定の if 文の条件は、二つの長方形が重なっているか否かを調べます。16 行目と 17 行目です。重なっていたら当たりで条件が成り立ちます。

重なっているか否かは、左からきた長方形の左上すみの座標を (x2, y2) として、これが図 9.7 の点線の枠の内側に入っているか否かを調べればわかります。上から落ちてきた長方形の左上すみの座標を (x, y) とすると、`x2` が `x - width` から `x + width` までの範囲内、`y2` が `y - height` から `y + height` までの範囲内であれば、枠の内側に入っているといえます。式で書くと

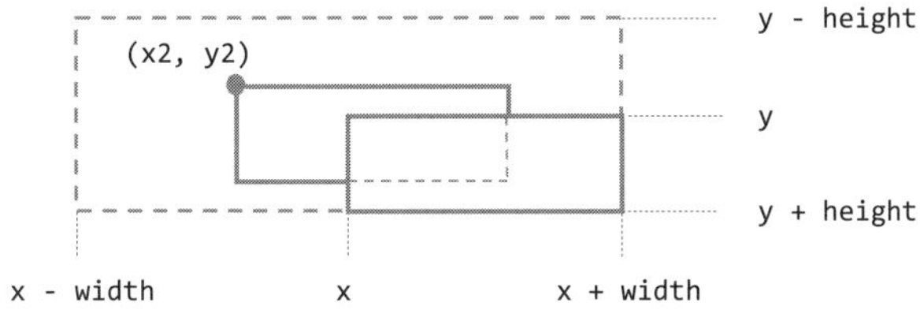

図 9.7 二つの長方形が重なる

```
x - width < x2 < x + width
y - height < y2 < y + height
```

の二つの式が両方成り立っていれば、枠の内側に入っています。JavaScript 言語では $a < b < c$ のような不等式は使えないので、不等号 < ごとに別々の式に分解して四つの式にし、これらがすべて成り立つとき、という条件の if 文にします。つまり次の四つの式に分解し、

```
x - width < x2
x2 < x + width
y - height < y2
y2 < y + height
```

これら四つの式を && でつないで次のような if 文にします。

```
if (x - width < x2 && x2 < x + width &&
    y - height < y2 && y2 < y + height) {
```

長いので二行になっています。四つすべての式が成り立つとき、という条件にするので、四つの式は論理演算子「かつ」&& でつなぎます。論理演算子については第 6 章 6.4 節を見直してください。

以上でプログラム 9.4 の説明は終わりです。ゲームというほどのプログラムではありませんが、プログラム中の数字を変えると多少難易度が変わって遊べるかもしれません。いろいろとプログラムを変えて試してみてください。たとえば 11 行目や 29 行目の 5 を 10 に変えると、長方形の動く速度が速くなります。また 6 行目で宣言している定数 x の値を 200 に変えると、落ちる長方形の水平方向の位置（x 座標）が 200 に変わります。

章のまとめ

- **変数の値の更新**
  変数の現在の値を元に計算した値を、その変数の新しい値にできる。たとえば

  ```
  y = y + 5
  ```

  を実行すると変数 y の古い値に 5 を足した値が y の新しい値になる。= の右辺を計算する間 y の値は古いままで、計算終了後に y の値が切り替わって新しい値になる。

- **大域変数**
  スコープ（有効範囲）がプログラム全体である変数のこと。グローバル変数ともいう。

第10章 文字を扱う

これまでのプログラムで、亀が進む距離や向き、直線や長方形を描く座標など、いろいろなものを取り扱ってきました。いろいろ扱いましたが基本的にはどれも数値でした。

この章ではアルファベットや漢字などの文字をプログラムで扱う方法を学びます。文字を画面に表示する手法だけではなく、キーボードの押されたキーの文字を読み取る手法も学びます。

10.1 文字列

プログラミングの世界では、文や文字のことを**文字列**と呼びます。文字が並んだ列、の意味です。日本語の場合、アルファベットの「A」や漢字の「林」など、一つの文字なら「文字」と呼びますが、「apple」や「林檎」などは何と呼ぶでしょうか。単語？ 文字？ あまり決まった呼び名はないように思います。また「林檎が赤い。」は何と呼ぶでしょうか。文？ 文章？

プログラムの中でたとえば文字を表示するときは、一文字だけということはなく、普通何文字かをまとめて表示することがほとんどです。そこで「A」も「林」も、「apple」も「林檎」も、そして「林檎が赤い。」もプログラミングではすべて文字列と呼びます。「A」や「林」は一文字ですから、文字（の）列と呼ぶには少し抵抗がありますが、一文字の場合も特別扱いせずに文字列と呼びます。

文字列は英語では a string of characters、略して string なので日本語でも**ストリング**と呼ぶこともあります。String はひも、糸、ひとつなぎ、の意味です。同様に文字列を英語で text と呼ぶこともあるので、日本語でも**テキスト**と呼ぶことがあります。Text は教科書という意味もありますが、本文や文章、の意味があります。

> **先:** 文字と文字列を区別するプログラミング言語もあるんだよね。でもJavaScript の場合、そういうややこしい区別はないから安心して。

プログラムの中で文字列を使いたいときは、その文字の並びを一重引用符 ' で囲むか、二重引用符 " で囲むかします。たとえば `'apple'` や `"this apple is red."` のように囲みます。かぎ括弧で囲んで「apple」と書いてもよさそうなものですが、残念ながら、かぎ括弧で囲んではいけません。

> **先:** 一重引用符は ' だけど、似た文字でバッククオート ` もあるから気をつけて。日本語キーボードだと一重引用符は 7 と一緒のキーだよ。まあバッククオートで囲っても一応プログラムは動くのだけどね。
>
> **友:** Let's go みたいに文字列の中に一重引用符が含まれるときはどうするの？
>
> **先:** そういうときは二重引用符で囲んで `"Let's go"` とするか、一重引用符の前にバックスラッシュ\を書いて `'Let\'s go'` とするかだね。
>
> **嬢:** `'Let's go'` はダメですか？
>
> **先:** うん、どこからどこまでが文字列かわからなくなるからダメだよ。

文字列は、関数を呼び出すときの**引数にする**ことができます。例として画面に文字列を描くプログラムを示します。

```
function draw() {
  pro.background(white)                       // 背景を白く塗りつぶす
  pro.text('apple', 50, pro.frameCount * 2)   // 文字列の表示
}

pro.start()   // 動画の開始
```

draw 関数を宣言した後に pro.start を呼び出すと、draw 関数が繰り返し呼び出されます。draw 関数は動画の一コマ分を描く関数でした。まず 2 行目で画面を背景色の白で塗りつぶします。次に 3 行目で pro.text を呼び出して、1 番目の引数の文字列を 2 番目と 3 番目の引数の座標に描きます。この例では x 座標が 50 で y 座標が `pro.frameCount * 2` の値です。pro.text は、その位置に一重引用符 ' で囲まれた文字列 apple を描きます。このように文字列は関数の引数にすることができます。

図 10.1　文字列の表示

図 10.2　塗りつぶし色を黒にして文字列を表示

上に示した draw 関数は、呼び出されるたびに同じ文字列を少しずつ異なる y 座標に描くので、描かれる文字列はゆっくり下に向かって動きます。y 座標は例によって、draw 関数が呼び出されるたびに増えていく pro.frameCount の値を元に計算します。適当なところで、停止ボタンを押してプログラムの実行を停止してください。

上のプログラムは図 10.1 のように文字列を描きます。何もしなければ pro.text は黒い輪郭線で白抜きの文字を描きます。輪郭線の色は pro.stroke で、輪郭線の内側を塗りつぶす色は pro.fill で変えることができます。これは pro.rect で長方形を描く場合と同じです。上のプログラムを少し変えて pro.fill の呼び出しを加えて

```
function draw() {
  pro.background(white)      // 背景を白く塗りつぶす
  pro.fill(black)            // 文字の塗りつぶし色を黒に変更
  pro.text('apple', 50, pro.frameCount * 2) // 文字列の表示
}

pro.start()       // 動画の開始
```

として実行すると、図 10.2 のように文字列が描かれます。pro.text を呼び出す前に pro.stroke や pro.fill を呼び出すことで、文字列を描くときの色を変えられるのです。

嬢: 字の大きさは変えられないのですか？

先: pro.textFont で変えられるよ。字の大きさはフォントの種類とセットで変えなければいけないのだけど。pro.text の前でたとえば

```
pro.textFont('48px sans-serif')
pro.text('apple', 50, pro.frameCount * 2)
```

と呼び出すと、48 ピクセル (px) の大きさで apple と描かれる。sans-serif はフォントの名前だよ。

友: へー、引用符で囲んであるってことは pro.textFont の引数は文字列なんだ。

文字列は**定数**や**変数**の値にすることもできます。これまで定数や変数の値は数値ばかりでしたが、文字列にすることもできます。定数とは、あらかじめ計算した値などにつけた**名前のようなもの**でした。変数は、定数とよく似ていますが、**プログラムの実行中、途中でその値を変えられる**ものでした。文字列にも、定数や変数として名前をつけることができるのです。例を示します。

```
function draw() {
  pro.background(white)
  const y = pro.frameCount * 2  // y 座標
  const s = 'apple'             // 表示する文字列
  pro.text(s, 50, y)            // 文字列の表示
  pro.text(s, 50, y + 40)       // 文字列の表示
}

pro.start()
```

このプログラムは文字列 apple を二つ縦に並べて表示します。3 行目で定数 y が宣言され、5 行目の pro.text の呼び出しが座標 $(50, y)$ の位置に、6 行目の pro.text の呼び出しが座標 $(50, y + 40)$ の位置に文字列を表示します。表示する文字列は 4 行目の定数 s の値です。つまり s と名前がついた文字列 apple です。

定数 s を使うことで、`'apple'` と二度繰り返して書かなくてもよくなります。`'apple'` を何度も繰り返して書くと、途中でつづりを間違えそうですが、定数を使えば `'apple'` を気をつけて一度書くだけですみます。後は短く s と定数の名前を書くだけです。また定数を使えば、二つの pro.text の呼び出しで同じ文字列を描く、という意図がより明確になります。

先: 意地悪な例を見せてもいいかな？

```
function draw() {
  pro.background(white)
  const pomme = 'apple'                      // 定数の宣言
  pro.text(pomme, 50, pro.frameCount * 2)   // 文字列表示
}

pro.start()      // 動画の開始
```

このプログラムを実行すると、どういう文字列が表示されると思う？

嬢: Pomme はリンゴですね。フランス語の。

先: いや、だから、そういうことを聞いているんじゃなくて。

友: ああ、定数の名前は pomme なのに表示されるのは apple ってこと？定数の名前って一文字じゃなくてもよいのだよね。まだ慣れないけど。

嬢: 表示される文字列は、pomme という名前の定数の値だ、ということですね。pomme の値は apple だから、表示されるのも apple。それくらいわかります。

先: 定数の値が文字列だと、名前と値が紛らわしくて、混乱するかと思ったんだけど...

文字列は足し算記号 + を使って、他の文字列や数値と連結することもできます。例として次のプログラムを実行してみてください。

```
function draw() {
  pro.background(white)      // 背景を白く塗りつぶす
  pro.fill(black)            // 文字の塗りつぶし色を黒に変更
  pro.text('count: ' + pro.frameCount + '!', 50, 60)
}

pro.start()       // 動画の開始
```

図 10.3 のように count:に続く数字が 1、2、3、... と増えていく動画が実現されます。この draw 関数は、まず pro.background を呼んで背景を白く塗りつぶし、pro.fill を呼んで文字列を描くときの塗りつぶし色を黒に変更します。最後に pro.text を呼び出して文字列を描きます。描かれる文字列は次の式の「計算」結果です。この式は pro.text の第一引数です。

```
'count: ' + pro.frameCount + '!'
```

この計算結果は、文字列「count: 」（文字列の最後の文字は空白文字です）と pro.frameCount の値の数値、そして一文字の文字列「!」の三つを + で連結したものです。pro.frameCount の値は、draw 関数の呼び出しが今何回目か、でした。たとえば、今 17 回目の呼び出しであれば、pro.frameCount の値は 17 です。したがって + で連結した結果は「count: 17!」という文字列になります。

図 10.3　文字列の連結

先: また意地悪な例を見せてもいい？

友: また？

先: pro.text の呼び出しが

```
pro.text('3' + 7, 50, 60)
```

だったら表示される文字列は何だと思う？

友: `'3' + 7` だから、10 ってこと？

先: 実は 37 という文字列なんだよね。+ の左辺の `'3'` は文字列でしょ。数値の 3 じゃない。だから 3 という文字の右側に 7 を連結した 37 という文字列が計算結果になる。37 という数値じゃないよ。

嬢: 文字列の 37 と数値の 37 って違うんですか？

先: それが違うんだよね。文字列の 37 は、あくまで 3 と 7 の二文字の列。

友: 面倒くさ...

10.2　キーボードに反応する

第 9 章の 9.2 節では、画面のクリックに反応して絵を動かすプログラム 9.1 を書きました。同じようにしてキーボードのキーの押し下げに反応するプログラムを書くこともできます。この場合、どのキーを押したのか区別するために文字列を使います。

プログラム 9.1 では、画面をクリックすると、長方形が上から下に向かって動き出しました。このプログラムを改造して、左右の矢印キーを押すたびに、下に落ちていく長方形が左右にも動くようにしてみます（図 10.4）。

画面のクリックに反応するには mouseClicked 関数を宣言しました。同様に、キーボードのキーが押し下げられたとき、それに反応するには、**keyPressed 関数を宣言**します。この関数が宣言されていると、キーが押し下げられるたびに呼び出されます。そこで、キーが押し下げられたときに実行すべきことを関数の本体の中に書いておきます。

プログラム 9.1 を改造して keyPressed 関数を宣言するようにしたものをプログラム 10.1 に示します。変わったのは 1 行目の変数 x の宣言が追加されたことと、16 行目からの keyPressed 関数の宣言が追加されたことです。宣言さ

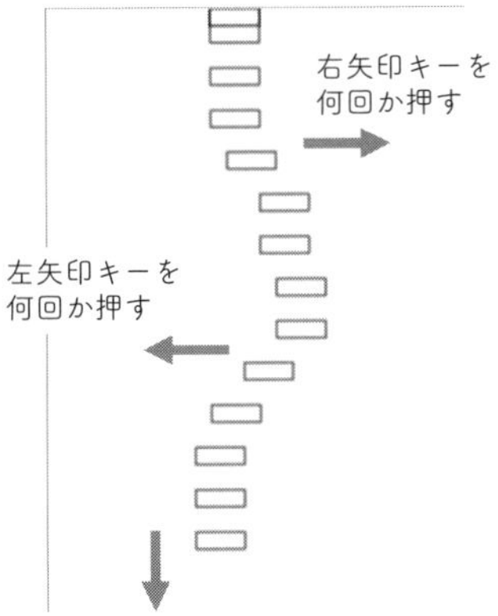
右矢印キーを
何回か押す
左矢印キーを
何回か押す

図 10.4 落下する長方形を左右に動かす（軌跡を残しています）

プログラム 10.1 落下する長方形を矢印キーで左右に動かす

```
1  let x = 100                                        // x 座標
2  let y = 0                                          // y 座標
3
4  function draw() {
5    pro.background(white)
6    pro.rect(x, y, 30, 10)                           // (x, y) に長方形を描く
7    if (y > 0) {                                     // y > 0 のときだけ
8      y = y + 5                                      // y の値を 5 増やして
9    }                                                // 長方形を動かす
10 }
11
12 function mouseClicked() {                          // クリックされたら
13   y = 5                                            // y の値を 5 に変更して
14 }                                                  // 長方形を動かし始める
15
16 function keyPressed() {
17   if (pro.key == 'ArrowLeft') {                    // 左矢印キーなら
18     x = x - 10                                     // 長方形を左に移動
19   } else if (pro.key == 'ArrowRight') {            // 右矢印キーなら
20     x = x + 10                                     // 長方形を右に移動
21   }
22 }
23
24 pro.start()
```

れる関数は draw、mouseClicked、keyPressed の三つになります。また 6 行目で pro.rect を呼び出して長方形を描いていますが、このとき長方形を描く座標が (x, y) に変わっています。元のプログラムでは x 座標が固定で $(100, y)$ でした。

新たに追加された変数 x は、変数 y と同様、大域変数です。**大域変数**とは、変数の宣言が関数の宣言の外にあり、スコープ（有効範囲）がプログラム全体

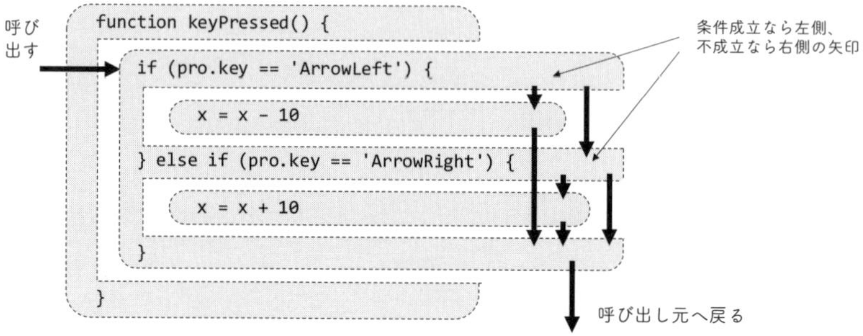

図 10.5　プログラム 10.1 の keyPressed 関数

である変数のことでした。

長方形を描く位置の x 座標を変数 x で表すことにして、左右の矢印キーが押されるたびに変数 x の値を変えるようにしています。これにより、draw 関数が pro.rect を呼び出して長方形を描くときの座標が、水平方向にも変わるようになります。

変数 x の値を矢印キーが押されるたびに変えているのは 16 行目からの keyPressed 関数です（図 10.5）。キーが押されるたびにこの関数が呼び出されますから、押されたキーの種類を調べて、それが左右の矢印キーなら変数 x の値を 10 減らしたり増やしたりします。

押されたキーの種類は pro.key が表します。その値は押されたキーの種類を表す文字列です。A のような普通のキーを押した場合、pro.key の値は文字列 A ですが、左矢印キーの場合は ArrowLeft で、右矢印キーの場合は ArrowRight です。なお pro.key は、pro.frameCount と同様の定数のようなものです。Processing 風プログラミングのために筆者が用意したライブラリに含まれます。

> **先:** pro.key はキーが押されるたびに値が変わるので、厳密には定数というより変数のようなものだね。

keyPressed 関数の中では、pro.key が ArrowLeft に一致するか、あるいは ArrowRight に一致するかが if 文の条件になっています。文字列の一致、不一致は、数値の場合と同様、==（同じ）と !=（異なる）で調べます。

具体的には 17 行目の条件では押されたキーが左矢印キー ArrowLeft か調べ、そうであれば 18 行目を実行します。18 行目は

```
x = x - 10
```

であり、変数 x の古い値から 10 引いた値を変数 x の新しい値にする、という意味です。実行すると変数 x の値が 10 減るので長方形は左に動きます。

17 行目の条件が成り立たないときは、押されたのが右矢印キー ArrowRight かを 19 行目の条件で調べ、成り立てば 20 行目を実行します。20 行目は

```
x = x + 10
```

であり、変数 x の古い値に 10 足した値を変数 x の新しい値にする、という意味です。実行すると変数 x の値が 10 増えるので長方形は右に動きます。

最後に、17 行目の条件も 19 行目の条件も成り立たない場合は何もしません。21 行目の閉じ括弧 } の後ろに `else{ ... }` がないからです。else if を含む形の if 文は第 4 章の 4.3 節に出てきましたが、そのときは最後に else がある形だけを紹介しました。しかし本節の例のように**最後の else がない形も実は可能**です。

先: pro.key が文字列 `'ArrowLeft'` と一致しているか調べるときは、== ではなくて === を使う方がよい、という意見があるかもしれない。

嬢: 第 4 章でも === のことを先生はチラッと言ってましたね。

先: 定数 s の値が数値の 3 のとき、`s == 3` が成り立つよね。実は `s == '3'` も成り立ってしまうんだ。

友: 成り立っているじゃん。

先: いやいや、右辺は `'3'` だから 3 という一文字からなる文字列だよ。数値の 3 とは違うものと考えたい場合もある。そういうときは `s === '3'` と書く。これは定数 s の値が数値の 3 だと成り立たない。

友: んー。これって私たちはまだ知らなくていいことじゃない？

10.3 長方形を落として当てるゲーム

前の第 9 章では 9.2 節で書いたプログラム 9.1 を 9.3 節で拡張しました。拡張して書いたのがプログラム 9.4 で、長方形を上から落として当てるという簡単なゲームのプログラムでした。

本章では前の 10.2 節で、9.2 節で書いたプログラム 9.1 に矢印キーでの操作

を追加しました。本章のまとめとして、9.3 節で書いたゲームのプログラム 9.4 にも矢印キーでの操作を本節で追加します。

プログラムの書き換え作業は前の 10.2 節とほぼ同じです。落とす長方形の位置を矢印キーで左右に動かす機能をプログラム 9.4 に追加します。ただし動かせるのは長方形を落とす前だけとします。

プログラム 9.4 では長方形の x 座標を定数 x で表していました。この定数は 6 行目で宣言されています。長方形の位置を矢印キーで左右に動かせるようにするため、前の 10.2 節と同様、この定数を**大域変数** x に変えます。また、この大域変数 x の値を矢印キーが押し下げられるたびに変えるよう、keyPressed 関数を新たに宣言します。

修正したプログラムをプログラム 10.2 に示します。修正後のプログラムでは大域変数 x を 1 行目で宣言します。大域変数なので draw 関数の外側で宣言します。draw 関数の本体の中で x が現れる他の部分に変更はありません。元のプログラム 9.4 と同じです。

keyPressed 関数の宣言は 38 行目から 46 行目までです。前の 10.2 節のプログラム 10.1 の keyPressed 関数とほとんど同じですが、少しだけ異なります。変数 y の値が 0 のときだけ、押し下げられたキーが左右の矢印キーであるか調べ、変数 x の値を変えるようになっています。

これにより、下に落とす長方形の位置を左右に動かせるのは、長方形が実際に下に落ち始める前、つまり長方形の y 座標が 0 の間だけとなります。画面をクリックすると長方形は下に落ち始め、y 座標が 0 より大きくなります。このためクリックした後は左右の矢印キーを押しても落ちていく長方形の位置を左右に動かすことはできません。この方がゲームとしては適切でしょう。

このような動作を実現しているのは 39 行目からの if 文です（図 10.6)。この if 文はプログラム 10.1 の keyPressed 関数の中の if 文をそっくりそのまま包み込んでいます。この 39 行目からの外側の if 文は `y == 0` が成り立っているときだけ、包み込んだ内側の if 文を実行します。内側の if 文は押された矢印キーに応じて x の値を変えます。一方、`y == 0` が成り立っていないときは外側の if 文は何もしません。矢印キーを押しても x の値は変化しません。外側の if 文には `else{ ... }` がないからです。これは第 4 章の 4.2 節で紹介した else がない if 文です。

プログラム 10.2 長方形を落として当てるゲーム（その 2）

```
let x = 100                    // 落ちる長方形の x 座標
let y = 0                      // 落ちる長方形の y 座標

function draw() {
  pro.background(white)

  const width = 30             // 長方形の幅
  const height = 10            // 長方形の高さ

  // 左から右へ長方形を動かす
  const x2 = (pro.frameCount * 5) % pro.width
  const y2 = pro.height - 50
  pro.rect(x2, y2, width, height)

  // 落ちる長方形を描く（当たり判定あり）
  if (x - width < x2 && x2 < x + width &&
      y - height < y2 && y2 < y + height) {  // 当たりなら
    pro.fill(red)                            // 塗りつぶし色を赤に
    pro.rect(x, y, width, height)            // 長方形を描く
    pro.stop()                               // プログラムを終了
  } else {                                   // 当たっていないなら
    pro.rect(x, y, width, height)            // 長方形を描く
  }

  // 落ちる長方形の y 座標の変更
  if (y > 0) {
    y = y + 5
    if (y > pro.height) {
      y = 0
    }
  }
}

function mouseClicked() {
  y = 5
}

function keyPressed() {
  if (y == 0) {                      // まだ長方形を落としていないなら
    if (pro.key == 'ArrowLeft') {            // 左矢印キーなら
      x = x - 10                             // 長方形を左に移動
    } else if (pro.key == 'ArrowRight') {    // 右矢印キーなら
      x = x + 10                             // 長方形を右に移動
    }
  }
}

pro.start()
```

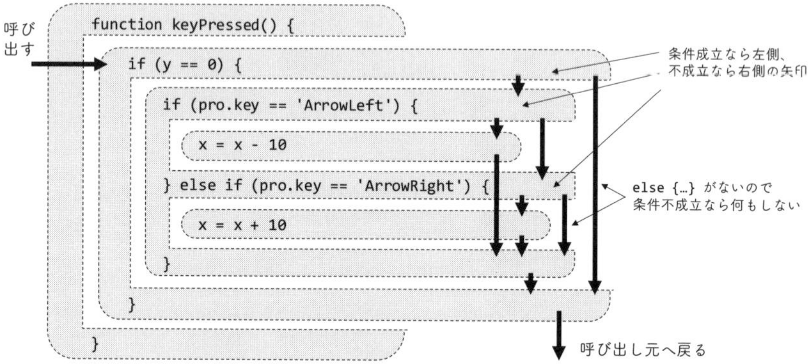

図 10.6　プログラム 10.2 の keyPressed 関数

章のまとめ

- **文字列**
  0 個以上の文字の並びを**文字列**、**ストリング**、あるいは**テキスト**という。数値と同様、文字列は定数や変数、関数の引数の値にできる。文字列をプログラムの中に直接埋め込むときは、一重引用符 ' または二重引用符 " で囲んで書く。たとえば 'A'、"Book"、あるいは 'Close the door' のように書く。

- **文字列の + による連結**
  文字列と文字列、あるいは文字列と数字、などは足し算記号 + によって連結して一つの文字列にすることができる。たとえば

```
const s = 'rect'
const t = s + 'angle'
```

  なら、定数 t の値は文字列 rectangle となる。

- **文字列の比較**
  二つの文字列を比較して同じか否かを調べるには ==（同じ）または !=（異なる）を使う。

第11章 関数の戻り値

何行かのプログラムのかたまりに名前をつけたものが関数でした。その名前で関数を呼び出すことで、同じようなことを2回書かずに実行することができます。

プログラムが高度になってくると、**計算式の一部分を取り出して関数にしたくなります**。プログラムを書いているとよく出てくる計算があるので、そういった計算は関数にして、何度も同じことを書かずにすませたいものです。本章では、そのようなときに必要となる関数の**戻り値**について学びます。

11.1 スロットマシン

関数の戻り値を説明するために、例として簡単なスロットマシンのプログラムを書いてみます。要はサイコロのプログラムです。

このプログラムを実行すると四角い窓が三つ横に並んで表示されます(図11.1)。スロットマシンのつもりです。それぞれの窓の中には☆と○、♡の三種類の記号の中からランダム（でたらめ）に選ばれた記号が一つ描かれます。

窓の中の記号は見えないくらいの速さで種類がどんどん変わります。しかしスロットマシンの画面をクリックすると（タッチすると）、窓の中の記号が変わる動きが止まります。

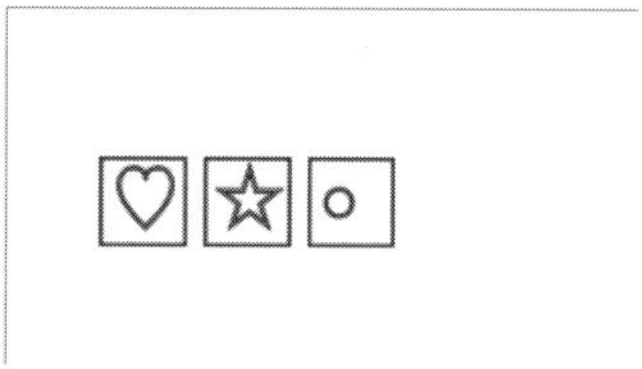

図 11.1 ランダムに変わる三つの記号

一度のクリックで三つの窓の中の動きが止まることはなく、最初のクリックでは左端の窓の動きだけが止まります。次のクリックでは中央の窓も止まり、3 回目のクリックで全部の窓の動きが止まります。このとき三つの窓の中の記号が同じであれば当たり、成功、というところでしょうか。

さらにもう一度 4 回目のクリックをすると最初に戻って再び三つすべての窓の中の記号が動き始めます。その次のクリックでは左端の窓の動きが止まり、さらにその次のクリックでは中央の窓の動きも止まり、と繰り返します。

> **嬢:** スロットマシンって何ですか？
>
> **先:** ... こんな風な機械式のゲーム機を見たことない？ 元々は賭け事のためのものだけど...

このスロットマシンのプログラムをプログラム 11.1 に示します。パラパラ漫画の原理で絵を動かすため、draw 関数を宣言して pro.start を呼び出すのはこれまでと同じです。呼び出されるたびに draw 関数は新しいスロットマシンの絵を描きます。このとき窓の中に描く記号を変えることで窓の中が動いているように見せかけます。

スロットマシンの状態には**段階**があって、常にすべての窓の中が動くわけではありません。最初はすべての窓の中が動いてる段階、次が一つ止まって二つの窓の中が動いている段階、その次が二つ止まって一つが動いている段階、最後が三つ全部が止まっている段階です。クリックするたびに次の段階に移ります。最後の段階まで行ったら、その次は再び最初の段階に戻りますから、全部で 4 段階です。

プログラム 11.1 の中では、スロットマシンが今どの段階 (stage、ステージ) にあるかを大域変数 stage の値で表現します（図 11.2)。最初の段階なら stage の値を 0 に、次の段階なら 1 に、その次は 2、最後の段階なら 3 にします。各段階の stage の値はちょうど動きが止まっている窓の数に対応します。

大域変数 stage は 1 行目で宣言されています。クリックされたときにこの値を変えるのは 27 行目からの mouseClicked 関数の役目です。この名前の関数を宣言すると、**画面をクリックしたときに自動的に呼び出される**のでした（第 9 章 9.2 節)。

スロットマシンの段階を 0、1、2、3 の数で表すのは、クリックしたときの次の段階を**計算で求めやすくする**ためです。クリックのたびに段階を次の段階に

プログラム 11.1 簡単なスロットマシン

```
1  let stage = 0     // 現在の段階（止まった窓の数）
2
3  function drawSymbol(x) {           // 記号を描く
4    const dice = Math.random()       // 疑似乱数を一つ得る
5    pro.rect(x - 5, 70, 40, 40)      // 四角を描く
6    if (dice < 0.3) {                // 0.3 未満なら
7      pro.text('☆', x, 100)
8    } else if (dice < 0.6) {         // そうでなくて、かつ 0.6 未満なら
9      pro.text('○', x, 100)
10   } else {                         // それ以外
11     pro.text('♡', x, 100)
12   }
13 }
14
15 function draw() {
16   if (stage < 1) {
17     drawSymbol(50)       // 左端の窓を描き直す
18   }
19   if (stage < 2) {
20     drawSymbol(100)      // 中央の窓を描き直す
21   }
22   if (stage < 3) {
23     drawSymbol(150)      // 右端の窓を描き直す
24   }
25 }
26
27 function mouseClicked() {   // クリックされたら
28   stage = (stage + 1) % 4
29 }
30
31 pro.start()      // ゲームの開始
```

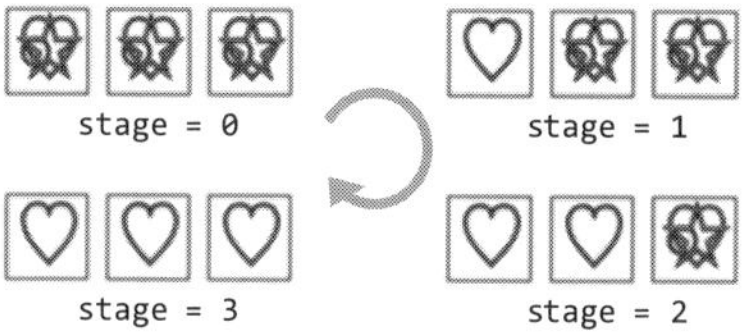

図 11.2 スロットマシンの各段階（記号が重なっているのは動いている窓）

一つ進めればよいので、クリックのたびに stage の値を 1 増やせばよいことがわかります。ただし最後の段階に至って stage の値が 3 のときは、その次は最初の段階に戻るので stage の値も 0 に変えなければなりません。

これを実現するために mouseClicked 関数の本体は次のようにします。28 行目です。

```
28    stage = (stage + 1) % 4
```

古い stage の値に 1 足した後、4 で割った余りを新しい stage の値にします。% は余りの計算です。このような計算にすると、下の表のように stage の値が 3 まで増えた後は、うまい具合に 0 に変わることがわかります。

古い stage の値	0	1	2	3
`+ 1`	1	2	3	4
`% 4`	1	2	3	0
新しい stage の値	1	2	3	0

> **嬢:** draw 関数は stage に合わせて絵を描くのですね。

draw 関数が新しいスロットマシンの絵を描くとき、これまでなら古い絵が描かれた画面全体を白く塗りつぶした後に新しい絵を一からすべて描き直すところです。しかし今回は全体を描き直すことはせず、**中が動いている窓の部分だけを描き直します**。

右端の窓だけが動いている場合を図 11.3 に示します。draw 関数は、まだ中が動いている右端の窓の上に白い四角形を描いて塗りつぶし、その後、新しい記号を四角形の中に描きます。動きが止まった窓については何もしないので、前に描かれた絵がそのまま残ります。このように前の絵から変わる部分だけを描き直すことで効率よく新しい絵を描きます。

draw 関数は三つの窓それぞれがまだ動いているか否かを大域変数 stage の値を調べて判定します。動いている場合は、その窓を描き直し、止まっている場合は何もしません。それぞれの窓を描き直すには drawSymbol 関数を呼び出します。これは 3 行目から 13 行目に宣言されている関数で、引数は描きたい窓の x 座標です。この呼び出しをそれぞれ if 文で包むことで、stage の値によって関数が呼び出されたり、呼び出されなかったりするようにします（図 11.4）。呼び出さないときは何もしないので、窓の中は元のままです。

たとえば中央の窓を描き直すのは 20 行目の drawSymbol 関数の呼び出しです。これは `stage < 2` という条件の if 文に包まれています。中央の窓の中が動

図 11.3　動いている右端の窓だけを描き直す（白い四角を描いた後に新しい記号を描く）

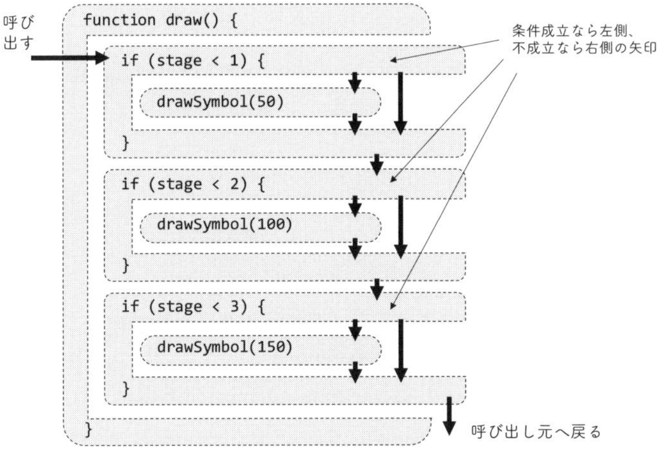

図 11.4 プログラム 11.1 の draw 関数

くのは最初とその次の段階だけです。このとき stage は 0 か 1 ですから、そのときだけ drawSymbol 関数を呼び出して窓を描き直すように if 文の条件が `stage < 2` となっています。他の二つの窓についても、同じように考えて if 文の条件を決めています。

友: drawSymbol 関数の説明は？

drawSymbol 関数は 3 行目からの関数です。この関数を 1 回呼び出すと一つ分の窓を描き直せます。まだ中が動いている窓一つ分を描き直すだけで何行ものプログラムが必要なので、何度も再利用できるようにその何行かを別にまとめたものが drawSymbol 関数です。三つの窓を描き直すときもこの関数を 3 回呼び出すだけでよいので、同じようなプログラムを重複して書かずにすみます。

この関数が三つのうちどの窓を描き直すかは引数 x の値で区別します。drawSymbol 関数は引数 x の値を x 座標にして、その位置に窓を描き直します。このため描き直したい窓の x 座標を引数にします。窓を描く y 座標は 100 に固定です。窓の中に描く記号（symbol、シンボル）はランダムに一つ選ばれます。実行の流れは次のようになります。

- 0 以上 1 未満の数をランダムに一つ選んで定数 dice の値とする（4 行目）。

- pro.rect で白い四角形を描いて窓を塗りつぶす（5 行目）。
- 定数 dice の値に応じて、☆と○と♡のいずれかを四角形の中に描く。0 から 1 の範囲を三等分して、dice の値がどの部分に含まれるかで描く記号を選ぶ。

窓の中の記号を、まるで「さいころ」を振ってランダムに選んだかのように見せかけるため、最初に 0 以上 1 未満の数を一つ選びます。これが定数 dice の値です。この値によって描く記号を決めます。ランダムにといっても、**疑似乱数**といって、決まった計算式によって**ランダムに見える**値を毎回計算で求め、それを使います。

多くのプログラミング言語では疑似乱数を簡単に計算する方法が用意されています。JavaScript 言語の場合、何もインストールしなくても最初から使えるライブラリがあり、この中に疑似乱数を計算する関数が含まれています。プログラム 11.1 はこれを使っています。ライブラリとはあらかじめ誰かが書いておいてくれた関数の集まりのことでした（第 5 章 5.4 節）。インストールなしで使えるライブラリのことを**標準ライブラリ**といいます。ほとんどのプログラミング言語は何かしらの標準ライブラリをもっています。

> **嬢:** pro.start や pro.rect も標準ライブラリの関数なんですか？
>
> **先:** いや、これは俺の先生が作ったライブラリの関数。だから Web ページ上の専用のプログラミング環境が必要でしょ。この環境の中では俺の先生のライブラリがインストール済みなんだよ。
>
> **友:** ところでこの章は**関数の戻り値**を学ぶんでしょ。いつ出てくるの？

JavaScript 言語の標準ライブラリには Math.random という関数が含まれています。これを呼び出すと 0 以上 1 未満の小数の疑似乱数を計算してくれます。つまり 0 から 1 の間の小数をランダムに一つ選んでくれます。具体的にどう計算するかはプログラムを動かしている Web ブラウザによりまちまちですが、Xorshift128+ と呼ばれるアルゴリズム（計算方法）などが使われています。

プログラム 11.1 では Math.random 関数が 4 行目で使われています。

```
4    const dice = Math.random()    // 疑似乱数を一つ得る
```

定数 dice の値が Math.random 関数によって計算された疑似乱数の値になります。疑似乱数はさいころの代わりに使うものなので、定数の名前として「さいころ」を意味する dice を選びました。関数なので、計算を実行させるために Math.random に続けて括弧 () を書いて呼び出します。引数はないので括弧の中には何も書きません。

この 4 行目では Math.random 関数を呼び出して、その**計算結果を受け取り**、定数 dice の値にしています。この部分の仕組みについて詳しく見ていきます。

これまで説明しませんでしたが、実はどの関数も計算結果の値を一つ、関数を呼び出した側に戻す（返す）ことができます。この戻される値のことを**戻り値**（もどりち）と呼びます。返り値（かえりち）やリターン値（return ち）と呼ぶこともあります。英語の return は戻す、返すという意味です。

関数に戻り値がある場合、その関数呼び出しを式の代わりに、あるいは式の一部に書くことができます。たとえば上の例の場合、普通は

```
const dice = 0.4302
```

などと書くところです。関数に戻り値がある場合、= の右辺に 0.4302 と数を書く代わりに、関数の呼び出しを書くことができます。それが上の 4 行目です。

式の中に関数の呼び出しがある場合、まずその関数が実際に呼び出され、戻り値が計算されます。そしてその関数呼び出しの部分に、その**戻り値を当てはめて**計算を続けます（図 11.5）。たとえば上の 4 行目の例で、Math.random 関数の戻り値が 0.4302 であったとすると、`Math.random()` の部分に 0.4302 を当てはめて計算を続けます。

```
const dice = 0.4302
```

と同じことになり、定数 dice の値が 0.4302 になります。

> **嬢:** 関数の名前が書いてあるところに**具体的な値を当てはめて**から計算を続けるのは定数や変数の場合と同じですね。

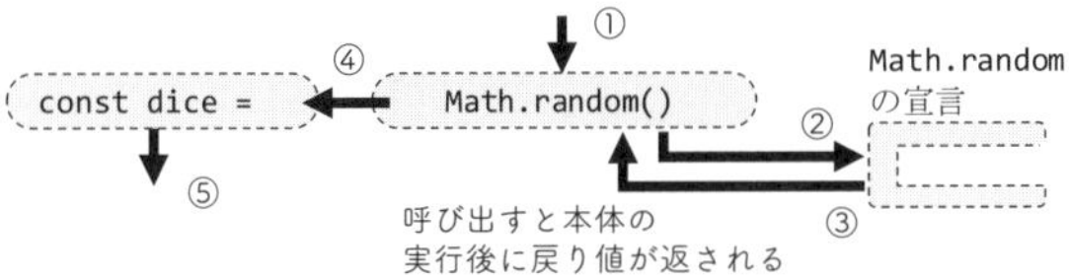

図 11.5　戻り値がある関数を呼び出す

> **先:** うん。関数呼び出しの場合、同じ関数の呼び出しでも、そのたびに関数の本体のプログラムを実行して**戻り値を毎回計算し直す**けどね。
>
> **友:** ところで drawSymbol 関数の戻り値ってどれ？
>
> **先:** あ、戻り値はない。関数には**戻り値がある関数とない関数がある**んだよ。

疑似乱数を一つ計算して定数 dice の値とした後は、その値に応じて記号を描きます。これは 6 行目からの `else if` つきの if 文で実現します（図 11.6）。この if 文は三通り以上の場合の場合に使う if 文です（第 4 章 4.3 節）。

計算した疑似乱数の範囲は 0 以上 1 未満なので、これを三等分して、定数 dice の値がどの部分にあるかを調べます。定数 dice の値が 0.3 未満なら☆を、0.3 以上 0.6 未満なら○を、それ以外（つまり 0.6 以上）なら♡を描きます。♡がでる確率が少し大きくなっていますが、三種類の記号がほぼ等確率でランダムに選ばれて描かれます。

8 行目の `else if` に続く条件には注意してください。○を描くのは dice の値が 0.3 以上 0.6 未満のときですが、`else if` の条件は `dice < 0.6`（0.6 未満）だけです。

図 11.6 の矢印を追うとわかりますが、8 行目の `else if` に実行が達するのは 6 行目の if 文の条件が**成り立たない**ときです。つまり dice の値が 0.3 以上のときしか 8 行目の `else if` に到達しません。したがって追加で `dice < 0.6` が成

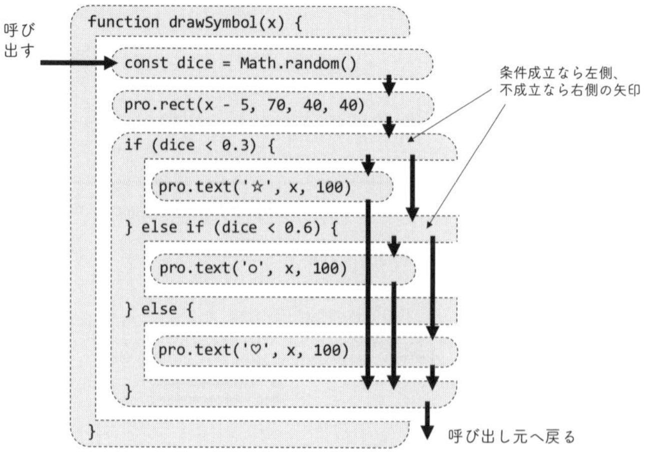

図 11.6　プログラム 11.1 の drawSymbol 関数

り立っているか否かだけを調べれば、○を描くべきか否かを判断できるのです。

途中に `else if` を含む if 文の場合、上から順番に条件を調べていき、最初に成り立った条件に続く波括弧 `{}` で囲まれたブロック**だけ**を実行します。それ以降の条件は調べませんし、条件に続くブロックを実行することもありません。たとえば dice の値が 0.1 のとき、`dice < 0.3` なので 7 行目で☆を描きます。その後は if 文の残りの部分は飛ばして if 文の次へ進みます。

11.2 return 文

前節では戻り値を返す標準ライブラリの関数 Math.random を使いました。戻り値を返す関数は自分で宣言することもできます。例として疑似乱数を計算する簡単な関数を自分で書いて、プログラム 11.1 の中に出てくる Math.random 関数をそれで置き換えてみます。ライブラリの関数を使わずに、なるべくプログラムの多くの部分を自分で書こうというわけです。

これから書く関数の名前を getRandom とします。疑似乱数を計算する関数です。Math.random の代わりにこの関数を使うにはプログラム 11.1 の 4 行目を次のように変えます。

```
4     const dice = getRandom()
```

こう変えると drawSymbol 関数は新しく書く getRandom 関数を Math.random の代わりに呼び出すようになります。定数 dice の値は getRandom 関数の戻り値となります。

疑似乱数を計算する getRandom 関数は呼び出されると何か計算をして数値を一つ求め、その数値を戻り値として返します。求まる数値は呼び出されるたびにバラバラでなければなりません。

そのような数値のよい計算方法は難しいのですが、手始めに次のような getRandom 関数を書いてみます。

```
function getRandom() {
  return (pro.mouseX * pro.frameCount) % 100 / 100
}
```

関数の本体が一行だけの関数です。ここで * はかけ算、% は余り算、/ は割り算を表す記号です。また pro.mouseX の値は画面上のポインタ（マウス・ポインタ）の現在の x 座標です。ちなみに y 座標は pro.mouseY の値です。pro.frameCount の値は今何回目の draw 関数の呼び出し中かを表す数でした。

友: マウス・ポインタって？

先: 画面上の矢印  のことだよ。マウスとかトラックパッドで動かすやつ。マウス・カーソルとも言うよね。

嬢: マウス・ポインタってタブレットにもありますか？

先: あ、タブレットの場合、pro.mouseX や pro.mouseY は最後にタッチした位置の座標だよ。

関数の戻り値を決めるには **return 文**（リターン文）を使います。return 文は実行されると、`return` の右に書いてある式を計算し、**その計算結果を関数の戻り値にします**。getRandom 関数の本体はこの return 文一つです。

上の getRandom 関数を呼び出すと `return` の右の式が計算されます。pro.mouseX と pro.frameCount が掛け合わされ、それを 100 で割った余りがさらに 100 で割られます。pro.mouseX の値は画面上のポインタの x 座標が偶然どこにあるかで変わりますし、pro.frameCount の値も時間とともに変わります。この二つを掛け合わせるとランダムな値になりそうです。この数を 100 で割った余りを計算すると 0 から 99 の間の数になるので、それをさらに 100 で割って 0 から 0.99 の間の値にします。この計算結果が getRandom の戻り値となり、呼び出した drawSymbol 関数へ疑似乱数として返されます。

プログラム 11.1 を上の getRandom 関数を使うように書き直して実行してみてください。この getRandom 関数の宣言を書く場所はプログラム 11.1 の他の関数の前でも後でも好きなところでかまいません。たとえば 1 行目の大域変数 stage の宣言と 3 行目の drawSymbol 関数の宣言の間に書けばよいでしょう。基本的に**関数を宣言する順番は自由**です。

友: あれ、ぜんぜん乱数になってないみたい。

残念ながらプログラムを実行すると、三つの記号が常に同じ種類になってしまいます。getRandom 関数の戻り値は、pro.mouseX と pro.frameCount の値が変わらなければ同じ値になってしまいます。これらの値はそれほど頻繁に変わるわけではないので、getRandom 関数を何回か呼び出すと、連続して同じ値を戻り値として返してしまいがちなのです。これでは良い疑似乱数とは呼べません。

もう少し疑似乱数と呼んでもよさそうな値を計算するように getRandom 関数を書き直しましょう。線形合同法という方法で計算するように直した getRandom 関数を示します。

```
let seed = 13               // 疑似乱数を計算するタネに使う大域変数
function getRandom() {
  seed = (seed * 3024 + 1109) % 3023  // seed の値を変える
  return seed / 3023                  // return 文
}
```

今度は関数の本体が二行になり、大域変数 seed も使います。二行になっても return 文の働きは同じです。getRandom 関数が呼び出されると、まず最初の行で seed の値を新しい値に変えます。その後、次の行の return 文が新しい seed の値を 3023 で割った値を関数の戻り値にします。このように計算が複雑で複数行になっても関数は戻り値を返すことができます。

新しい getRandom 関数は seed（たね）の値を元に別な値を計算し、その値を新しい seed の値にします。古い seed の値から次にどのような値が新しい seed の値になるか予想しにくい（ランダムに見える）ので seed の値を疑似乱数として使えるのです。なお seed の値は 0 から 3022 の間で変わるので、return 文の式の中で 3023 で割り、戻り値が 0 以上 1 未満になるようにしています。

嬢: seed の値は最初いつも 13 ですね。これだとプログラムを実行するたびに同じ乱数が順番に出てきませんか？

先: それはその通り。本格的には seed の最初の値も時刻とかを使ってなるべくランダムに決めないといけない。それから線形合同法の 3024、1109、3023 という数は他の数でもよいのだけど、いいかげんに選ぶと奇数と偶数が交互に出たりするんだよね。ゲームによっては致命的な問題になったりする。

return 文を使う上で注意するべき点が一つあります。return 文は関数の戻り値を決めるだけでなく、**その関数の本体の実行をそこで打ち切って終わらせる**という働きがあります。return 文は実行すると、文字通りその関数の呼び出し元へ戻って（return して）しまうのです。

このため次の getRandom 関数は思ったように動きません。

```
let seed = 13
function getRandom() {
```

```
  return seed / 3023                      // return 文
  seed = (seed * 3024 + 1109) % 3023   // seed の値を変える
}
```

先ほどとは関数の本体の中の行の順番が逆です。

関数の本体の実行が始まると、まず最初の行の return 文により関数の戻り値が決まります。古い seed の値を 3023 で割った値です。ついで次の行で seed の値を新しい値に変えます。このように読めます。関数の戻り値が新しい seed の値から計算した疑似乱数ではなく、古い seed の値から計算したものになるという違いがありますが、疑似乱数をきちんと計算できそうに見えます。

ところが実際は、最初の行の return 文が戻り値を決めた後、そこで関数の本体の実行が終了してしまいます。その次の行は実行されません。seed の値が古い値のままなので、次に getRandom 関数を呼び出したときも seed の値は同じで、それを 3023 で割った同じ値を戻り値として返してしまいます。いつも同じ値では疑似乱数とはいえません。

友: なんでこんな面倒くさいことになっているの？

先: return 文がそこで実行終了になると都合がよい場合もあるんだよ。たとえば drawSymbol 関数は return 文を使うと `else if` なしの形に書き直せるんだ。

```
function drawSymbol(x) {
  const dice = Math.random()
  pro.rect(x - 5, 70, 40, 40)
  if (dice < 0.3) {           // 0.3 未満なら
    pro.text('☆', x, 100)
    return                    // ここで終了、呼び出し元へ戻る
  }
  if (dice < 0.6) {           // 0.6 未満なら
    pro.text('○', x, 100)
    return                    // ここで終了、呼び出し元へ戻る
  }
  pro.text('♡', x, 100)   // この後、呼び出し元へ戻る
}
```

嬢: `return` の右に式が書いてありませんが...

先: あ、それは戻り値なし、の意味。厳密には戻り値が undefined（未定義）という特別な値になる。だからこの return 文は関数の本体の実行をそこで終わらせる役割しかない。

友: うーん、難しいなぁ。

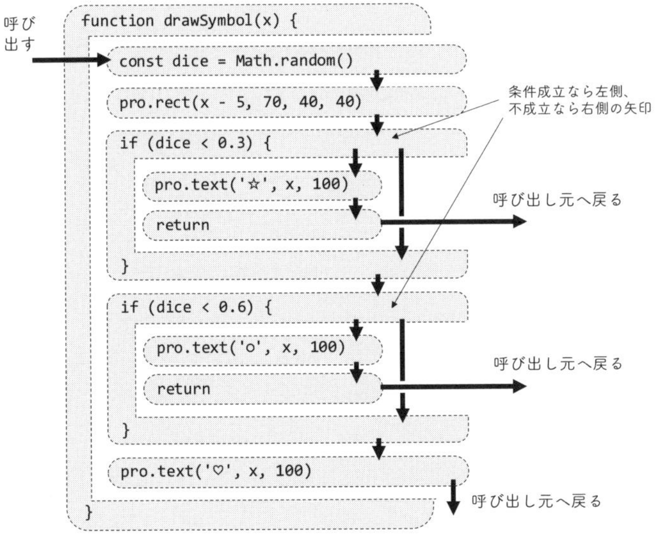

図 11.7 return 文を使って書き直した drawSymbol 関数

先: 図 11.7 を見て欲しい。矢印を追っていくと元の drawSymbol と同じ動きだとわかると思う。図 11.6 と比べるとよいかも。どちらも最後は呼び出し元に戻るのだけど、図 11.6 では最後の行まで一応行ってから戻り、図 11.7 では途中の行から直接戻っている。

友: で、これがどうだっていうの？ 何か良いことあるの？

先: えっ？ `else if` を使わない別な書き方ができることがうれしいかな。

嬢: どちらの書き方の方がよいのですか？

先: `else if` を使う方が三つの場合分けが対等な感じがする。でも、その人の好みによるかなぁ。

友: 好み？ 本当は修行が必要、とかまた言いたいんじゃない？

11.3 いろいろな色で描く

これまで、タートル・グラフィックスのときも、Processing 風プログラミングのときも、選べる色は black、white、red、green、blue の五色だけでした。実際はもっとさまざまな色を選ぶことができます。

色の選び方として **RGB** という方法を紹介します。この方法では赤 (red)、緑 (green)、そして青 (blue) の三原色の明るさの組み合わせで色を選びます。それぞれの明るさの三つの色の光を重ね合わせた色が選ばれます。

Processing 風プログラミングのために筆者が書いたライブラリは RGB で色を選べるように pro.color を用意しています。これを使うと、たとえば

```
const pink = pro.color(255, 192, 221)
pro.background(pink)  // 背景をピンク色で塗りつぶす
```

のようにしてプログラムの中で好きな色を使うことができます。pro.color の引数は三つで、左から赤、緑、青の明るさです。明るさは 0 から 255 の整数で表現します。255 にすると最も明るくなります。上の例の場合、明るさはそれぞれ赤が 255、緑が 192、青が 221 です。

pro.color には戻り値があり、三つの引数によって選ばれた色（を表す文字列）です。この戻り値は black や white などの代わりに pro.background などの引数にすることができます。戻り値が文字列と聞くと不思議に思うかもしれませんが、**戻り値が文字列でも、数値の場合と考え方は同じ**です。どのような文字列がどのような色を表すかは、CSS（Cascading Style Sheets、カスケーディング・スタイル・シート）という規格で決まっています。たとえば #ffa500 という文字列はオレンジ色を表します。

pro.color を使った簡単なプログラムを示します。このプログラムを動かすと、図 11.8 のように円を六つ描きますが、円の色は画面上のポインタ（マウス・ポインタ）の現在位置によって決まります。六つの円が描かれているペイン（四角い枠の区画）の中でポインタの位置を動かすと（あるいは異なる場所をタッチすると）円の色が連動して変わります。

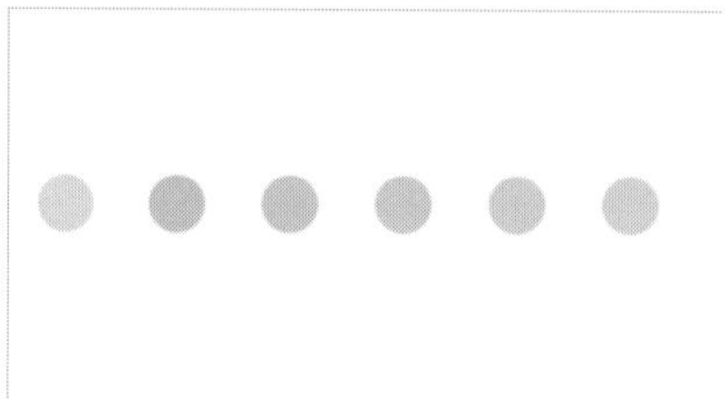

図 11.8　六つの円

```
1  function draw() {
2    pro.background(white)                            // 背景を白く塗りつぶす
3    const red = pro.mouseX * 255 / pro.width         // 赤の明るさ
4    const green = pro.mouseY * 255 / pro.height      // 緑の明るさ
5    for (const i of range(6)) {
6      pro.noStroke()                                 // 線なし
7      const c = pro.color(red, green, i * 40)
8      pro.fill(c)                                    // 塗りつぶし色を指定
9      pro.circle(i * 60 + 30, 100, 15)               // 円を描く
10   }
11 }
12
13 pro.start()
```

draw 関数はまず 2 行目で背景を白く塗りつぶします。次に 3 行目と 4 行目で赤と緑の明るさをポインタの現在位置から計算して定数 red と green の値にします。

画面上のポインタの現在の x 座標は pro.mouseX で、y 座標は pro.mouseY です。pro.width と pro.height は円が描かれているペイン（四角い枠の区画）の幅と高さです。これらを用いて赤と緑の明るさを計算します。* はかけ算、/ は割り算を表す記号でした。ポインタをペインの左端によせると red の値は 0 に近づき、右端に寄せると 255 に近づきます。同様に green の値は、ポインタをペインの上端に寄せると 0 に近づき、下端に寄せると 255 に近づきます。

続く for...of 文によって六つの円を描きます。ブロックの中を 6 回繰り返し実行します。ブロックの中では定数 i の値が今何回目の繰り返しを実行中か、つまり何番目の円を描いているかを表します。

for...of 文のブロックの中では、まず 6 行目で円の輪郭線を描かないことにし、7、8 行目で円の色を決めています。7 行目で pro.color を呼び出し、目的の色（の文字列）を戻り値として得ます。次に 8 行目でそれを引数にして pro.fill を呼び出し、円の色を決めます。

7 行目の pro.color の 3 番目の引数 `i * 40` は青の明るさです。青の明るさは、ポインタの位置に関係なく、何番目の円であるかによって決めます。定数 i の値（何番目の円であるか）が増えるにつれて 0、40、80、...、200 と変わります。

> **先:** 7 行目と 8 行目は一行にまとめることもできるよ。
>
> ```
> pro.fill(pro.color(red, green, i * 40))
> ```
>
> 元の 8 行目の c とあるところに `pro.color(...)` を直接書いている。開き括弧 (と閉じ括弧) の対応に注意して。まず pro.color を呼び出し

て戻り値を受け取り、その戻り値を直接 pro.fill の引数にして呼び出すんだ。

嬢: 途中に定数 c をはさまない、ってことでしょうか... けっこう難しいですね。

ブロックの中の最後の 9 行目では実際に円を描きます。円の中心の y 座標は 100 に、半径は 15 に固定です。六つの円を左から右に順に並べて描くように、i 番目の円の中心の x 座標は $i \times 60 + 30$ と計算して決めます。例によって表にすると、i が 1 増えるごとに x 座標は 60 ずつ増えることがわかります。

i	0	1	2	3	4	5
x 座標	30	90	150	210	270	330

このような計算で色を決めて円を描くことで、少しずつ異なる色の円が横に六つ並んで描かれます。

章のまとめ

- **return 文**
  関数の戻り値（もどりち）を決め、関数の本体の実行をそこで終了する。

  ```
  return  式
  ```

  式の計算結果が戻り値となる。式を省略すると、戻り値はなし、の意味になる。

- **標準ライブラリ**
  プログラミング言語の中に最初から組み込まれておりインストールなしで使えるライブラリ。

- **Math.random()**
  疑似乱数を戻り値として返す関数。JavaScript 言語の標準ライブラリに含まれる。

第12章 オブジェクトで値の組を扱う

プログラムが複雑になってくると、いくつかの値をまとめて扱いたくなってきます。たとえば座標なら x 座標の値と y 座標の値をまとめて一つのものとして扱えると便利な場合があります。

そのようなときに役立つのがオブジェクトです。本章ではこのオブジェクトの基本を学びます。オブジェクトの使い方は奥深く、本章の例はオブジェクトの使い方のごくごく初歩的なものですが、まずは簡単なところから始めます。

12.1 壁に当たって跳ね返るボール

最初に例として、一つのボールが四方の壁に当たっては跳ね返る動画のプログラムを書きます（図 12.1）。まずは動画のプログラムを書きますが、次章以降、

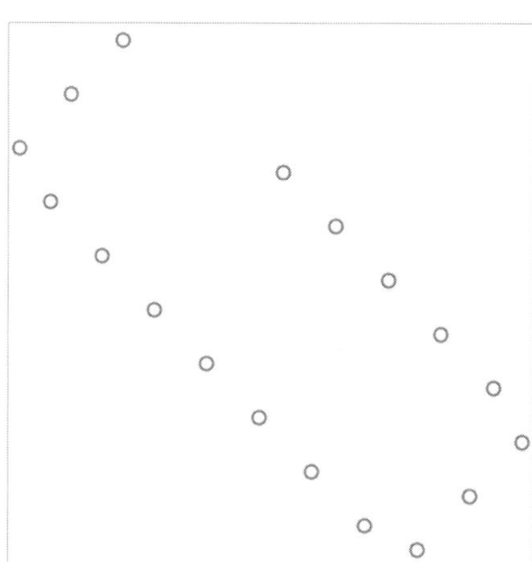

図 12.1 四方の壁に当たって跳ね返るボール（軌跡を残しています）

プログラム 12.1　四つの大域変数を使う

```
1  let x = 200      // x 座標
2  let y = 100      // y 座標
3  let dx = 10      // x 方向の毎回の移動距離
4  let dy = 10      // y 方向の毎回の移動距離
5
6  function draw() {
7    pro.background(white)   // 背景を白く塗りつぶす
8    x = x + dx              // x 座標を変更
9    y = y + dy              // y 座標を変更
10
11   // 左右の壁に当たったときの処理
12   if (x < 0) {
13     x = -x
14     dx = -dx
15   } else if (x > pro.width) {
16     x = pro.width * 2 - x
17     dx = -dx
18   }
19
20   // 上下の壁に当たったときの処理
21   if (y < 0) {
22     y = -y
23     dy = -dy
24   } else if (y > pro.height) {
25     y = pro.height * 2 - y
26     dy = -dy
27   }
28
29   pro.circle(x, y, 5)   // ボールを描く
30 }
31
32 pro.frameRate(20)   // 毎秒 20 フレームに設定
33 pro.start()         // 動画の開始
```

これを拡張していって最後はブロック崩しと呼ばれる種類のゲームにします。

最初はオブジェクトを使わずに、これまでに学んだ手法だけを使ってプログラムを書いてみます。プログラム 12.1 がそのプログラムです。動いているボールの位置や動く向きを表すために、x、y、dx、dy の四つの大域変数が 1 行目から 4 行目にかけて宣言されています。x と y はボールの x 座標と y 座標です。動画ですからボールの位置は draw 関数が呼び出されるたびに移動します。dx と dy はこの毎回の x、y 方向のボールの移動距離を表します。これらは draw 関数が呼び出されるたびに、それぞれ x と y に足されます。

> **先:** 物理を知っていれば、dx と dy はボールの x 方向と y 方向の速度のことだってわかるね。dx と dy の d は differential（差分）の d だよ。

draw 関数は呼び出されると、8 行目と 9 行目で x と y の値を新しい値に変えます。

```
8      x = x + dx
9      y = y + dy
```

新しい値は = の右辺の式の計算結果です。これは x と y の古い値に dx と dy を足したものです。これによりボールの位置 (x, y) が新しい座標に変わります。そして、29 行目でこの新しい位置にボールを描きます。

x と y は大域変数ですから、この新しい座標は、後で再び draw 関数が呼び出されたときには今度は古い値として右辺の式の計算に使われます。こうして draw 関数が呼び出されるたびに、x と y の値は少しずつ変化していくのです。

先: ここからボールが壁に当たったときの説明が始まるけど、難しい計算をしてボールの位置を調節しないといけない、ということが理解できれば十分だから。

もしボールが上下左右の壁に当たったのなら、ボールの新しい位置は単純に x と y に dx と dy を足しただけでは求まりません。正しい位置になるように調節が必要です。左右の壁に当たったときの調節は 12 行目から 18 行目までの if 文が、上下の壁に当たったときの調節は 21 行目から 27 行目の if 文がおこないます。このプログラムでは動画が描かれているペイン（四角い枠の区画）の枠を壁と見なします。左右の壁でも上下の壁でも、どちらも考え方は同じなので、以下では左右の壁に当たった場合の調節に必要な処理を説明します。

まず図 12.2 で、左の壁のそばの A の位置にボールがあるとします。次に、その座標 x と y に dx と dy を足したら、新しい座標が B′ の位置になったとします。B′ の位置では壁を突き抜けたことになるので、正しい B の位置に座標を調節しなければなりません。B の位置も B′ の位置も、壁からの距離は同じなので、B′ の位置の y 座標はそのままで、x 座標だけ符号を反転させると B の位置になります。たとえば x 座標が -2 なら 2 に変えます。

これを実行するのが 13 行目の `x = -x` です。これは変数 x の現在の値に -1 を掛けた計算結果を変数 x の新しい値にする、という意味です。$-2 \times -1 = 2$、$2 \times -1 = -2$ のように、一般に -1 を掛けると符号が逆になります。

壁に当たったら dx の値も符号を逆にします。図 12.2 の場合、最初にボールが A の位置にあったとき、ボールは左に向かって動いていますから dx の値は負の

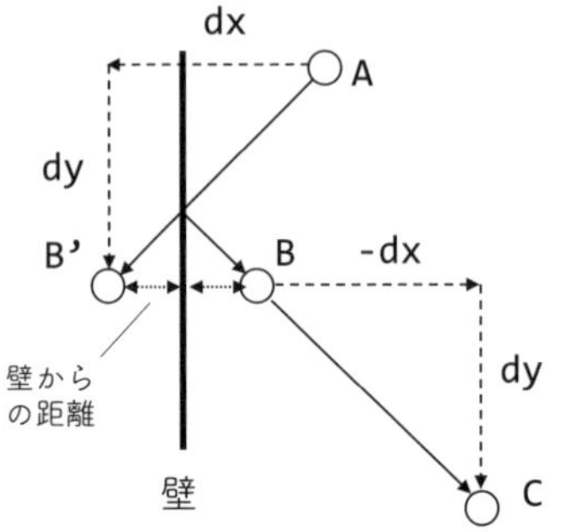

図 12.2　左の壁に当たって跳ね返る

数です。壁に当たった後は反対方向に動くので、dx の値も −1 を掛けた結果の正の数に変えます。これを実行するのが 14 行目の `dx = -dx` です。dy の値は変える必要ありません。これにより B の後は正しく C の位置へボールが動きます。

ボールの位置が左の壁を突き抜けているかどうかは、12 行目の if 文の条件 `x < 0` で調べています。左の壁の x 座標は 0 だからです。これが成り立つときに 13 行目と 14 行目を実行します。

この 12 行目の if 文の形は第 10 章 10.2 節の図 10.5 の if 文と同じで、`else if` があり最後の `else` がない形です。12 行目の条件 `x < 0` が成り立たないときは、次に 15 行目の条件 `x > pro.width` を調べます。pro.width はペインの幅で、右の壁の x 座標でもあります。ボールの x 座標が右の壁の x 座標より大きいときは壁を突き抜けているので、16 行目と 17 行目を実行して必要な調節をします。15 行目の条件も成り立たないときは、左右どちらの壁にも当たっていないので、何もしません。

16 行目は説明が必要かもしれません。考え方は 13 行目と同じです。右の壁を突き抜けているとき、壁とボールの距離は `x - pro.width` です。正しい x 座標を得るには、壁の x 座標からこの距離を引けばよいので、

```
  pro.width - (x - pro.width)
= pro.width * 2 - x
```

が新しい x の値となります。

> **友:** かなり難しいよね、これ。心が折れるなあ。
>
> **先:** えー、そんなこと言わないで欲しいなあ。

さて、プログラム 12.1 では動くボールは一つでしたが、ボールが二つになるようにプログラムを拡張することを考えます。ほぼ同じことを二つのボールに

プログラム 12.2 二つのボールを動かす

```
// 一つ目のボールのための大域変数
let x = 200     // x 座標
let y = 100     // y 座標
let dx = 10     // x 方向の毎回の移動距離
let dy = 10     // y 方向の毎回の移動距離

// 二つ目のボールのための大域変数
let x2 = 100    // x 座標
let y2 = 100    // y 座標
let dx2 = 10    // x 方向の毎回の移動距離
let dy2 =  3    // y 方向の毎回の移動距離

function draw() {
  pro.background(white)  // 背景を白く塗りつぶす

  // 一つ目のボールの移動と表示
  x = x + dx    // x 座標を変更
  y = y + dy    // y 座標を変更

  // 左右の壁に当たったときの処理
  if (x < 0) {
    x = -x
    dx = -dx
  } else if (x > pro.width) {
    x = pro.width * 2 - x
    dx = -dx
  }

  // 上下の壁に当たったときの処理
  if (y < 0) {
    y = -y
    dy = -dy
  } else if (y > pro.height) {
    y = pro.height * 2 - y
    dy = -dy
  }

  pro.circle(x, y, 5)  // 一つ目のボールを描く

  // 二つ目のボールの移動と表示
  x2 = x2 + dx2    // x 座標を変更
  y2 = y2 + dy2    // y 座標を変更

  // 左右の壁に当たったときの処理
  if (x2 < 0) {
    x2 = -x2
    dx2 = -dx2
  } else if (x2 > pro.width) {
    x2 = pro.width * 2 - x2
    dx2 = -dx2
  }
```

プログラム 12.3　二つのボールを動かす（続）

```
52
53     // 上下の壁に当たったときの処理
54     if (y2 < 0) {
55       y2 = -y2
56       dy2 = -dy2
57     } else if (y2 > pro.height) {
58       y2 = pro.height * 2 - y2
59       dy2 = -dy2
60     }
61
62     pro.circle(x2, y2, 5)  // 二つ目のボールを描く
63   }
64
65   pro.frameRate(20)  // 毎秒 20 フレームに設定
66   pro.start()        // 動画の開始
```

対して実行すればよいのですが、これまでに学んだやり方だけでは、短いプログラムでうまく表現することができません。

素直に考えるとプログラム 12.2・12.3 のようなプログラムを書いてしまいそうです。このプログラムでは二つ目のボール用に x2、y2、dx2、dy2 の四つの大域変数を宣言します（8 行目から 11 行目）。そして一つ目のボールを動かして新しい位置にボールを描いた後、二つ目のボールに対しても同じことをします。変数の名前こそ少しだけ違いますが、17 行目から 38 行目と**ほぼ同じプログラム**が 41 行目から 62 行目に繰り返されます。この繰り返しは明らかに無駄です。

12.2　オブジェクトを作る

同じようなプログラムが繰り返し重複して現れるときは関数か for...of 文を使って重複を避けるのでした。しかし本章の例のようにプログラムの重複部分で変数の値を変えている場合はうまくいきません。そのようなときは**オブジェクト**を関数や for...of 文とともに使うことで対処します。英語のオブジェクト (object) は、モノ、対象、という意味の言葉です。

プログラム 12.2・12.3 を元に、オブジェクトを使うように書き直したプログラムをプログラム 12.4 に示します。このプログラムでは、これまでボール一つにつき四つの大域変数を使っていたのをやめ、それらをボールごとに束ねて一つにしたものを使います。これがオブジェクトです。

プログラム 12.4 では大域変数 ball1 と ball2 の値がオブジェクトです (図 12.3)。変数の値がオブジェクト、というと難しそうですが、要はオブジェクトには ball1

プログラム 12.4 オブジェクトを使って書き直す

```
// 二つのボールを表す大域変数の宣言
let ball1 = { x: 200, y: 100, dx: 10, dy: 10 }
let ball2 = { x: 100, y: 300, dx: 5, dy: -10 }

// 新しいボールの位置を計算する move 関数の宣言
function move(b) {
  let newX = b.x + b.dx
  let newY = b.y + b.dy
  let newDx = b.dx
  let newDy = b.dy
  if (newX < 0) {      // 左右の壁に当たったときの処理
    newX = -newX
    newDx = -newDx
  } else if (newX > pro.width) {
    newX = pro.width * 2 - newX
    newDx = -newDx
  }

  if (newY < 0) {      // 上下の壁に当たったときの処理
    newY = -newY
    newDy = -newDy
  } else if (newY > pro.height) {
    newY = pro.height * 2 - newY
    newDy = -newDy
  }

  return { x: newX, y: newY, dx: newDx, dy: newDy }
}

// draw 関数の宣言
function draw() {
  pro.background(white)                  // 背景を白く塗りつぶす
  ball1 = move(ball1)                    // ball1 の値を更新
  pro.circle(ball1.x, ball1.y, 5)   // 一つ目のボールを描く
  ball2 = move(ball2)                    // ball2 の値を更新
  pro.circle(ball2.x, ball2.y, 5)   // 二つ目のボールを描く
}

pro.frameRate(20)     // 毎秒 20 フレームに設定
pro.start()           // 動画の開始
```

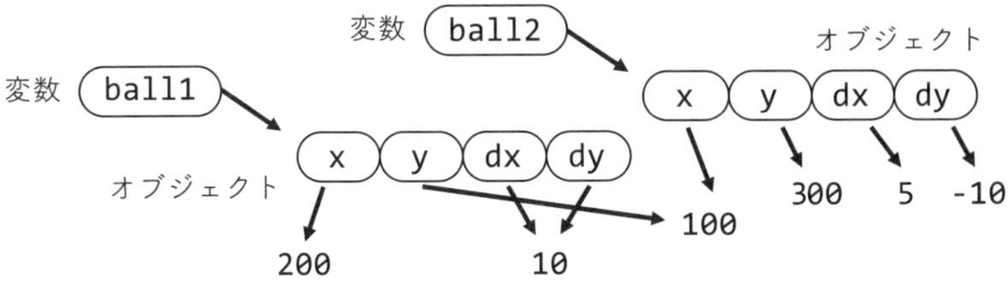

図 12.3 ボールを表す二つのオブジェクト（矢印は名前と値の対応を示す）

{ 名前 : 式 , 名前 : 式 , … 略 … }

図 12.4　オブジェクトを作る式

オブジェクト . プロパティ名

図 12.5　オブジェクトのプロパティの値を使う

や ball2 のような名前をつけ、**その名前を通して使う**、ということです。変数や定数は、何かの値につけた名前のようなものでした。

オブジェクトは変数をいくつか束ねたものですが、束ねられた変数は「変数」ではなく**プロパティ**（property、特性）と呼ばれます。したがって正確には、**オブジェクトはプロパティをいくつか束ねたもの**です。

オブジェクトを作るには、図 12.4 のように**プロパティの名前と値の組**をコロン : でつないだものを波括弧 {} で囲みます。他の方法もあるのですが、まずはこれが基本です。値の部分には式を書くこともできます。名前と値の組が複数ある場合は、カンマで区切ります。

たとえば ball1 のオブジェクトは、元の大域変数 x、y、dx、dy に対応する同名のプロパティを一つに束ねたものです。具体的には 2 行目の波括弧 {} で囲まれた部分

```
{ x: 200, y: 100, dx: 10, dy: 10 }
```

を実行すると作られます。作られるオブジェクトに含まれる x の値は 200、y の値は 100、dx と dy の値は 10 です。これら四つのプロパティを束ねたものが ball1 のオブジェクトです。

束ねたプロパティの値を使いたいときは、そのオブジェクト（が値である定数や変数など）の右にドット（ピリオド）. をはさんでプロパティの名前を書きます（図 12.5）。たとえばプログラム 12.4 の 34 行目の `ball1.x` は 2 行目で作った変数 ball1（の値）のオブジェクトのプロパティ x を意味します。つまり ball1 と名前をつけたオブジェクトのプロパティ x です。同様に同じ 34 行目の `ball1.y` は ball1 のプロパティ y を意味します。

プロパティの値を変えるときは、普通の変数の場合と同様に = の左辺に値を変えたいプロパティを書きます。右辺には新しい値を計算するための式を書きます（図 12.6）。たとえば

```
ball1.x = ball1.x + 10
```

オブジェクト . プロパティ名 = 式

図 12.6 オブジェクトのプロパティの値を変える

と書くと、ball1 のオブジェクトのプロパティ x の値が 10 増えます。つまり、プロパティ x の古い値に 10 足した値がプロパティ x の新しい値になります。

> **嬢:** ball1 も ball2 も、プロパティの名前として x、y、dx、dy を使っています。同じでよいのですか？ 大域変数のときは違う名前でした。
>
> **友:** ball2 の方は、x2、y2、dx2、dy2 を使うのかなって思うよね。
>
> **先:** 名前のスコープ（有効範囲）はそれぞれのオブジェクトの中だけなんだ。スコープが互いに異なるから両方 x、y、dx、dy でいいんだよ。むしろ同じ方が ball1 と ball2 を同じように扱えるから都合がいい。これ、**オブジェクトを使う場合のコツ**かも。

オブジェクトを使うように書き直した後の draw 関数について説明します。この関数は呼ばれるたびに、まず 32 行目で背景を白で塗りつぶします。オブジェクトを使わない元のプログラムの draw 関数は、この後に大域変数 x や y の値を個別に変えてボールの位置を動かしました。オブジェクトを使う新しいプログラムでは、**新しい値の x や y を束ねたオブジェクトを新たに作り**、それを大域変数 ball1 や ball2 の**新しい値にします**。個別に変えるのではなく、**まとめて変えます**。

新しいオブジェクトを作る部分は分離して move 関数にします。このため draw 関数の中でたとえば ball1 の値を変える 33 行目は次のような行です。

```
33   ball1 = move(ball1)
```

この行は、大域変数 ball1 のオブジェクトを引数にして move 関数を呼び出し、戻り値の新しいオブジェクトを ball1 の新しい値とする（図 12.7)、と読みます。つまり**新しいオブジェクトの方を ball1 という名前にし**、それまで ball1 という名前だった古いオブジェクトを名無しにします（名無しのオブジェクトは以後使われないので、やがて自動的に消されます)。後で詳しく説明しますが move 関数は引数で渡されたオブジェクトの中身のプロパティから新しいボールの位置を計算し、**新しい位置を表すオブジェクトを新たに作成して**戻り値として返します。

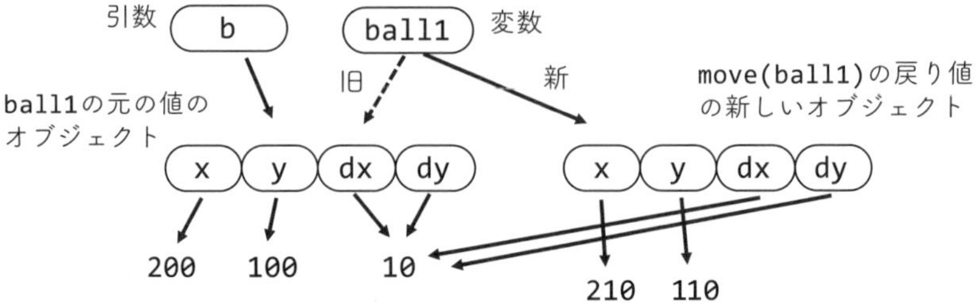

図 12.7　大域変数 ball1 の値は始め点線の先の左のオブジェクトだが、33 行目の実行後は実線の先の右のオブジェクトに変わる。

34 行目は、ball1 の新しいオブジェクトを使ってボールを描きます。具体的には

```
34   pro.circle(ball1.x, ball1.y, 5)
```

により、ball1 のオブジェクトのプロパティ名 x の値と y の値を中心の座標にして半径 5 の円を描きます。

同様のことをもう一つのボール ball2 の方にもおこないます。同じ move 関数を ball2 を引数に呼び出し、新しい ball2 のオブジェクトを参照してボールを描きます。このようにして 39、40 行目でフレーム・レートを設定した後に動画を開始するとプログラム 12.2・12.3 と同じ動画が得られます。

最後に move 関数を説明します。宣言は 6 行目から 28 行目までです。少し長いので、見やすいように壁に当たったときの処理を省略すると、次のようになります。

```
function move(b) {
  let newX = b.x + b.dx
  let newY = b.y + b.dy
  let newDx = b.dx
  let newDy = b.dy
  // 壁に当たったときの処理（省略）
  return { x: newX, y: newY, dx: newDx, dy: newDy }
}
```

この関数の引数は b ですが、この値もオブジェクトです。最初に `move(ball1)` と呼び出したときは、b の値は ball1 と同じオブジェクトとなります。つまり同じオブジェクトに b と ball1 の**二つの名前がつきます**。したがって move 関数の本体を実行中、たとえば b.x は ball1.x と同じ値です。move 関数は引数のオブジェクトのプロパティの値を調べながら、プログラム 12.2・12.3 と同じ方法で新しいボールの位置を計算します。計算結果は、newX、newY、newDx、newDy

の四つの変数の値となります。壁に当たったときの処理の中で値を変えることがあるので、定数ではなくて変数を使います。

move 関数の本体の最後の行は return 文です。計算結果である、四つの変数の値を束ねたオブジェクトを作り、戻り値として返します。数や文字列だけでなく、**関数はオブジェクトを返すこともできます**。オブジェクトは名前と値の組を波括弧 `{}` で囲んだ式で作ります。`return` に続く波括弧 `{}` がそれです。たとえば最初のプロパティは名前 x と変数 newX の値の組です。

move 関数は ball2 の値を更新するのにも使えます。`move(ball2)` と呼び出すと、関数本体を実行中、引数 b の値は今度は ball2 と同じオブジェクトです。つまり b は ball2 のオブジェクトの**別名になります**。最後の return 文は ball2 を元に計算した新しいボールの位置や移動距離を表すオブジェクトを返します。

このようにオブジェクトを使うことで、ボールの位置や毎回の移動距離を新しい値に更新する部分を共通の move 関数にできました。これならボールの数が増えても move 関数を再利用できるので、プログラムの全体的な長さは短くなります。実際、プログラム 12.4 の行数はプログラム 12.2・12.3 と比べて 3 分の 2 以下です。

先: ほら、ball1 も ball2 も、同じ x、y、dx、dy を名前として使っているから move 関数を両方に使えるんだよ。同じにしてよかったでしょ？

嬢: でも、あの。

友: どうしたの？

嬢: move は呼び出されるたびに新しいオブジェクトを作りますよね。要は変数をいくつも作るのですよね。そんなにたくさん作って大丈夫なんですか？

先: あ、それは大丈夫。不要になったオブジェクトは自動的に消されるから。**ガベージコレクション**（garbage collection、ゴミ集め）っていう機能だよ。

12.3 プロパティの値を変える

オブジェクトはプロパティを束ねたもので、プロパティは変数に似たもので

プログラム 12.5　プロパティの値を変更する move 関数

```
// 二つのボールを表す定数の宣言
const ball1 = { x: 200, y: 100, dx: 10, dy: 10 }
const ball2 = { x: 100, y: 300, dx: 5, dy: -10 }

// move 関数の宣言
function move(b) {
  b.x = b.x + b.dx          // プロパティ x の値を変更
  b.y = b.y + b.dy          // プロパティ y の値を変更
  if (b.x < 0) {            // 左右の壁に当たったときの処理
    b.x = -b.x
    b.dx = -b.dx
  } else if (b.x > pro.width) {
    b.x = pro.width * 2 - b.x
    b.dx = -b.dx
  }

  if (b.y < 0) {            // 上下の壁に当たったときの処理
    b.y = -b.y
    b.dy = -b.dy
  } else if (b.y > pro.height) {
    b.y = pro.height * 2 - b.y
    b.dy = -b.dy
  }
}

// draw 関数の宣言
function draw() {
  pro.background(white)               // 背景を白く塗りつぶす
  move(ball1)                         // ball1 のプロパティを更新
  pro.circle(ball1.x, ball1.y, 5)     // 一つ目のボールを描く
  move(ball2)                         // ball2 のプロパティを更新
  pro.circle(ball2.x, ball2.y, 5)     // 二つ目のボールを描く
}

pro.frameRate(20)      // 毎秒 20 フレームに設定
pro.start()            // 動画の開始
```

した。変数と同様、**プロパティの値はプログラムの実行途中で変更することができます**。

プロパティの値を途中で変更できることを利用してプログラム 12.4 を書き換えたものをプログラム 12.5 に示します。長さは少し短くなります。元のプログラム 12.4 ではボールの位置を動かすたびに新しいオブジェクトを作りました。書き換え後のプログラム 12.5 では新しいオブジェクトは作らず、**古いオブジェクトを使い続けます**。その代わり古いオブジェクトのプロパティの値を新しい値に変えます。

最初、12.1 節では大域変数 x や y の値を変えました。つぎに 12.2 節では、プロパティ x や y の値が違うオブジェクトを新たに作って、ball1 や ball2 の値を

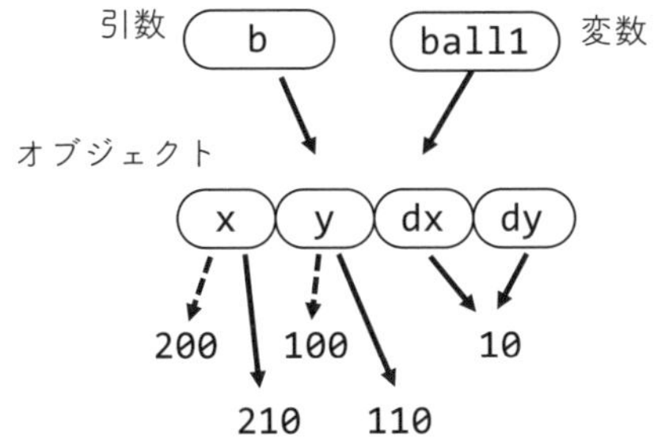

図 12.8 move 関数の呼び出し前後で x と y の値が変わる。呼び出し前は点線の先の値だが、その後は実線の先の値になる。ball1 の値は同じオブジェクトのまま。

それに変えました。今度は ball1 や ball2 の値のオブジェクトは変えません。オブジェクトはそのままに、そのプロパティ x や y の値だけを変えます。やることはいつも同じですが**値を変えるものが違う**のです。

新しいプログラム 12.5 が元のプログラム 12.4 から変わるのは主に move 関数の本体で、最初に示したプログラム 12.1 によく似た形になります。また move 関数の戻り値がなくなるので、draw 関数もそれに合わせて変わります。

新しい move 関数は、ball1 または ball2 のオブジェクトを引数として受け取るのは同じですが、受け取ったオブジェクトのプロパティの値を必要に応じて直接変更します（図 12.8）。**変更後の値をもつオブジェクトを新たに別に作ることはせず**、戻り値もありません。

したがって draw 関数は、たとえば 29 行目で

```
move(ball1)
```

と move 関数を呼び出しますが、呼び出すだけで戻り値を ball1 の新しい値にすることはありません。呼び出すと ball1 のオブジェクトのプロパティの値が変わるので、30 行目で新しい値を使ってボールを描くだけです。プロパティの値は変わりますが、ball1 の値はずっと同じオブジェクトです。値が変わらないので ball1 や ball2 は**定数**にしました。

嬢: オブジェクトは同じですがプロパティの値は変わるのですよね。それでも定数なんですか？ 全体としては変わっているじゃないですか。

先: 同じオブジェクトのままなら定数と思うことになっている。君らの細胞もどんどん入れ替わっているけど君らは君らのままじゃないか。

前節と同様、見やすいように壁に当たったときの処理を省略した move 関数を示すと次のようになります。

```
function move(b) {
  b.x = b.x + b.dx
  b.y = b.y + b.dy
  // 壁に当たったときの処理（省略）
}
```

この関数の役目は引数 b のオブジェクトのプロパティの値を変えることだけです。move 関数の中でプロパティの値を変えると、**その変更は関数の終了後もずっと残ります**。大域変数の値の変更と同じです。

たとえば move 関数の本体の最初の行はプロパティ x の値を変更します。

```
b.x = b.x + b.dx
```

= の左辺が値を変更するプロパティで、変更後の新しい値は = の右辺の式の計算結果です。`b.x` と `b.dx` は、それぞれ b のプロパティ x とプロパティ dx の値です。右辺の `b.x` の値はこの行の実行によって変わる前の古い値です。

オブジェクトのプロパティは変数とほとんど同じように扱えます。実際、move 関数の本体は、プログラム 12.1 の対応する部分を抜き出して、大域変数 x や y を `b.x` や `b.y` に単純に置き換えたものです。オブジェクトのプロパティを大域変数と同じように使うわけですが、大域変数を使うプログラムと違って、move 関数一つで二つのボールを処理できているのが特徴です。呼び出すときの引数を ball1 にするか ball2 にするかで、どちらのボールを処理するかが変わります。同じことをするプログラム 12.2・12.3 と比べるとプログラムがずっと短くなります。

友: で、どのプログラムが一番いいの？ どうせまた好みによる、だろうけど。

先: うん、好みだねえ。オブジェクトの使い方としてはプログラム 12.5 の方が普通だと思う。でもプログラム 12.4 の方も最近は好まれているかも。

章のまとめ

- **オブジェクト**

  名前と値の組（ペア）をいくつか束ねたもの。個々の名前と値の組のことを**プロパティ**という。プロパティは変数のようなものと考えることができる。

  オブジェクトを作るには次のような形の式を書く。

  { 名前 : 式 , 名前 : 式 , …略… }

  次のような式はオブジェクトのプロパティの値を意味する。

  オブジェクト . プロパティ名

  ドット（ピリオド）の左側は値がオブジェクトであるような定数や変数、または式を書く。

  プロパティの値を変えるには次のように書く。

  オブジェクト . プロパティ名 = 式

  式の計算結果がプロパティの新しい値になる。

第13章

関数とオブジェクト

前章では、いくつかの値をまとめて扱うためにオブジェクトを利用しました。オブジェクトは変数をいくつか束ねたようなものと説明しましたが、実は変数だけでなく関数も束ねることができます。オブジェクトは、いくつかの変数とそれを元に何らかの計算をおこなう関数を束ねたもの、と考えることができます。

変数と共にオブジェクトに束ねられた関数のことを**メソッド**と呼びます。本章では、まず前章のプログラムを書き換えてパドルでボールを打ち返す簡単なゲームに拡張します。そして、拡張したプログラムを題材に、メソッドの使い方やその効果について学びます。

13.1 パドルでボールを打ち返す

第 12 章のプログラム 12.5 では、上下左右の壁で囲まれた部屋の中をボールが跳ね回るだけでした。このプログラムを書き換えて、下の壁をなくして代わりにパドルを置き、これを左右に動かしてボールに当てるゲームにしてみます (図 13.1)。パドルにボールが当たればボールが跳ね返り、そうでなければ失敗となってゲームが終了します。

プログラム 12.5 からの修正点は、パドルを表すオブジェクトを追加することと、下の壁に当たったときの処理を削除してパドルで打ち返す処理に置き換えることです。またパドルを動かす処理も追加が必要です。今回は画面上のポインタ（マウス・ポインタ）を追いかけるようにパドルが左右に動くようにします。

書き直したプログラムをプログラム 13.1・13.2 に示します。だいぶ長くなりますが基本的な構成は同じです。大きな違いは movePaddle 関数が追加されたことぐらいです。以下、順に説明していきます。

冒頭の 2 行目と 3 行目ではボールを表すオブジェクトを二つ作り、定数 ball1 と ball2 とします。特定の関数の中ではなくプログラム全体のどこでも使える

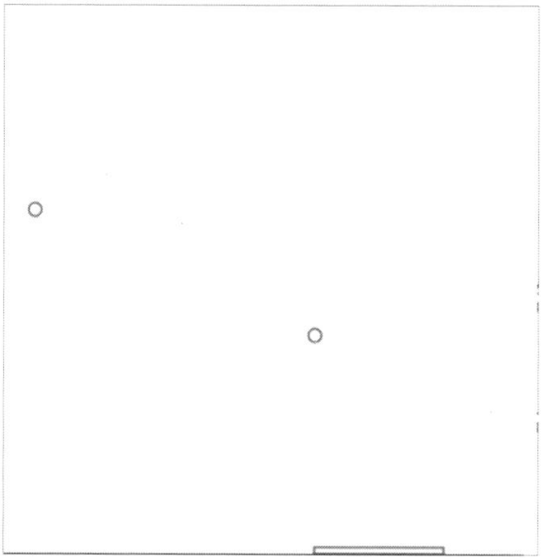

図 13.1 パドルで二つのボールを打ち返す

ので、これらは大域的な定数です。

```
2  const ball1 = { x: 200, y: 100, dx: 5, dy: 5 }
3  const ball2 = { x: 100, y: 300, dx: 3, dy: -5 }
```

プログラム 12.5 とほぼ同じですが、プロパティ dx と dy の値を少し小さくしてボールの速度を遅くします。これらの値は draw 関数が呼ばれるたびに毎回ボールを水平・垂直方向に移動させる距離ですが、要はボールの速さを表す値でした。この値を小さくしてゲームとして易しく遊べるようにします。難しいゲームにするのならこの値を大きくしてください。

次の 5 行目でパドルを表すオブジェクトを作ります。

```
5  const paddle = { x: 100, dx: 10, width: 100, height: 5 }
```

作ったオブジェクトは定数 paddle の値となります。このオブジェクトのプロパティは、パドルの左端の x 座標を表す x、x 軸方向に動かす場合の移動距離 dx（移動速度)、パドルの幅を表す width、厚み（高さ）を表す height の四つです。パドルは水平方向にしか動かないので y 座標は固定です。そのためのプロパティは不要です。

元の move 関数は moveBall 関数に名前を変え、さらにパドルで打ち返される処理を追加します。名前を変えなくてもよいのですが、他に movePaddle 関数もあるので、対になるように moveBall 関数と変えます。この関数の宣言は 8 行目からです。引数は b の他に pad を追加しました。pad の値はパドルを表すオ

プログラム 13.1　パドルでボールを打ち返す

```
// 二つのボール（速度を遅くする）
const ball1 = { x: 200, y: 100, dx: 5, dy: 5 }
const ball2 = { x: 100, y: 300, dx: 3, dy: -5 }
// パドル
const paddle = { x: 100, dx: 10, width: 100, height: 5 }

// moveBall 関数の宣言
function moveBall(b, pad) {
  b.x = b.x + b.dx
  b.y = b.y + b.dy

  // 左右の壁に当たったときの処理
  if (b.x < 0) {
    b.x = -b.x
    b.dx = -b.dx
  } else if (b.x > pro.width) {
    b.x = pro.width * 2 - b.x
    b.dx = -b.dx
  }

  if (b.y < 0) {
    // 上の壁に当たったとき
    b.y = -b.y
    b.dy = -b.dy
  } else if (b.y > pro.height - pad.height) {
    // 下の壁近くに到達したとき
    if (pad.x <= b.x && b.x <= pad.x + pad.width) {
      // パドルに当たっていれば跳ね返る
      b.y = (pro.height - pad.height) * 2 - b.y
      b.dy = -b.dy
      b.dx = b.dx + (b.x - (pad.x + pad.width / 2)) / 5
      pro.beep()     // 音を鳴らす
    }
  }
}

// movePaddle 関数の宣言
function movePaddle(pad) {
  if (pro.mouseX < pad.x) {
    pad.x = pad.x - pad.dx     // パドルを左へ
  } else if (pad.x + pad.width < pro.mouseX) {
    pad.x = pad.x + pad.dx     // パドルを右へ
  }
}
```

ブジェクトです。

先: moveBall 関数の引数の pad はなくてもよい。パドルのオブジェクトは一つしかないから、moveBall 関数の中の pad をすべて定数 paddle に置き換えても正しく動く。

嬢: ボールは二つあるから、ball1 と ball2 を切り替えて moveBall 関数を

プログラム 13.2 パドルでボールを打ち返す（続）

```

// draw 関数の宣言
function draw() {
  pro.background(white)                           // 背景を白く塗りつぶす
  movePaddle(paddle)                              // パドルを動かす
  pro.rect(paddle.x, pro.height - paddle.height,
           paddle.width, paddle.height)           // パドルを描く
  moveBall(ball1, paddle)                         // 一つ目のボールを動かす
  pro.circle(ball1.x, ball1.y, 5)                 // 一つ目のボールを描く
  moveBall(ball2, paddle)                         // 二つ目のボールを動かす
  pro.circle(ball2.x, ball2.y, 5)                 // 二つ目のボールを描く

  // ボールが下の壁を越えたら終了
  if (ball1.y > pro.height || ball2.y > pro.height) {
    pro.stop()                                    // プログラム終了
  }
}

pro.frameRate(20)     // 毎秒 20 フレームに設定
pro.start()           // 動画の開始
```

呼び出せるように、ボールを引数にしたんですよね。

先: うん。でもパドルも引数にした方が moveBall はパドルの位置も調べてボールを動かす感じがしてよいと思う。パドルを引数にしない場合、関数の中をよく読まないとパドルの位置も調べていることがわからないからね。後でプログラムを読み返したときに勘違いの元になるからよくない。**大域的な定数や変数の名前をプログラムのあちこちに直接書くのは避けた方がいい**んだ。

moveBall 関数の本体で変わるのは、元は下の壁に当たったときの処理だった部分です。これを次のように変えました。

```
25    } else if (b.y > pro.height - pad.height) {
26      // 下の壁近くに到達したとき
27      if (pad.x <= b.x && b.x <= pad.x + pad.width) {
28        // パドルに当たっていれば跳ね返る
29        b.y = (pro.height - pad.height) * 2 - b.y
30        b.dy = -b.dy
31        b.dx = b.dx + (b.x - (pad.x + pad.width / 2)) / 5
32        pro.beep()     // 音を鳴らす
33      }
34    }
```

まず 25 行目でボールが下の壁に到達したのかを調べます（図 13.2）。元は `b.y > pro.height` でしたが、パドルの厚み `pad.height` 分手前の（上の）位置ま

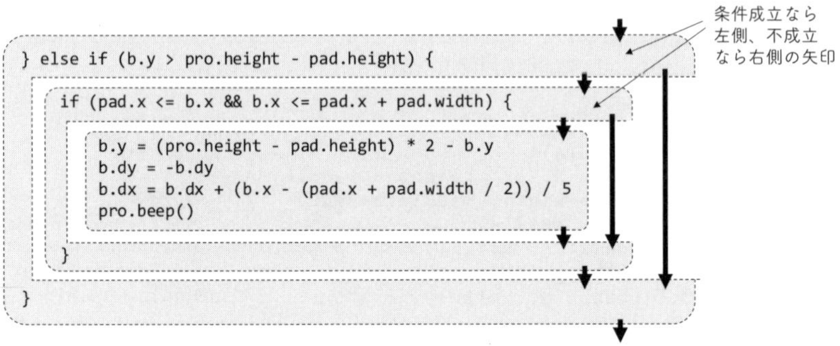

図 13.2　パドルに当たっているか否かの判定

でボールが来たら下の壁に到達したと見なします。こうしないと、ボールがパドルを貫通してしまいます。

ボールが下の壁に到達しているときに実行するブロックの中にはさらに if 文があります。27 行目から始まるこの if 文は、ボールがパドルに当たっているか調べます。ボールの中心の x 座標 `b.x` がパドルの左端 `pad.x` と右端 `pad.x + pad.width` の各 x 座標の間に入っているとき、当たったと見なします。正確な当たり判定ではありませんが、ゲームですから簡易的なものでよしとします。ボールが当たっているときは if 文の条件が成り立つので、29 行目から 32 行目までを実行してボールを弾き返します。条件が成り立たないときは何もしません。ボールの位置は下の壁の手前のままです。

ボールを弾き返す処理はプログラム 12.5 とは少し異なります。まず 29 行目は元の `pro.height` だった部分が `pro.height - pad.height` に変わっています。これは跳ね返る位置の y 座標がパドルの厚み分、少し手前に（上に）ずれているからです。30 行目は変わりません。

31 行目は新たに追加されています。プログラム 12.5 では下の壁に当たっても dx の値は変わりませんでした。ゲームとして面白くするために、ボールがパドルに当たった位置に合わせて dx の値を少し変えることにします。ボールが当たった位置がパドルの中心から右に寄っているときはボールがより右方向に、左に寄っているときはより左方向に跳ね返るように dx の値を変えます。そこでボールが当たった位置の中心からのずれを 5 で割った値を dx に足します。右にずれたら正の値を、左にずれたら負の値を足します。割る数 5 は筆者が適当に選びました。割る数を小さくすると dx の変わり方が大きくなり、ボールが跳ね返る向きのぶれも大きくなります。

最後にもう一行、32 行目も追加されています。この行はパドルにボールが当たったときに音を鳴らすためのものです。pro.beep を呼び出すと、ピッというビープ音が鳴ります。

友: パドルはどうやって動かすの？

今回、パドルは画面上のポインタ（マウス・ポインタ）を追いかけるように左右に動かします。あるいはタッチした位置に向かうようにパドルを動かします。ボールが跳ね回っているペイン（四角い枠の区画）の中でポインタを左右に動かすと、それに合わせてパドルが動きます。

新しく追加された 38 行目からの movePaddle 関数の宣言を見てください。

```
38  function movePaddle(pad) {
39    if (pro.mouseX < pad.x) {
40      pad.x = pad.x - pad.dx     // パドルを左へ
41    } else if (pad.x + pad.width < pro.mouseX) {
42      pad.x = pad.x + pad.dx     // パドルを右へ
43    }
44  }
```

まず 39 行目の if 文で、画面上のポインタの x 座標である pro.mouseX の値と、パドルのプロパティ x つまり `pad.x` の値を比べます。`pad.x` の値はパドルの左端の x 座標です。ポインタの x 座標がパドルの左端の x 座標より小さければ（ポインタがパドルの左にあれば）、パドルのプロパティ x の値を dx だけ減らしてパドルを左に動かします（図 13.3）。

そうでない場合は 41 行目でパドルの右端の x 座標とポインタの x 座標を比べます。パドルの右端の x 座標は、左端の x 座標にパドルの幅を足せば求まります。パドルの幅はプロパティ width の値なので `pad.width` です。パドルの

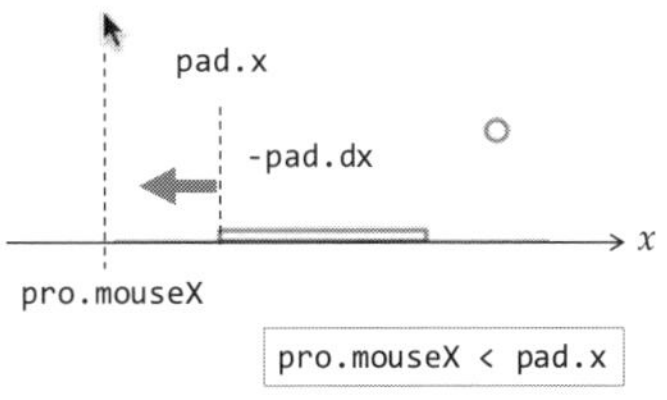

図 13.3 ポインタがパドルの左にあるとき

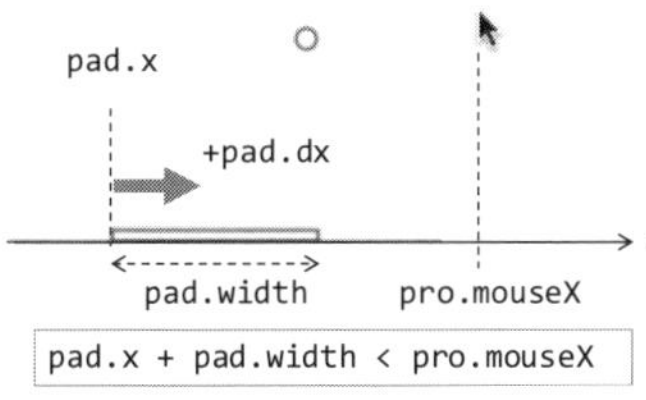

図 13.4 パドルの右にポインタがあるとき

右端の x 座標がポインタの x 座標より小さければ（ポインタがパドルの右にあれば）、パドルのプロパティ x の値を dx だけ増やしてパドルを右に動かします（図 13.4）。39 行目の条件も 41 行目の条件も成り立たない場合はパドルを動かしません。

move 関数が moveBall 関数に変わり、movePaddle 関数も追加されたので、draw 関数もそれに合わせて変わります。

```
47  function draw() {
48    pro.background(white)                    // 背景を白く塗りつぶす
49    movePaddle(paddle)                       // パドルを動かす
50    pro.rect(paddle.x, pro.height - paddle.height,
51             paddle.width, paddle.height)   // パドルを描く
52    moveBall(ball1, paddle)                  // 一つ目のボールを動かす
53    pro.circle(ball1.x, ball1.y, 5)          // 一つ目のボールを描く
54    moveBall(ball2, paddle)                  // 二つ目のボールを動かす
55    pro.circle(ball2.x, ball2.y, 5)          // 二つ目のボールを描く
56
57    // ボールが下の壁を越えたら終了
58    if (ball1.y > pro.height || ball2.y > pro.height) {
59      pro.stop()                             // プログラム終了
60    }
61  }
```

まず 49 行目で movePaddle 関数を呼び出してパドルを動かします。次に 50 行目で pro.rect を呼び出してパドルを新しい位置に描きます。パドルの左上すみの xy 座標と幅と高さが引数です。左上すみの y 座標は pro.height の値からパドルの厚み paddle.height を引いた値です。その後、二つのボールそれぞれについて moveBall 関数を呼び出して新しい位置へボールを動かした後、pro.circle でボールを描きます。52 行目から 55 行目までがそれです。moveBall 関数の 2 番目の引数はパドルを表すオブジェクトですから、定数 paddle を引数にします。

パドルとボールを新しい位置へ動かして描いた後、ゲームの終了判定をおこないます。58 行目の if 文は、ball1 または ball2 のプロパティ y、つまり y 座標、が下の壁の y 座標 pro.height を超えたかどうかを調べています。超えたらパドルで打ち返せなかったということなので、ゲーム終了です。

58 行目の || は論理演算子「または」です。第 6 章 6.4 節の表 6.1 に説明があります。|| は、左右の辺の少なくとも片方が成り立っていれば全体が成り立つ、という意味の演算子です。58 行目の場合、ball1.y と ball2.y の一方（または両方）が pro.height より大きければ if の条件が成り立ち、59 行目の pro.stop を呼び出します。pro.stop は第 9 章の 9.3 節にも出てきました。これを呼び出すと、現在呼び出し中の draw 関数の実行が終わった後は、それ以上 draw 関数が呼び

出されなくなり、プログラムが終了します。

13.2 メソッド

前節のプログラムでは、moveBall と movePaddle の二つの関数を宣言しました。moveBall 関数は、ボールのオブジェクトを引数として受け取ってボールを動かす関数でした。movePaddle 関数は、パドルのオブジェクトを受け取ってパドルを動かす関数でした。

このようにオブジェクトを使ったプログラムを書いていると、オブジェクトを引数として受け取って**そのオブジェクトで何かをする関数**をよく書きます。そのオブジェクトのプロパティの値から何かを計算したり、その値を変えたりする関数です。このような関数は、プロパティの一種としてオブジェクトに含めてしまうことができます。そのような関数のことを**メソッド**（method、方式、やり方）と言います。要は互いに関連するものは一つにしてしまおう、というわけです。

> **友:** また用語が増えるの？ 面倒くさいなあ。
>
> **先:** メソッドはたいていのプログラミング言語に共通の用語だからマシな方だよ。オブジェクトのプロパティなんて、言語によって呼び方が違うし。プロパティと呼ばずに、フィールドとかインスタンス変数、メンバ変数とか。言語によっていろいろだから混乱しがち。

オブジェクトは、いくつかの変数をプロパティとして束ねたものでした。実は変数だけでなく、いくつかの関数も一緒に束ねることができます。**一緒に束ねられた関数をメソッドと呼びます**。束ねるのはどんな関数でもよいのですが、通常はそのオブジェクトで何かをする関数をメソッドとして束ねます。

メソッドの作り方はいろいろあるのですが、ここでは簡単な方法を紹介します。簡単すぎて本格的なプログラミングではあまり使わない方法ですが、正式な方法の一つです。例としてプログラム 13.1・13.2 で宣言した movePaddle 関数をメソッドにしてみます。

```
const paddle = { x: 100, dx: 10, width: 100, height: 5 }
paddle.move = function () {
  if (pro.mouseX < this.x) {
```

```
    this.x = this.x - this.dx     // パドルを左へ
  } else if (this.x + this.width < pro.mouseX) {
    this.x = this.x + this.dx     // パドルを右へ
  }
}
```

最初の行でパドルのオブジェクトを作った後、それを定数 paddle の値にします。そのオブジェクトにメソッドを加えるのは次の行以降です。最初からメソッドを他のプロパティと一緒に束ねる方法もありますが、ここでは後から追加する方法を説明します。これは次のような形をしています。

```
paddle.move = function ( 引数 ) { メソッドの本体 }
```

paddle の値のオブジェクトに（paddle という名前をつけたオブジェクトに）、= の右辺の関数を move という名前のメソッドとして加える、という意味です（図 13.5）。= の右辺は普通の関数宣言に似ていますが、普通なら `function` の右に続けて書く**関数の名前を省略する**のが特徴です。それ以外は同じで、`function` に続く括弧 () の中には引数を（あれば）カンマで区切って書き、波括弧 {} の中には関数の本体を書きます。メソッドの名前は move（動かす）にしました。元の movePaddle（パドルを動かす）ではなく短い move にしたのは、パドルのメソッドですからパドルを動かすのは自明と思うからです。

メソッドも関数の一種ですから呼び出すことができます。ただし呼び出すときは、普通の関数を呼び出すときは少し違った形を用います。たとえば paddle の move メソッドを呼び出すときは次のようにします。

```
paddle.move()
```

これは定数 paddle の値であるオブジェクトに加えられた move メソッドを呼び出す、という意味になります。move の左にドット（ピリオド）. をはさんで

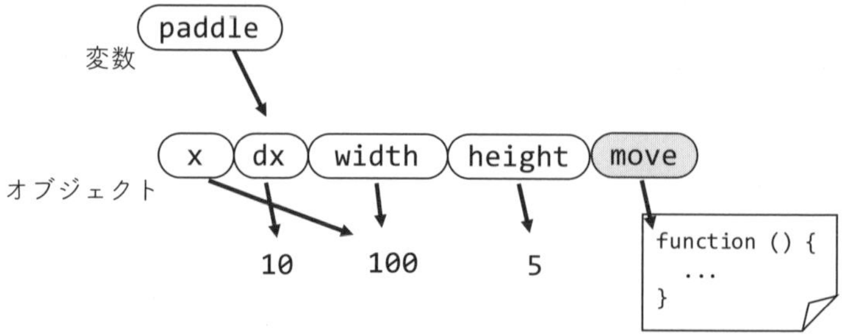

図 13.5　オブジェクトに move メソッドを加える

オブジェクトを書きます。メソッドはオブジェクトの一部ですから、どのオブジェクトのメソッドなのかを書く必要があります。

先: 実はメソッドって**値が関数であるプロパティ**のことなんだよね。そう思うと、

```
paddle.move = function ( 引数 ) { メソッドの本体 }
```

これも paddle の move プロパティの値を右辺の関数にする、と読めるでしょ。だから

```
paddle.move()
```

も paddle の move プロパティの値の関数を呼び出せ、という意味。

友: 値が関数って、どういうこと？

先: 関数って、何度も実行したいプログラムの断片でしょ。その断片が値になっていると思えば？ move はそれにつけた名前と思える。

嬢: メソッドの呼び出しは、今まで出てきた pro.rect とか pro.circle などの呼び出しと形が似てますね。

先: その通り。あれは**メソッドの呼び出し**だったんだよ。pro という大域的な定数があって、その値がオブジェクトで、pro.rect はそのオブジェクトの rect メソッドの呼び出しだったんだ。

友: じゃあ、pro.mouseX とかも pro のオブジェクトのプロパティ mouseX の値だったわけ？

先: 正解。実は最初に出てきた turtle も値がオブジェクトである大域的な定数だよ。

嬢: ドット . を定数の名前に含めてはダメ、と第 8 章の 8.1 節の最後に先生がおっしゃっていたのはこのことだったんですね。

メソッドは呼び出すときに、必ずどのオブジェクトのメソッドなのかを書くので、メソッドの本体（つまり関数の本体）の中では、**そのオブジェクトが何かを this を通じて知ることができます**。this は特別な定数で、その値はメソッドを呼び出したときにドット（ピリオド）. の左に書いたオブジェクトです。そのメソッドが加えられた先のオブジェクトとも言えます。たとえば

```
paddle.move()
```

と move を呼び出したとき、move の本体の中では this の値は paddle と同じオブジェクトです。たとえば move メソッドの本体の最初の行は

```
if (pro.mouseX < this.x) {
```

です。この行の中の this.x は this の値のオブジェクトのプロパティ x の値を意味しますから、paddle.x と同じことです。

メソッドの場合、この this のおかげで引数の数が一つ少なくなります。move メソッドの元になった movePaddle 関数には pad という引数がありました。一方、move メソッドには引数がありません。しかし値の渡し方が異なるだけで、どちらの場合も paddle の値がそれぞれの本体の中へ渡ります。呼び出し方を比べてみると

```
movePaddle(paddle)       // 関数
paddle.move()            // メソッド
```

であり、どちらにも paddle が現れます。関数の場合、paddle は実引数ですが、メソッドの場合もメソッドを呼び出す先のオブジェクトとして paddle が登場します。渡し方が違うので、movePaddle 関数の中では渡った値を仮引数 pad を通して得ますが、move メソッドの中では this を通して得ます。それぞれの本体を比べると、関数の中では pad.x や pad.dx と書いているところが、メソッドの中では this.x や this.dx に置き換わっています。逆にそれ以外の違いはありません。

嬢: 仮引数と実引数って何でしょうか？

先: 第 5 章 5.3 節の対話篇で俺が説明した。関数の宣言に出てくる引数が仮引数、関数を呼び出す方に出てくる引数が実引数。

友: ええ？ 本文で説明してないじゃん。

13.3 メソッドを使って書き直す

メソッドを学んだところで、プログラム 13.1・13.2 をメソッドを使うように全体的に書き直してみます。書き直した後のプログラムをプログラム 13.3・13.4 に示します。

プログラム 13.3 メソッドを使うように書き直したプログラム

```
// 二つのボール（速度を遅くする）
const ball1 = { x: 200, y: 100, dx: 5, dy: 5 }
const ball2 = { x: 100, y: 300, dx: 3, dy: -5 }

// ボール用の move メソッド
ball1.move = ball2.move = function (pad) {
  this.x = this.x + this.dx
  this.y = this.y + this.dy

  // 左右の壁に当たったときの処理
  if (this.x < 0) {
    this.x = -this.x
    this.dx = -this.dx
  } else if (this.x > pro.width) {
    this.x = pro.width * 2 - this.x
    this.dx = -this.dx
  }

  if (this.y < 0) {
    // 上の壁に当たったとき
    this.y = -this.y
    this.dy = -this.dy
  } else if (this.y > pro.height - pad.height) {
    // 下の壁近くに到達したとき
    if (pad.x <= this.x && this.x <= pad.x + pad.width) {
      // パドルに当たっていれば跳ね返る
      this.y = (pro.height - pad.height) * 2 - this.y
      this.dy = -this.dy
      this.dx = this.dx + (this.x - (pad.x + pad.width/2))/5
      pro.beep()     // 音を鳴らす
    }
  }
}

// ボール用の show メソッド
ball1.show = ball2.show = function () {
  pro.circle(this.x, this.y, 5)
}

// ボール用の isOut メソッド（ボールが画面外か判定）
ball1.isOut = ball2.isOut = function () {
  return this.y > pro.height
}
```

前半のプログラム 13.3 では二つのボールのオブジェクトを作り、メソッドを加えています。元のプログラム 13.1・13.2 では moveBall という名前であった関数は move メソッドに変わっています。パドルの movePaddle 関数も move メソッドに変わりますが、同じ move という名前で問題ありません。**プロパティやメソッドは、名前が同じでも異なるオブジェクトのものであれば異なるものと見なされる**からです。

ボールのためのメソッドは二つのオブジェクトの間で共通なので、メソッド

プログラム 13.4　メソッドを使うように書き直したプログラム（続）

```
// パドル
const paddle = { x: 100, dx: 10, width: 100, height: 5 }

// パドル用の move メソッド
paddle.move = function () {
  if (pro.mouseX < this.x) {
    this.x = this.x - this.dx     // パドルを左へ
  } else if (this.x + this.width < pro.mouseX) {
    this.x = this.x + this.dx     // パドルを右へ
  }
}

// パドル用の show メソッド
paddle.show = function () {
  pro.rect(this.x, pro.height - this.height,
           this.width, this.height)
}

// draw 関数の宣言
function draw() {
  pro.background(white)  // 背景を白く塗りつぶす
  paddle.move()          // パドルを動かす
  paddle.show()          // パドルを描く
  ball1.move(paddle)     // 一つ目のボールを動かす
  ball1.show()           // 一つ目のボールを描く
  ball2.move(paddle)     // 二つ目のボールを動かす
  ball2.show()           // 二つ目のボールを描く

  // ボールが下の壁を越えたら終了
  if (ball1.isOut() || ball2.isOut()) {
    pro.stop()           // プログラム終了
  }
}

pro.frameRate(20)     // 毎秒 20 フレームに設定
pro.start()           // 動画の開始
```

を追加するときはたとえば次のようにします。

```
ball1.move = ball2.move = function (pad) { メソッドの本体 }
```

ball1 と ball2 の move メソッドはともに右側の = の右辺の関数になります。関数は共通ですが、それぞれのオブジェクトに加えられます。（本当は違いますが）関数のコピーが二つ作られてそれぞれに加えられていると考えて差し支えありません。

move メソッドの本体の中では this が使われています。この this は、**どちらのオブジェクトに加えられた move メソッドかで、値が異なります**。ball1 に加えられた move が呼び出されているときは ball1 の、ball2 に加えられた move

が呼び出されているときは ball2 のオブジェクトが this の値です。

ボールのオブジェクトには 36 行目で show メソッドも加えます。このメソッドはボールの現在の位置に円を描きます。this を使っていることを除けば、このメソッドの本体は元のプログラム 13.1・13.2 の 53 行目や 55 行目と同じです。

41 行目からの isOut メソッドについては説明が必要でしょう。このメソッドはボールがパドルに当たらず下の壁を越えてしまったか否かを判定するためのメソッドです。`return` の右側が普通の計算式ではなく不等式になっています。実は**等式や不等式も計算式の一種であり、計算結果はその真偽、つまり成り立つか成り立たないか**、です。成り立つときは true（トゥルー、真）、成り立たないときは false（フォールス、偽）という特別な値になります。したがって `return` の右が等式や不等式のとき、戻り値は true または false になります。isOut メソッドの場合、ボールが下の壁を越えていたら戻り値は true、超えていなければ false です。この値は if 文の条件に使えます。

先: true と false は地味だけど大事だよ。

嬢: 戻り値が true や false のこともあるのですね。

先: うん。true と false は他にも定数や変数の値にすることもできるし、引数として渡すこともできる。結構よく使うよ。

後半のプログラム 13.4 はパドルのオブジェクトの作成と、draw 関数の宣言です。パドルのオブジェクトには既に説明した move メソッドを 49 行目で加える他、show メソッドも 58 行目で加えます。これはパドルを描くためのメソッドです。元のプログラム 13.1・13.2 の 50 行目の pro.rect の呼び出しと同じことをします。

64 行目からの draw 関数は元のプログラム 13.1・13.2 の draw 関数とほぼ同じですが、元は関数呼び出しだった行が異なります。それぞれ対応するメソッド呼び出しに変わります。ボールとパドルのオブジェクトに show メソッドを加えたので、draw 関数の中で座標を細かく指定する必要はなくなりました。それぞれのオブジェクトの show メソッドの呼び出しに引数がないので、**プログラムの見た目がすっきりします**。プログラムの詳細が各 show メソッドの本体の中へ移ったからです。

74 行目の if 文の条件も元の if 文の条件と意味は同じですが、メソッド呼び出しを含む次のような式に変わっています。

```
74  if (ball1.isOut() || ball2.isOut()) {
```

この if 文の条件が成り立つのは、ball1 と ball2 のオブジェクト各々について isOut メソッドを呼び出したときの戻り値の、どちらか少なくとも一方が true（成り立つ、真）であるときです。論理演算子「または」|| は、左右の辺の片方または両方が true であるとき論理式全体が true になります。

上の if 文に対応するのはプログラム 13.1・13.2 の 58 行目の if 文です。

```
58  if (ball1.y > pro.height || ball2.y > pro.height) {
```

新しいプログラムでは、|| の左右の不等式が isOut メソッドの中に移り、元あった場所は isOut メソッドの呼び出しに変わっています。これにより、不等式を元のように直接書くよりも何を意味するかが具体的な表現になっています。たとえば `ball1.isOut()` は、Ball 1 is out (of the field)、つまり「ボール 1 が（場の）外にある」と読めます。

|| の左右の元の不等式は ball1 と ball2 の部分が異なるのですが、isOut メソッドは共通です。メソッドの本体の中では、どちらのオブジェクトのメソッドを呼び出したかに応じて this の値が ball1 と ball2 のオブジェクトの間で切りかわるので、メソッドを共通化できます。

先: メソッドを使ってプログラムを書いた方がよいのか、使わない方がよいのか、聞きたそうだね。

友: もちろん。

残念ながら本章のプログラム 13.3・13.4 ぐらいの長さのプログラムでは、メソッドの利点をなかなか実感できないかもしれません。実際、プログラム 13.3・13.4 は 80 行で、元のプログラム 13.1・13.2 の 64 行よりだいぶ長くなっています。

しかし関数をメソッドにすることによって、名前が短く簡単なものになりました。元の関数は moveBall や movePaddle という名前でしたが、メソッドに変えたことでどちらも move という短い簡単な名前に変えることができました。関数の場合、区別できなくなるので二つの関数に同じ名前をつけることはできません。他と重ならないように注意深く名前をつける必要があり、しばしば不必要に長い名前になってしまいます。一方、メソッドの場合、**同一のオブジェ**

クトの中に同じ名前のメソッドやプロパティがなければよく、意味がわかりやすい短い名前をつけるのが容易です。move や show のように、他のオブジェクトのメソッドや他の関数と同じ名前であっても、オブジェクトが違えば区別されます。

> **先:** 名前のつけやすさは地味だけど、大規模なプログラムを書く上ではとても大切。大昔は違う関数に同じ名前をつけないように、関数名はそれを書いた人のイニシャルから始めるルールの会社があったとか、なかったとか。あ、よくないルールだから真似したらダメだよ。

プログラム 13.3・13.4 は、いくつもの変数や関数を三つのオブジェクトとそのメソッドにまとめることで、二つのボールの作成、パドルの作成、そして draw 関数の三つの部分に分かれました。プログラムを実行すると、まず三つのオブジェクトが作られ、draw 関数が move や show などの**指示（メッセージ）をオブジェクトに順に送ることで実行が進む**、と全体の姿を捉えることができます（図 13.6）。メソッド（やり方）とは、指示を受け取ったオブジェクトがそれを実行するときの各々の「やり方」を記したもの、というわけです。

多くのプログラムは、このような姿で捉えられるように書くとよいプログラムになることが経験的に知られています。実際、draw 関数の本体は、本書の前半のタートル・グラフィックスを使ったプログラミングで見たような、必要な指令を順に並べた形をしています。それぞれの行も（英語が読めれば）何をしているのか明白なので、比較的読みやすくて理解しやすいプログラムです。

オブジェクトやメソッドを活用するプログラミングは過去 20 年以上にわたって世の中の主流でした。これを**オブジェクト指向プログラミング**と言います。オブジェクトやメソッドを使ったさまざまなプログラミングの手法が知られて

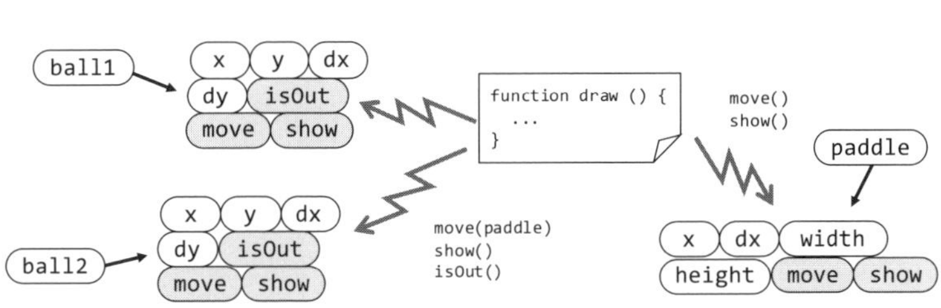

図 13.6 オブジェクトに指示（メッセージ）を送る draw 関数

おり、上手に使えばプログラムをより重複なく簡潔に書くことができます。さらにオブジェクトやメソッドには、クラスや継承など、本書では触れていない高度な機能もあります。オブジェクト指向プログラミングでは、これらも重要な役割を果たします。

章のまとめ

- **メソッド**
  変数とともに束ねられてオブジェクトの中に含まれる関数。あるいは値が関数であるプロパティ。オブジェクトにメソッドを加えるときは次のように書く。引数の数は 0 個以上で、カンマ , で区切る。

```
オブジェクト . メソッド名 = function ( 引数名1 , 引数名2 ) {
    関数（メソッド）の本体
}
```

  オブジェクトのメソッドを呼び出すときは次のように書く。

```
オブジェクト . メソッド名 ( 引数値1 , 引数値2 )
```

- **this**
  メソッドの本体の中で使える特別な定数。this の値はそのメソッドが呼び出されているオブジェクト。

- **true と false**
  等式や不等式の計算結果を表す特別な値。成り立つときは true（真）、成り立たないときは false（偽）。

第14章 たくさんの値をまとめて配列で扱う

本章では、いわゆるブロック崩し[1)]と呼ばれる種類のゲームを作ります。前章で書いたパドルでボールを打ち返すプログラムにブリック[2)]（brick、れんが）を追加し、ボールが当たったらブリックが消えるようにします（図 14.1）。すべてのブリックを消せたら勝ち、その前にボールを打ち返し損なったら負けです。

ブリック一つにつきオブジェクトを一つ作りますが、数が多いので取り扱いに工夫が必要です。そこで本章では、多数のオブジェクトを扱う手法として**配列**を用いる手法を学びます。

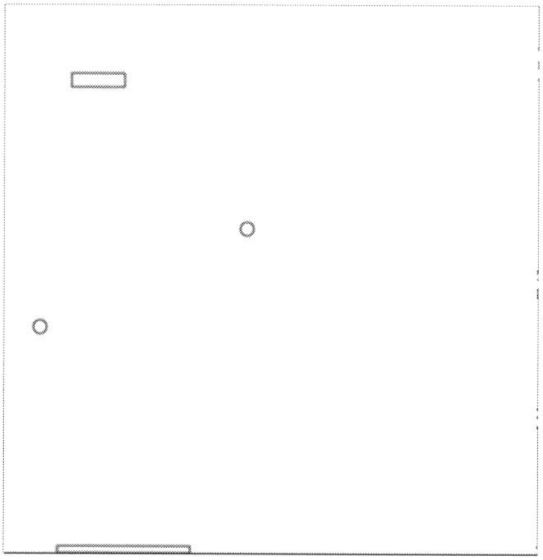

図 14.1　ボールを打ち返してブリックに当てる

1)　原型は 1976 年に米国のアタリ社が発売した「ブレイクアウト (breakout)」というアーケードゲーム。ボールをぶつけ、壁を壊して脱獄する。

2)　日本語ではブリックではなくブロックと呼ぶ方が普通ですが、波括弧 {} で囲まれたブロックと紛らわしいので、ここではブリックと呼びます。

14.1 ブリックを置く

手始めに画面上にブリックを一つだけ置くように、前の第 13 章のプログラム 13.3・13.4 を書き直します。一つのブリックは一つのオブジェクトで表すことにします。

プログラム 14.1 を見てください。3 行目でオブジェクトを作り定数 brick の値とします。プロパティは x、y、visible の三つで、それぞれブリックの左上すみの x 座標、y 座標、そして見える (visible) か否かを表します。最後の visible の値はブリックが見えるときは true (真)、ボールが当たって消えたら false (偽) です。ブリックの幅と高さはプロパティではなく、普通の大域的な定数にしました。後でブリックの数を増やすとき、すべてのブリックに共通の値だからです。

ブリックを描くための show メソッドもオブジェクトに加えます。このメソッドはブリックの visible プロパティ (見えるか否か) の値が true のときだけ pro.rect を呼び出して長方形をブリックと見なして描きます。メソッド本体の中の this の値は、この show メソッドが加えられたオブジェクトです。つまり定数 brick の値と同じです。

show メソッド本体の中の if 文の条件が等式や不等式ではなく、次のように `this.visible` だけですが、間違いではありません。

```
if (this.visible) {
```

この if 文の条件は、`this.visible` の値が true かどうか、です。ブリックがまだ消えておらず見えているとき、この値は true です。そのときは if 文の条件が成り立ち、pro.rect が呼び出されてブリックが描かれます。`else` 以降がないので false のときは何も描かれません。ブリックは消えたように見えます。

プログラム 14.1　ブリックのオブジェクト

```
const BRICK_WIDTH = 40      // ブリックの幅
const BRICK_HEIGHT = 10     // ブリックの高さ
const brick = { x: 50, y: 50, visible: true }

brick.show = function () {
  if (this.visible) {
    pro.rect(this.x, this.y, BRICK_WIDTH, BRICK_HEIGHT)
  }
}
```

if 文の条件は等式や不等式である必要はありません。 if 文は本来、条件の式を計算してみて結果が true（成り立つ、真）のときに条件の式に続く波括弧 {} で囲まれたブロックを実行します。false（成り立たない、偽）のときは何もしないか、`else` に続くブロックがあればそれを実行します。条件の式は何かしら計算して true か false かを判別できる式であれば何でもかまいません。

ブリックにボールが当たったらブリックを消します。このためにブリックとボールの当たり判定のメソッドも必要です。ゲームですから厳密な当たり判定はしないこととして、ブリックの上の辺か下の辺にボールが当たったときだけ当たりということにします（図 14.2）。ブリックの左右の辺に当たった場合は考えません。

> **嬢:** ブリックの幅と高さは `BRICK_WIDTH` みたいに全部大文字なんですね。
>
> **先:** こういう大域変数みたいな定数で値が数値や文字列だと全部大文字の名前にするのが普通なんだよね。
>
> **友:** ふーん。単語と単語の間は `_` でつなぐんだ。
>
> **先:** ところで、ここから数学っぽい込み入った話が続くのだけど、難しそうだったら飛ばしても大丈夫だよ。よくわからなくても、後に続くプログラミングの話は理解できると思う。

ブリックの辺とボールが当たったか否かは、ブリックの辺を表す線分とボールの軌跡の線分が交差したか否かを調べれば決まります（図 14.3）。2 本の線分が交差するか否かを調べる計算は数学的に少し複雑なので、これを計算するメソッドを筆者が書いておきました。pro.crossing がそれなので、これを使います。たとえば図 14.4 の線分 AB と線分 PQ の交差を調べるときは、点 A、B、P、Q の xy 座標 a_x、a_y、b_x、b_y、p_x、p_y、q_x、q_y をこの順に引数として

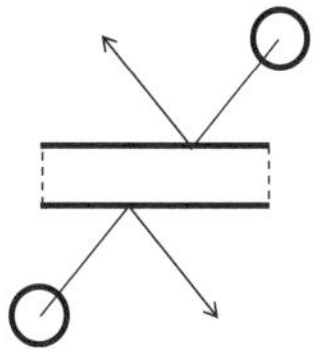

図 14.2　ブリックの上辺か下辺に当たったら当たり

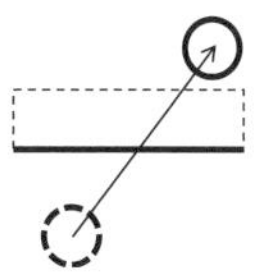

図 14.3　ブリックの辺とボールの軌跡が交差

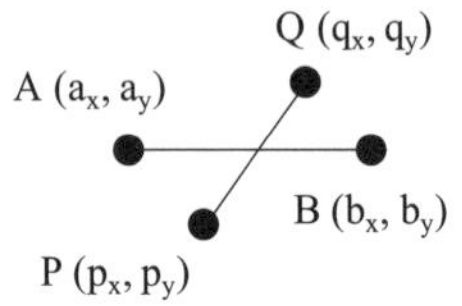

図 14.4　線分 AB と線分 PQ が交差

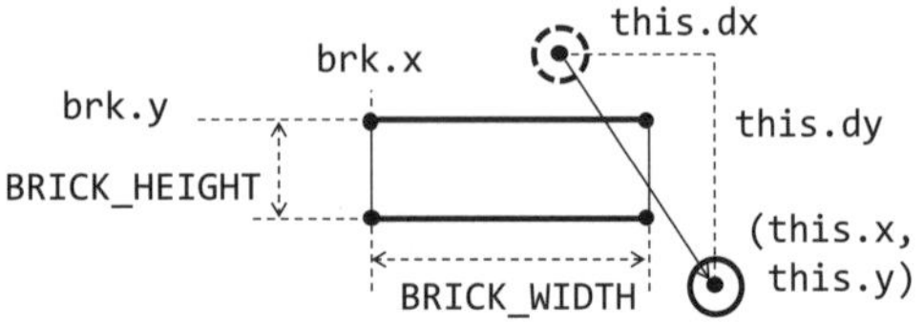

図 14.5　ボールとブリックの座標

プログラム 14.2　当たり判定のメソッド

```
// ブリックとボールの当たり判定をする hits メソッド
ball1.hits = ball2.hits = function (brk) {  // brk はブリックの意
  return pro.crossing(this.x, this.y,
                      this.x - this.dx, this.y - this.dy,
                      brk.x, brk.y,
                      brk.x + BRICK_WIDTH, brk.y) ||
         pro.crossing(this.x, this.y,
                      this.x - this.dx, this.y - this.dy,
                      brk.x, brk.y + BRICK_HEIGHT,
                      brk.x + BRICK_WIDTH, brk.y + BRICK_HEIGHT)
}
```

pro.crossing を呼び出します。線分が交差する場合、pro.crossing の戻り値は「交差は真実」、つまり true（真）です。交差しない場合は「交差は虚偽」、つまり false（偽）です。

ボールとブリックの当たりを判定するメソッド hits（hit は当たる、の意）はこの pro.crossing を使って書き、ボールを表すオブジェクトに加えます。hits メソッドの戻り値は、当たりなら true（当たりは真実）、そうでないなら false（当たりは虚偽）とします。

hits メソッドはプログラム 14.2 のようになります。引数の brk はブリックを表すオブジェクトです。Brick の省略形 brk を名前に選びました。このメソッドはボールを表すオブジェクト ball1、ball2 に加えます。このため ball1 の hits メソッドが呼び出されたときは this の値が ball1 のオブジェクトで、ball2 の方が呼び出されたときは this の値も ball2 です。hits メソッドは図 14.5 からボールの軌跡とブリックの上の辺と下の辺の座標を求め、それを引数にして pro.crossing を呼び出します。

hits メソッドの本体は全部で八行あり、複雑に見えますが、次のような形をしています。

```
return pro.crossing( 略 ) || pro.crossing( 略 )
```

メソッドの本体はこの return 文一つだけで、`return` の右の式の計算結果が hits メソッドが返す戻り値になります。式の途中で何度も改行しているので八行になっています。

この式は論理演算子「または」|| の式です。|| の左辺の pro.crossing の呼び出しはブリックの上の辺にボールが当たっているかを調べ、右辺の呼び出しは下の辺に当たっているかを調べます。どちらか一方、あるいは両方に当たっていれば、ブリックに当たったことになりますから、「または」で二つの呼び出しをつなぎます。左右どちらか（または両方）の pro.crossing からの戻り値が true（当たりは真実）であれば、式全体の計算結果も true になり、return 文によって true が hits メソッドの戻り値になります。それ以外の場合は、false が hits メソッドの戻り値です。

プログラム 14.2 はこれで正しく動くのですが、二つの pro.crossing の呼び出しの引数はほとんど同じで重複しています。違いはブリックの辺の y 座標を表す 6 番目と 8 番目の引数だけです。|| の左辺の pro.crossing の呼び出しでは `brk.y` であるものが、右辺では `brk.y + BRICK_HEIGHT` です。重複はなるべくなくした方がよい、という立場で少し修正してみます。

修正後のプログラムはプログラム 14.3 です。hits メソッドを hits と hitsSide の二つのメソッドに分けました。**二つのメソッドを書く順番はどちらが先でもかまいません**。hitsSide メソッドはブリックの一辺との当たり判定をします。名前の side は辺の意味です。このメソッドは pro.crossing を 1 回だけ呼び出して、その戻り値をそのまま自身の戻り値として返すだけのメソッドです。しかし元のプログラム 14.2 の中の pro.crossing の二つの呼び出しの違いを hitsSide は引

プログラム 14.3 修正した当たり判定のメソッド

```
// ブリックとボールの当たり判定をする hits メソッド
ball1.hits = ball2.hits = function (brk) {
  return this.hitsSide(brk, 0) ||
         this.hitsSide(brk, BRICK_HEIGHT)
}

// ブリックの一辺 (side) とボールの当たり判定をする hitsSide メソッド
ball1.hitsSide = ball2.hitsSide = function (brk, yOffset) {
  return pro.crossing(this.x, this.y,
                      this.x - this.dx, this.y - this.dy,
                      brk.x, brk.y + yOffset,
                      brk.x + BRICK_WIDTH, brk.y + yOffset)
}
```

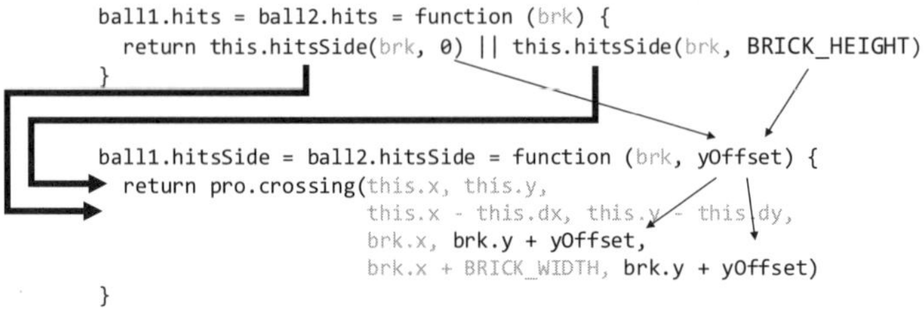
ball1.hits = ball2.hits = function (brk) {
return this.hitsSide(brk, 0) || this.hitsSide(brk, BRICK_HEIGHT)
}
ball1.hitsSide = ball2.hitsSide = function (brk, yOffset) {
return pro.crossing(this.x, this.y,
this.x - this.dx, this.y - this.dy,
brk.x, brk.y + yOffset,
brk.x + BRICK_WIDTH, brk.y + yOffset)
}

図 14.6　hitsSide メソッドは pro.crossing の呼び出しの違いを吸収する

数の yOffset で吸収しています（図 14.6）。hitsSide の引数 yOffset の値が 0 ならブリックの上の辺とボールとの当たり判定をし、`BRICK_HEIGHT` なら下の辺との当たり判定をします。

hitsSide メソッドを使うと hits メソッドの本体の見た目が少し簡潔になります。pro.crossing を hitsSide を介して間接的に呼び出すので、|| の両辺のメソッド呼び出しの引数の数が二つです。

hits メソッドの本体の中で hitsSide メソッドを呼び出すとき、前に `this.` があることに注意してください。`this.` を書かないと hitsSide という名前の関数を呼び出そうとします。しかし hitsSide は関数ではなくメソッドですから、前にドット . とオブジェクトが必要です。あるオブジェクトの hits メソッドが呼び出されたとき、それと同じオブジェクトの hitsSide メソッドを呼び出すので `this.` と書きます。

> **先:** 難しい話はこれで終わり。あと少しで完成だよ。

当たり判定の hits メソッドはボールを表すオブジェクト ball1、ball2 に加えましたが、ブリックを表すオブジェクト brick の方にもメソッドを加えます。それがプログラム 14.4 に示す checkHit メソッドです。このメソッドはボールがブリックに当たっているか調べ、当たっていたらそのブリックを画面から消します。

checkHit メソッドの引数は b1 と b2 の二つです。実際に呼び出すときには定数 ball1 と ball2 の値をこれらの引数に渡します。つまりメソッドの本体の中では b1 の値は ball1 と、b2 の値は ball2 と同じオブジェクトです。ちなみに this の値は brick と同じオブジェクトです。checkHit は brick に加えられたメソッドだからです。このように回りくどい形になっているのは、ball1 や ball2 のような**大域的な定数や変数をプログラムのあちこちに書くのはなるべく避けた方が**

プログラム 14.4 checkHit メソッド

```
// ボールが当たったらブリックを消す checkHit メソッド
brick.checkHit = function (b1, b2) {
  if (this.visible) {                            // まだ消えていなければ
    if (b1.hits(this) || b2.hits(this)) {        // 当たっていたら
      pro.beep(880)                              // 880 Hz で音を鳴らす
      this.visible = false                       // ブリックを消す
    }
  }
}
```

よいからです。本章のプログラムでは、draw 関数の中だけに書くようにしています。

checkHit メソッドの本体は入れ子になった二つの if 文からなります。外側の if 文は visible プロパティの値を調べます。値が true であればまだそのブリックが消えていないので、ボールとの当たり判定を内側の if 文で実行します。逆に値が false であれば、そのブリックは既に消えているので何もしません。

内側の if 文は二つのボールの hits メソッドを呼び出します。どちらか一方、あるいは両方の戻り値が true であれば当たりです。if 文の条件が成り立ちます。

当たりの場合、まず pro.beep を呼び出して音を鳴らします。引数に 880 と書いているので 880 Hz の高さのピッという音を鳴らします。この値が大きいほど高い音がなります。

その後、ブリックの visible プロパティの値を false に変えます。これにより今後、そのブリックの show メソッドを呼び出してもブリックが描かれなくなります。つまりブリックが消えます。なぜ消えるかはプログラム 14.1 の show メソッドを見返してください。

嬢: visible プロパティの値を false に変えると、checkHit 関数が終わった後もずっと false のままなんですよね？

先: そうだよ。プログラムが終わるまで、ずっとだよ。

友: b1 とか b2 とか、普通の引数や定数、変数の値は関数が終わったら消えて残らないのでしょ？ どれが残って、どれが残らないかわかりにくいなあ。

先: 大域変数とか、オブジェクトのプロパティとかは、値を変えたら変更がずっと残るけど、この辺は慣れないとわかりにくいよね。だから途中で値を変えるのはよくない、という宗派の人も多いよ。

プログラム 14.5　修正後の draw 関数の宣言

```
function draw() {
  pro.background(white)      // 背景を白く塗りつぶす
  paddle.move()              // パドルを動かす
  paddle.show()              // パドルを描く
  ball1.move(paddle)         // 一つ目のボールを動かす
  ball2.move(paddle)         // 二つ目のボールを動かす

  // どちらかのボールがブリックに当たったらブリックを消す
  brick.checkHit(ball1, ball2)

  brick.show()               // ブリックを描く
  ball1.show()               // 一つ目のボールを描く
  ball2.show()               // 二つ目のボールを描く

  // ボールが下の壁を越えたら終了
  if (ball1.isOut() || ball2.isOut()) {
    pro.stop()               // プログラム終了
  }
}
```

友: 宗派ぁ？

以上のメソッドを第 13 章のプログラム 13.3・13.4 に追加した後、draw 関数の宣言を書き直せば完成です。まず元のプログラムの draw 関数の宣言の直前にプログラム 14.1 と 14.3、14.4 を挿入します。そして元の draw 関数の宣言をプログラム 14.5 に差し替えます。

draw 関数の変更点は、ブリックの checkHit メソッドと show メソッドの呼び出しを挿入したことです。またボールが一番手前に描かれるように、ボールの show メソッドの呼び出しを最後に移しました。

新しいプログラムを実行すると、冒頭の図 14.1 のようにブリックが一つだけ表示されます。パドルで打ち返したボールがブリックに当たるとブリックが消えます。今のところプログラムが終わるのはボールをパドルで打ち返せないときだけで、ブリックが消えてもプログラムは終わりません。停止ボタンを押して終了させてください。

14.2　配列の使い方

ブロック崩し風のゲームの骨格はできましたが、ブリックが一つではゲームとは言えません。そこでブリックの数を増やすことを考えます。

プログラム 14.6 ブリックを単純に増やしたときの draw 関数の宣言

```
function draw() {
  pro.background(white)
  paddle.move()
  paddle.show()
  ball1.move(paddle)
  ball2.move(paddle)

  // どちらかのボールがブリックに当たったらブリックを消す
  brick.checkHit(ball1, ball2)
  brick2.checkHit(ball1, ball2)
  brick3.checkHit(ball1, ball2)
      :                        // 以下略

  brick.show()                 // 一つ目のブリックを描く
  brick2.show()                // 二つ目のブリックを描く
  brick3.show()                // 三つ目のブリックを描く
      :                        // 以下略

  ball1.show()
  ball2.show()

  // ボールが下の壁を越えたら終了
  if (ball1.isOut() || ball2.isOut()) {
    pro.stop()                 // プログラム終了
  }
}
```

単純に考えるとブリックのオブジェクトをたくさん作り、draw 関数の中で、すべてのオブジェクトについて checkHit や show メソッドを呼び出せばよさそうです。しかしブリックの数が二つ三つではなく、もっとたくさんの数になるとこの方法はあまりよくありません。

たとえば前節のプログラム 14.5 はプログラム 14.6 のようになってしまうでしょう。ブリックを表すオブジェクトが brick、brick2、brick3 ... の値とすると、ブリックとボールの当たり判定は、すべてのブリックに対して実行しなければなりません。したがって checkHit メソッドを何度も呼び出さなければなりません。ブリックの show メソッドも同様です。プログラム 14.6 で「以下略」とあるところにブリックの数だけメソッド呼び出しを並べて書かなければなりません。ずいぶんと行数が多いプログラムになってしまいます。

このような場合は**配列**と呼ばれる特別なオブジェクトを使うと便利です。配列は**アレイ** (array) とも呼ばれます。配列は、数値や文字列、あるいはブリックのようなオブジェクトなど、いろいろな値を**たくさんまとめて扱うときに使います**。

普通のオブジェクトの場合、プロパティには名前がついていて、プロパティの値を得るには brk.x のようにドット（ピリオド）. をはさんでプロパティの名前 x を書きます。一方、配列の場合、名前の代わりに 0、1、2、3、... と **0 から始まる番号を使います**。

例として次のプログラムを見てください。

```
1  function draw() {
2    const size = [30, 10]     // 配列の作成
3    pro.background(white)
4    pro.rect(100, pro.frameCount * 5, size[0], size[1])
5  }
6
7  pro.start()                 // 動画の開始
```

このプログラムは第 7 章の 7.3 節で示したプログラムを（少し無理矢理に）配列を使うように書き直したものです。実行すると図 7.2 のように長方形が上から下へ落ちていく動画が表示されます。

プログラムの 2 行目の定数 size の値が配列です。配列はオブジェクトの一種ですが波括弧 {} ではなくカギ括弧 [] でいくつかの値を囲んで作ります。値はカンマ , で区切って並べます。波括弧 {} の中には x:50 のように名前と値の組を書きますが、カギ括弧 [] の中には値しか書きません。

カギ括弧内に並んだいくつもの値を一つに束ねたものが配列です。2 行目の場合、30 と 10 の二つの値が束ねられます。配列を作るときに束ねられた値のことを**配列の要素**といいます。プロパティとは呼びません。配列の要素は**名前ではなく先頭から何番目の要素かで区別**します。配列を作るときのカギ括弧 [] の中で一番左端に書かれた値が先頭で、左から右へ 0 番目、1 番目、2 番目、... と数えます。**配列の要素の先頭は 0 番目です**。

> **嬢:** 配列の要素には名前がないのですね... 番号でしか呼ばれないなんて可哀相かも。

上のプログラムの 2 行目で作る配列の場合、[30, 10] ですから要素の個数は 2 個で、0 番目の要素が 30 で 1 番目の要素が 10 です。これを図示すると図 14.7 のようになります。名前の代わりに番号で区別することを除けば配列もオブジェクトの一種なので、配列もオブジェクトと同様の図で表現できます。

配列の要素の値を得るには 4 行目の size[0] や size[1] のようにカギ括弧 [] の中に何番目の要素かを書きます。それぞれ size の値の配列の 0 番目の要素と 1 番目の要素の値を意味します。それぞれ 30 と 10 です。

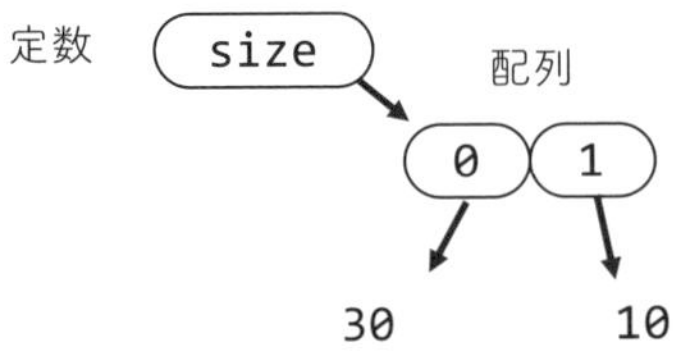

図 14.7 配列を作って定数 size の値にする（size という名前をつける）

図 14.8 配列を使ったプログラム

何番目の要素かを表すカギ括弧 `[]` の中の数のことを**配列の添え字**（そえじ、インデックス、index）と呼びます。添え字は 0 から始まります。**配列の先頭要素は 0 番目**であることに注意してください。

> **友:** ドットを使って `size.1` って書いたら 1 番目の要素の値の意味にならないの？ 配列の要素もプロパティみたいなものでしょう？
>
> **先:** 残念だけど、そうは書けない。その代わり `size[1]` のカギ括弧 `[]` の中には数の他に変数や式を書くこともできる。`size[1 + 1]` みたいにね。これは `size[2]` と同じ意味。

配列の要素は先頭から何番目かで区別するので、**どの要素なのかを計算で決める**ことができます。添え字を数字ではなく、定数や変数や式にもできるのです。これが配列の便利なところです。それを活かした例を示します。

下の配列を使ったプログラムは実行すると図 14.8 のように画面に Hello、こんにちは、Bonjour、そして Guten Tag、と順に表示します。

```
const messages = ['Hello', 'こんにちは', 'Bonjour', 'Guten Tag']

function draw() {
  const i = Math.floor(pro.frameCount / 10) % 4
  pro.background(white)
  pro.text(messages[i], 100, 50)   // messages の i 番目の文字列を表示
```

```
7  }
8
9  pro.start()
```

このプログラムでは 1 行目で宣言する定数 messages の値が配列です。この配列の要素はすべて文字列です。プログラム中に文字列を値として書くときは引用符 ' で囲むのでした。配列の要素は数値の他にオブジェクトでもよく、文字列でもかまいません。

> **嬢:** messages は draw 関数の外で宣言されています。前の例で size は draw 関数の中で宣言されてました。どう違うのですか？
>
> **先:** この二つの定数は draw 関数の中でも外でも、どちらに宣言してもよいと思う。関数の中に宣言すると、draw 関数が呼び出されるたびに配列が新たに作られて無駄な感じがするけど。どちらかというと外に宣言がよいかな。

プログラムを実行したときに画面に表示されるのは messages[i] の値です。これは 6 行目の pro.text の呼び出しの第一引数です。添え字が 4 行目で計算される定数 i であるのが特徴です。たとえば計算された i の値が 0 なら文字列「Hello」が、1 なら「こんにちは」が表示されます。

定数 i の値は pro.frameCount の値を元に計算されます。この値は draw 関数が今何回目の呼び出しかを表します。このため時間の経過とともに pro.frameCount の値が変わり、徐々に i の値も変わり、表示される文字列が変わります。

定数 i を計算しているのは次の行です。

```
4      const i = Math.floor(pro.frameCount / 10) % 4
```

まず pro.frameCount の値を 10 で割ります。これにより i の値が draw 関数の呼び出しの 10 回に 1 回しか変わらないようにしています。

10 で割った余りは小数点以下を切り捨てます。切り捨てないと pro.frameCount の値によっては定数 i の値が小数になってしまいます。**配列の添え字は整数でなければ要素の値を正しく得られない**ので、小数点以下を切り捨てて i の値が必ず整数になるようにします。

切り捨てには Math.floor を呼び出します。これは第 11 章で説明した JavaScript 言語の標準ライブラリに含まれる関数です。この関数の戻り値は、引数の値の小数点以下を切り捨てて得られる整数です。

Math.floor からの戻り値を最後に 4 で割った余りが定数 i の値です。これにより i の値は 0, 1, 2, 3, 0, 1, 2, ... と 0 から 3 の範囲で徐々に変わるようになります。messages の配列の要素は四つ（0 から 3 番目）なので、i の値に応じて異なる文字列が表示されます。

> **嬢:** いつもの % を使った割り算の余りの計算ですね。

配列の要素はプロパティや変数のように値を後から変えることができます。たとえば上のプログラムに次の関数を加えるとします。書き加える場所はどこでもよいのですが、たとえば draw 関数の宣言と pro.start の呼び出しの間、8 行目に加えます。

```
function mouseClicked() {  // クリックされたら
  messages[0] = 'Hi'
}
```

この関数は、文字が描かれているペイン（四角い枠の区画）をクリックすると（あるいは画面をタッチすると）呼び出される関数です。呼び出されると、messages の 0 番目の要素の値が文字列「Hello」から「Hi」に変わります。= の左辺に配列と [] で囲まれた添え字を書くと、その配列の添え字で決まる要素の値が右辺の計算結果に変わります。

この関数により画面をクリックした後は、画面に「Hello」ではなく「Hi」と表示されるようになります。配列はオブジェクトの一種で配列の要素はオブジェクトのプロパティのようなものです。大域変数などと同様、mouseClicked 関数の中で値を変えると、**その変更は関数の実行後もずっと残ります**。このため、再び draw 関数が呼び出されて messages の 0 番目の要素が表示されるときは、「Hello」ではなく「Hi」が表示されます。

> **友:** あれっ、これで終わり？
>
> **嬢:** 続きが次の章にあるみたい。長いから二つにわかれているんだね...

章のまとめ

- **配列**
アレイ (array) とも呼ばれる特別なオブジェクト。いろいろな種類の値を、たくさんまとめて扱わなければならないときに使う。配列の中に含まれる値のことを**配列の要素**という。

  新しく配列を作るには、カンマ , で区切った配列の要素をかぎ括弧 [] の中に並べる。たとえば、

```
const prime = [2, 3, 5, 7, 11]
```

  これを実行すると、定数 prime の値は配列で、その要素は 2, 3, 5, 7, 11 の五つの数値となる。

  配列の要素の値を得るには `prime[0]` のようにかぎ括弧の中に何番目の要素であるかを書く。かぎ括弧の中の数を**配列の添え字**（そえじ）という。添え字は **0 から始まる整数**。

- **Math.floor(x)**
切り捨てを計算する関数。x の値の小数点以下を切り捨てた整数値を戻り値として返す。JavaScript 言語の標準ライブラリに含まれる。

第15章 続・たくさんの値をまとめて配列で扱う

前章に引き続き、ブロック崩し風のゲームを作ります。前の章では多数のオブジェクトを扱うために**配列**の基本を学びました。本章ではこれを使って画面上にブリックをたくさん配置し、ゲームを完成させます。

15.1 ブリックを増やす

配列を使わずにブリックの数を増やすと、前の第 14 章のプログラム 14.6 に示したように、似たような行が何行も続く行数の多い長いプログラムになってしまいます。似たような行が繰り返されるときは for...of 文を使うのが常套手段でした。本章では for...of 文を配列と組み合わせて使うことで、行数が少ない簡潔なプログラムを書く方法を示します。

プログラム 14.6 の draw 関数の中では、ブリックを表すオブジェクトの checkHit メソッドと show メソッドを何度も呼び出しています。ブリックのオブジェクトが brick、brick2、brick3 ... なら、それぞれに対して二つのメソッドを呼び出さなければなりません。

ここは配列と for...of 文を使えば簡潔な形に直せます。以下では定数 allBricks の値は配列で、この配列は個々のブリックを表すオブジェクトをすべて要素として含んでいるとします（そのような配列の作り方は後ほど説明します）。この配列と for...of 文を組み合わせ、checkHit メソッドと show メソッドの呼び出しを次のように囲みます。

```
for (const i of range(allBricks.length)) {
  const brick = allBricks[i]     // i 番目のブリック
  brick.checkHit(ball1, ball2)  // ボールが当たったら消す
  brick.show()                   // ブリックを描く
}
```

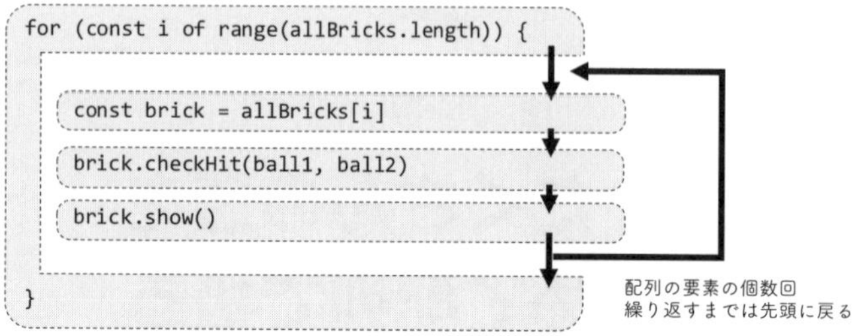
for (const i of range(allBricks.length)) {
const brick = allBricks[i]
brick.checkHit(ball1, ball2)
brick.show()
}
配列の要素の個数回
繰り返すまでは先頭に戻る

図 15.1　for...of 文でメソッドを何度も呼び出す

この for...of 文は**配列 allBricks のすべての要素それぞれが一度ずつ brick の値になるように変えながら繰り返し**をおこないます。実行すると繰り返しのたびに違う要素を新しく brick の値に選んで、波括弧 {} で囲まれたブロックの中を実行します（図 15.1）。そして選ばれた brick の checkHit メソッドと show メソッドを毎回呼び出します。

for...of 文の `range` の中は `allBricks.length` です。`allBricks.length` は allBricks のプロパティ length の値の意味で、これは**配列に含まれる要素の数**です。したがって、この for...of 文の繰り返しの回数は配列の要素の個数回です。配列もオブジェクトの一種なので、配列の要素の他に普通のプロパティも持ちます。配列 allBricks のプロパティの一つが length で、length の値はその配列の要素の数です。たとえば要素の個数が 18 なら `range(allBricks.length)` は `range(18)` と同じです。

このようにすると定数 brick の値は `allBricks[i]` ですから、for...of 文の繰り返しのたびに brick の値が配列の 0 番目の要素、1 番目の要素、2 番目の要素、... と変わっていきます。定数 i の値が 0、1、2、... と変わるからです。`allBricks[i]` は配列 allBricks の i 番目の要素の値、の意味でした。こうして繰り返しの中で配列のすべての要素を 1 回ずつ brick の値にすることができます。

このように for...of 文と配列を組み合わせることで、**配列のすべての要素に対して同じことを繰り返し実行できます**。このやり方の利点は、**配列の要素の数が増えてもプログラムを変えなくてよい**ことです。前の第 14 章のプログラム 14.6 と違って配列の要素の数が増えてもプログラムが長くなることはありません。

先: あと、全部のブリックを消したらプログラムを終わらせないと。

draw 関数の中にはもう 1 カ所書き直すところがあります。元の draw 関数は次のようにボールが下の壁を越えたときにだけゲームを終了させていました。

```
if (ball1.isOut() || ball2.isOut()) {
  pro.stop()
}
```

ここを書き換えて、ブリックがすべて消えたときもゲームを終了させるようにします。具体的には次のように書き換えます。

```
if (ball1.isOut() || ball2.isOut() ||
    numOfBricks(allBricks) == 0) {
  pro.stop()                // プログラムの実行終了
}
```

if 文の条件が長いので途中で改行して二行になっていますが、numOfBricks 関数の戻り値が 0 であるという等式を「または」|| をはさんで if 文の条件に追加します。

numOfBricks 関数はまだ消えていないブリックの数を数える関数です。パドルで打ち返せずに ball1 が下の壁を越えてしまったか、ball2 が下の壁を越えてしまったか、あるいはまだ消えていないブリックの数が 0 になったか、これら三つの条件を || でつないだものが if 文の条件になっています。三つの条件のいずれか一つ以上が成り立ったらプログラムの実行を終了します。

numOfBricks 関数の宣言は次のようになります。for...of 文と配列の典型的な組み合わせです。関数の名前は number of bricks（ブリックの数）の略です。

```
function numOfBricks(bricks) {
  let sum = 0                 // 変数 sum の値は最初 0
  for (const i of range(bricks.length)) {
    const b = bricks[i]
    if (b.visible) {          // まだ消えていなければ
      sum = sum + 1           // sum を 1 増やす
    }
  }
  return sum                  // 最終的な sum の値が戻り値
}
```

この関数はブリックを要素とする配列を引数に取ります。この関数を `numOfBricks(allBricks)` のように呼び出すと、引数 bricks の値が allBricks の値の配列と同じになります。

numOfBricks 関数は、引数の配列の中のブリックのうち、visible プロパティが true であるブリックの数を数えて戻り値として返します。visible プロパティが true であれば、まだ消えていないブリックです。

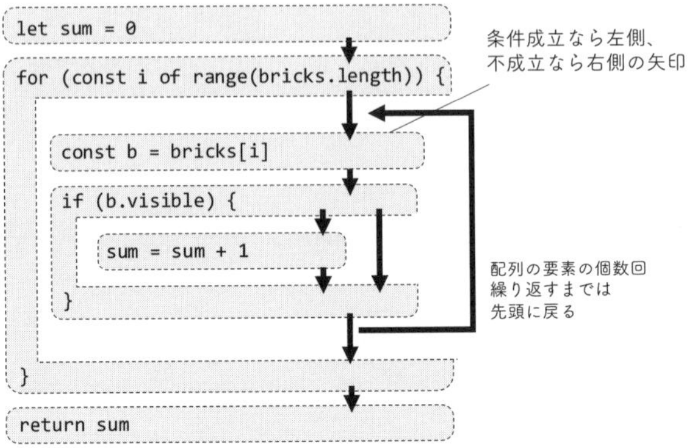
let sum = 0
for (const i of range(bricks.length)) {
const b = bricks[i]
if (b.visible) {
sum = sum + 1
}
}
return sum
条件成立なら左側、
不成立なら右側の矢印
配列の要素の個数回
繰り返すまでは
先頭に戻る

図 15.2　numOfBricks 関数

関数の中では for...of 文を使って一つ一つのブリックの visible プロパティを調べます（図 15.2）。前に示した図 15.1 の for...of 文と同様です。`range` の中の `bricks.length` は配列 bricks の要素の個数を表します。

numOfBricks 関数は変数 sum の値を最初 0 とし、for...of 文の繰り返しの中で visible プロパティが true であるブリックが見つかるたびに sum の値を 1 増やします。for...of 文の繰り返しが終了した後、sum の値は visible プロパティが true であるブリックの数になります。これを return 文で関数の戻り値にします。

15.2　たくさんの要素を含む配列を作る

最後に定数 allBricks（all bricks、すべてのブリック）の値の配列の作り方を説明します。配列を作るには要素の値をカンマ , で区切って並べ、かぎ括弧 [] で囲むのでした。配列の要素はブリックを表すオブジェクトですから、波括弧 {} でそのオブジェクトのプロパティを囲んで作ります。そうすると、たとえば次のようになります。

```
const allBricks = [{ x:  10, y: 50, visible: true },
                   { x:  70, y: 50, visible: true },
                   { x: 130, y: 50, visible: true }]
```

この例は三つのオブジェクトを要素にもつ配列を作り、allBricks の値にします。かぎ括弧 [] の中に波括弧 {} で囲まれたオブジェクトが三つ、カンマで区切られて並んでいます。それぞれのオブジェクトが一つのブリックを表します。

このやり方ではブリックの数が増えると少し大変です。プログラムが何行にも増えてしまいます。そこで今回は、配列の新しい要素を作ってはそれを**配列に追加する**、ということを for...of 文を使って繰り返します。最初、要素の個数が 0 である配列を作り、それに新しい要素を一つ追加するという処理を for...of 文で必要な回数繰り返します。

まず要素が 0 個の**空の配列**を作り定数 allBricks の値にします。

```
const allBricks = []
```

= の右辺の [] は**空の配列**を作ります。かぎ括弧の中は何も書きません。要素が空なので空の配列、つまり配列の要素の個数が 0 個の配列を作ります。この配列には後から配列の要素を加えるので最初は空でよいのです。

続いてブリックを表すオブジェクトに加える show メソッドと checkHit メソッドを作ります。たくさんのオブジェクトを作るので二つのメソッドを仮に作って定数 brickShow と brickCheckHit の値にしておきます。

```
const brickShow = function () {
  if (this.visible) {
    pro.rect(this.x, this.y, BRICK_WIDTH, BRICK_HEIGHT)
  }
}

const brickCheckHit = function (b1, b2) {
  if (this.visible) {
    if (b1.hits(this) || b2.hits(this)) {
      pro.beep(880)
      this.visible = false
    }
  }
}
```

普通にメソッドをオブジェクトに加える場合、最初の行はたとえば

```
brick.show = function () {
```

のように書くので少し異なりますが、作ったメソッドをオブジェクトに直接加えるのではなく、いったん定数の値にすることを除けば残りは同じです。後で使うためにメソッドを先に作り、名前をつけておく、と見なせます。

こうして配列と二つのメソッドの準備が整えば、残りはブリックのオブジェクトをたくさん作って allBricks に加えるだけです。具体的には次のようにします。

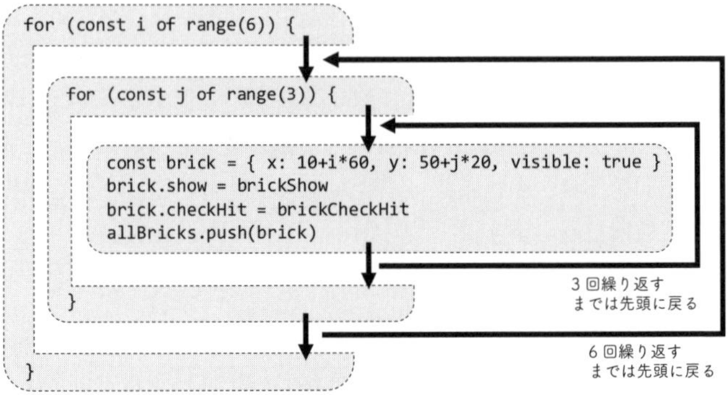
for (const i of range(6)) {
for (const j of range(3)) {
const brick = { x: 10+i*60, y: 50+j*20, visible: true }
brick.show = brickShow
brick.checkHit = brickCheckHit
allBricks.push(brick)
}
3 回繰り返す
までは先頭に戻る
}
6 回繰り返す
までは先頭に戻る

図 15.3 for...of 文でオブジェクトをたくさん作る

```
for (const i of range(6)) {
  for (const j of range(3)) {
    const brick = { x: 10 + i * 60, y: 50 + j * 20,
                    visible: true } // オブジェクトを一つ作る
    brick.show = brickShow            // brick に show メソッドを加える
    brick.checkHit = brickCheckHit    // brick に checkHit メソッドを加える
    allBricks.push(brick)             // brick を配列に加える
  }
}
```

これは 18 個のブリックを作って三行六列に並べます。3 行目は長いので途中のカンマ , で改行して二行にしました。二重の入れ子の for...of 文が使われているので少しわかりにくいのですが、これ全体は図 15.3 のような形になっています。

外側の for...of 文により定数 i は 0 から 5 の六通りの値を取ります。内側の for...of 文により定数 j は 0 から 2 の三通りの値を取ります。これらの i と j のすべての組み合わせについて、内側の for...of 文の {} の中の五行が実行されます。この組み合わせは $6 \times 3 = 18$ 通りですから、{} の中の五行は 18 回繰り返し実行されることになります。

> **嬢:** まず i の値を 0 として、j を 0、1、2 と変えながら 3 回繰り返し実行して、その後 i の値を 1 として、再び j を 0、1、2 ... と繰り返すのですよね。

二重の for...of 文で繰り返し実行される五行は、まず最初の二行でオブジェクトを新しく一つ作り brick の値とします。ついでそのオブジェクトに show メソッドと checkHit メソッドを加えます。`brick.show` と `brickShow` の違いなどに注意してください。前者は定数 brick の show メソッド（プロパティ）で、後者は定数 brickShow です。

最後に allBricks オブジェクトの push メソッドを呼び出して、今作ったオブジェクトを要素の最後に加えます。これにより二重の for...of 文の実行が終了すると、実行中に作られた 18 個の要素を含んだ配列 allBricks ができあがります。push メソッドはすべての配列にあらかじめ加えられているメソッドです。事前に何もしなくても使うことができ、呼び出すと push の引数を配列の最後の要素として加えます。たとえば配列の中に 0 番目から 5 番目まで 6 個の要素が含まれているなら、push メソッドは引数を 6 番目の要素として加えます。配列の要素数は合計 7 個になります。

> **友:** オブジェクトを作るときのプロパティ x と y の値がなんか複雑な式になっているのだけど？

二重の for...of 文で作られるブリックのオブジェクトは、座標としてそれぞれ異なる x と y の値を持ちます。そこで定数 i と j の値から x と y の値を計算し、作られたブリックが三行六列にうまく並ぶようにします。x の値は $10 + \mathsf{i} \times 60$ で、y の値は $50 + \mathsf{j} \times 20$ です。i と j の値と x と y の値の関係を表にすると下のようになります。表では x と y の値を (x, y) のように表しています。

$j \setminus i$	0	1	2	3	4	5
0	(10, 50)	(70, 50)	(130, 50)	(190, 50)	(250, 50)	(310, 50)
1	(10, 70)	(70, 70)	(130, 70)	(190, 70)	(250, 70)	(310, 70)
2	(10, 90)	(70, 90)	(130, 90)	(190, 90)	(250, 90)	(310, 90)

x の値は i の値が 1 増えるごとに 60 ずつ大きくなり、y の値は j の値が 1 増えるごとに 20 ずつ大きくなるのがわかります。

以上のプログラムで第 13 章のプログラム 13.3・13.4 を書き換えるとブロック崩し風ゲームの完成です。完成したプログラムは、1 行目から 62 行目までは元のプログラム 13.3・13.4 と同じですが、63 行目以降がプログラム 15.1・15.2 のようになります。実行すると図 15.4 のようになります。ボールをパドルで打ち返してブリックに当て、ブリックを消していきます。すべてのブリックを消

プログラム 15.1　ブロック崩し風ゲーム

```
// ブリックとボールの当たり判定をする hits メソッド
ball1.hits = ball2.hits = function (brk) {
  return this.hitsSide(brk, 0) ||
         this.hitsSide(brk, BRICK_HEIGHT)
}

// ブリックの辺 (side) とボールの当たり判定をする hitsSide メソッド
ball1.hitsSide = ball2.hitsSide = function (brk, yOffset) {
  return pro.crossing(this.x, this.y,
                      this.x - this.dx, this.y - this.dy,
                      brk.x, brk.y + yOffset,
                      brk.x + BRICK_WIDTH, brk.y + yOffset)
}

// ブリック
const BRICK_WIDTH = 40       // ブリックの幅
const BRICK_HEIGHT = 10      // ブリックの高さ
const allBricks = []         // 空の配列

const brickShow = function () {
  if (this.visible) {
    pro.rect(this.x, this.y, BRICK_WIDTH, BRICK_HEIGHT)
  }
}

const brickCheckHit = function (b1, b2) {
  if (this.visible) {
    if (b1.hits(this) || b2.hits(this)) {
      pro.beep(880)
      this.visible = false
    }
  }
}

for (const i of range(6)) {
  for (const j of range(3)) {
    const brick = { x: 10 + i * 60, y: 50 + j * 20,
                    visible: true }  // オブジェクトを一つ作る
    brick.show = brickShow              // brick に show メソッドを加える
    brick.checkHit = brickCheckHit  // brick に checkHit メソッドを加える
    allBricks.push(brick)               // brick を配列に加える
  }
}

function numOfBricks(bricks) {
  let sum = 0                // 変数 sum の値は最初 0
  for (const i of range(bricks.length)) {
    const b = bricks[i]
    if (b.visible) {         // まだ消えていなければ
      sum = sum + 1          // sum を 1 増やす
    }
  }
  return sum                 // 最終的な sum の値が戻り値
}
```

プログラム 15.2 ブロック崩し風ゲーム（続）

```

// draw 関数の宣言
function draw() {
  pro.background(white)     // 背景を白く塗りつぶす
  paddle.move()             // パドルを動かす
  paddle.show()             // パドルを描く
  ball1.move(paddle)        // 一つ目のボールを動かす
  ball2.move(paddle)        // 二つ目のボールを動かす

  // どちらかのボールがブリックに当たったらブリックを消す
  for (const i of range(allBricks.length)) {
    const brick = allBricks[i]      // i 番目のブリック
    brick.checkHit(ball1, ball2)  // ボールが当たったら消す
    brick.show()                    // ブリックを描く
  }

  ball1.show()              // 一つ目のボールを描く
  ball2.show()              // 二つ目のボールを描く

  // ボールが下の壁を越えたら終了
  if (ball1.isOut() || ball2.isOut() ||
      numOfBricks(allBricks) == 0) {
    pro.stop()              // プログラムの実行終了
  }
}

pro.frameRate(20)       // 毎秒 20 フレームに設定
pro.start()             // 動画の開始
```

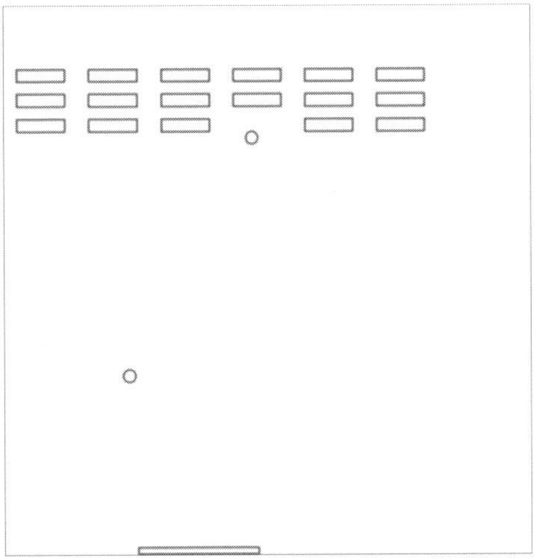

図 15.4 完成したブロック崩し風ゲーム

したらプレイヤーの勝利で、途中でボールを打ち返し損ねたらプレイヤーの負けです。

15.3 for...of 文と for 文

ブロック崩し風ゲームのプログラムを書きながら for...of 文と配列を組み合わせる手法を見てきました。数多くのオブジェクトや数値に対して同じ処理を繰り返し実行しなければならないとき、この手法を使うと無駄な重複のない簡潔なプログラムを書くことができます。オブジェクトや数値の数が増えても、プログラムを変えなくてよいのも特徴です。

配列と for...of 文の組み合わせはよく使われるので、プログラムがさらに簡潔になるように専用の書き方を JavaScript 言語は用意しています。例として numOfBricks 関数を使って説明します。プログラム 15.1 では次のようになっていました。

```
function numOfBricks(bricks) {
  let sum = 0
  for (const i of range(bricks.length)) {
    const b = bricks[i]
    if (b.visible) {
      sum = sum + 1
    }
  }
  return sum
}
```

この関数は次のように書き換えることができます。

```
function numOfBricks(bricks) {
  let sum = 0
  for (const b of bricks) {   // bricks のそれぞれの要素 b について
    if (b.visible) {
      sum = sum + 1
    }
  }
  return sum
}
```

この関数を呼び出したときの動作は変わりませんが、元の関数の 3 行目と 4 行目が書き換え後は 3 行目一行になります。他の行は変わりません。上から 3 行目の for...of 文の `of` の右側が、書き換え後は range ではなく bricks に変わります。bricks は numOfBricks 関数の引数でその値は配列です。

これまで見てきた for...of 文の定数 i などの値は今繰り返しの何回目かを表す

数値でした。一方、新しく示した for...of 文のように of の右側が配列の場合、定数の値（上の例の場合は b の値）はその配列の要素です。for...of 文は**その配列のすべての要素それぞれについて、毎回異なる要素を順に一つ選んで続く {} の中を実行します**。これをすべての要素が選ばれるまで繰り返します。定数の値は**その回の繰り返しのために選ばれた配列の要素です**。なお of の右側には、値が配列である定数や変数、引数、かぎ括弧 [] で囲まれた配列を作る式などが書けます。また戻り値が配列である関数やメソッドの呼び出しも書けます。

> **先:** 実は for...of の of の右側はいろいろな種類の値が書けるんだよね。たとえば配列の他にも文字列が書けて、その場合、繰り返しのたびに文字列の先頭から一文字ずつ選ばれて定数の値になる。

これまで for...of 文を何度も便利に使ってきましたが、実は for...of 文の of の右側に書いていた range は筆者があらかじめ書いておいた特殊な関数です。普通の JavaScript 言語のプログラムでは使えません。

何かを繰り返し実行したい場合、range を使わないなら for...of 文ではなく、for 文を使います。例を次に示します。

```
function numOfBricks(bricks) {
  let sum = 0
  const n = bricks.length           // n は繰り返し回数
  for (let i = 0; i < n; i++) {     // for 文
    const b = bricks[i]
    if (b.visible) {
      sum = sum + 1
    }
  }
  return sum
}
```

これも元の numOfBricks 関数と動作は同じです。4 行目が for 文です。

for 文はいろいろな使い方ができるのですが、典型的には上の例のように

```
for (let i = 0; i < n; i++) {
```

という形で使います。これは変数 i の値を 0、1、2、... と変えながら n 回、続く波括弧 {} の中を繰り返し実行します。n のところを変えれば繰り返しの回数を変えられます。

この for 文を使った numOfBricks 関数の動作を図示すると図 15.5 のようになります。だいぶ複雑ですが、for 文の括弧の中はセミコロン ; で三つに分かれて

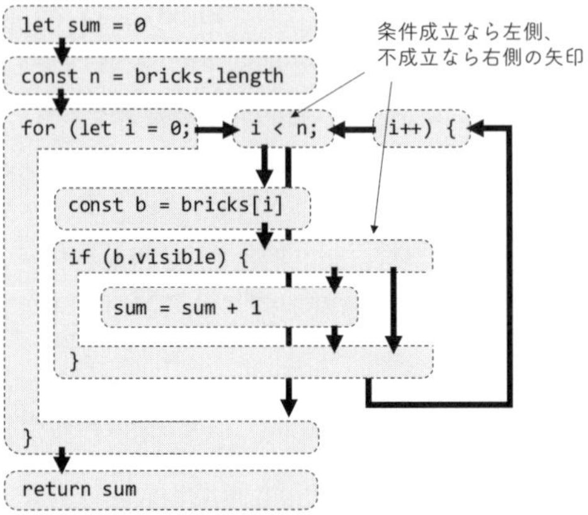

図 15.5　for 文による繰り返し

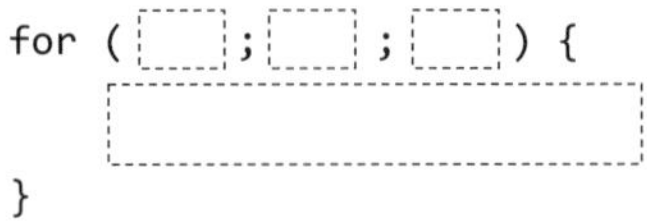

図 15.6　for 文の括弧の中はセミコロン; で三つに分かれる

います（図 15.6）。この三つの部分の役割を説明しましょう。

まず左側の `let i = 0` は繰り返しの最初に一度だけ実行される部分で、変数 i を宣言します。定数ではなくて**変数**なので `let` を使います。この変数は最初に宣言すると for 文による繰り返しの間中ずっと有効です。途中で値が変わるため定数ではなく変数にします。

続く中央の `i < n` は繰り返しを続ける条件です。毎回の繰り返しを始める前にこの条件が成り立っているか確かめます。成り立っていれば波括弧 {} の中を繰り返し実行します。成り立っていなければ、それ以上繰り返すことはせず、for 文の実行を終了します。

右側の `i++` は変数 i の値を 1 増やす、という意味の式です。毎回の繰り返し実行が終わった直後、中央の条件を調べる前にこれを実行します。これにより波括弧 {} 内を繰り返し実行するたびに変数 i の値が 1 ずつ増えていきます。よって、n 回繰り返すと i の値が n と等しくなり、中央の条件 `i < n` が成り立たなくなるので、for 文の実行が終わるのです。

先: for 文は少し難しいけど、こういう形であると丸暗記してしまえばよいと思う。

嬢: ところで range を自分で書いて使いたいときはどうするのですか？

先: プログラムに次のような関数宣言を書いておけば使えるよ。

```
function* range(n) {
  for (let i = 0; i < n; i++)
    yield i
}
```

ちょっと特殊な関数で function の右に * がついている。悪いけど難しいから説明はしない。

章のまとめ

- **配列の length プロパティ**
  配列の要素の数を表す。a の値が配列とすると `a.length` は a に含まれる要素の個数を表す。

- **配列の push メソッド**
  引数の値を最後の要素として配列に追加する。a の値が配列とすると `a.push(v)` は v の値を a の最後の要素として a に加える。

- **for...of 文と配列**
  for...of 文の `of` の右側が配列である場合、その配列の要素それぞれについて続く `{}` で囲まれたブロックの中を繰り返し実行する。次のように書く。

```
for (const 定数名 of 配列 ) {
    0行以上のプログラム。何行でもよい。
}
```

- **for 文**
  続く `{}` で囲まれたブロックの中を、変数の値を 0、1、2、... と変えながら指定の回数だけ繰り返し実行する。次のように書く。

```
for (let 変数名 = 0; 変数名 < 繰返し回数 ; 変数名 ++) {
    0行以上のプログラム。何行でもよい。
}
```

第16章 自分の足で立ってみる

これまで筆者が用意した Web ページ上のプログラミング環境でプログラムを書いてきました。最後にこのプログラミング環境を使わずにプログラムを書いて動かしてみましょう。

筆者のプログラミング環境はタートル・グラフィックスや Processing 風プログラミングのためのライブラリを提供しています。これらのライブラリが使えたので、これまで難しい部分はライブラリの関数（正しくはメソッド）を呼び出すことですませてきました。自分たちでは難しい部分を書いてこなかったわけです。本章では JavaScript 言語のプログラムなら特別なインストールなしで使える**標準ライブラリの関数やメソッドだけを使って**プログラムを書いてみます。

16.1 HTML と CSS

本章では JavaScript 言語で書いたプログラムを Web ブラウザの中で動かす方法を説明します。JavaScript のプログラムは適切なソフトウェアをインストールすれば Web ブラウザとは関係なく動かすことができます。そのようなソフトウェアとしてたとえば Node.js が有名です。しかし Web ブラウザを使う方法は手軽なので本章ではこちらを採用します。筆者独自のライブラリは使わず、Web ブラウザの中で動かす場合に標準的に使えるライブラリだけでプログラムを書いていきます。

私たちが普段目にしている Web ページは、サーバと呼ばれる遠くのコンピュータから Web ブラウザがそのページのデータを受け取って表示しています。データは Wi-Fi や 4G、5G あるいは光ファイバーによる FTTH といったネットワークを通して送られています。

一方、Web ページのデータは遠くのサーバではなく手元のパソコンやタブレット上のファイルに保存しておくこともできます。保存したファイルを開けばその Web ページが Web ブラウザによって表示されます。本章ではこちらの方法を使います。

> **嬢:** サーバ (server) って時々聞きますけど、どういう意味なんですか？
>
> **先:** ネット上のサービスを提供（サーブ、serve）するコンピュータ。直訳すると給仕。レストランのウェイターのことだね。
>
> **友:** そっか、こっちはネットのサービスを食べに来たお客ってわけなんだ。

Web ブラウザでプログラムを動かすにあたって、ファイルを二つ作って保存します。

(a) Web ページの内容を書いた文書のファイル

(b) 動かしたいプログラムを書いた文書のファイル

この二つのファイルです。二つのファイルを一つにまとめてしまうこともできますし、前者 (a) のファイルをさらに二つのファイルに分けることも多いのですが、ここでは二つのファイルに分けることにします。

二つのファイルは**テキスト形式**で（**テキストファイル**として）保存します。この形式で文書を保存できるアプリケーション（アプリ）は一般に**テキストエディタ**と呼ばれいろいろなものがあります。**ソースコードエディタ**と呼ばれることもあります。ファイルを作るにあたり、どのテキストエディタを使ってもかまいません。筆者が用意した Web 上のプログラミング環境でも、プログラムを書いてメニューから「ファイルへ保存」を選ぶと、書いたプログラムをテキスト形式で保存できます。

> **友:** ソース？ ミートソースとかトマトソースとかの？
>
> **先:** それは sauce の方。今言っているのは source の方。Source code editor は、源（ソース）になる符号（コード）の編集者（エディタ）という意味だよ。コードっていうのはプログラムのこと。今は Visual Studio Code (VS Code) が人気のエディタかな。

プログラム 16.1 (a) の HTML ファイルの内容

```
<!DOCTYPE html>
<html>
  <head>
    <meta charset="UTF-8">
    <title>プログラミングの練習</title>
    <style>
      h1 {
        font-size: x-large;
        font-family: sans-serif;
      }
      canvas {
        border: 1px solid gray;
      }
    </style>
  </head>
  <body>
    <h1>JavaScriptプログラム</h1>
    <canvas id="draw-area" width=600 height=600></canvas>
    <script src="program.js"></script>
  </body>
</html>
```

最初に (a) Web ページの内容を書いた文書のファイルを作ります。この文書は **HTML** というある種のプログラミング言語で書きます。HTML はハイパーテキスト・マークアップ言語 (Hyper-Text Markup Language) の略です。作成するファイルには.html で終わる名前をつけます。このため HTML で書いた文書のファイルのことを HTML ファイルと呼びます。

プログラム 16.1 に (a) の HTML ファイルの内容を示します。これを書いてファイルに保存したものが (a) のファイルです。ファイルの名前は.html で終われば何でもかまいません。たとえば webpage.html などとすればよいでしょう。

もう一方の (b) のファイルの名前は program.js とします。まずは試しに空白行だけの空のプログラムを書いて program.js という名前のファイルに保存し、(a) のファイルを Web ブラウザで開いてください。図 16.1 のような Web ページが表示されます。「JavaScript プログラム」という見出しと、プログラムが描いた絵を表示するペイン（四角い枠の区画）の二つからなる簡単な Web ページです。今は (b) のファイルが空なのでペインの中には何も表示されませんが、後ほど (b) のファイルの中にプログラムを書いて、ここに絵を表示します。

自分で書いたプログラムを Web ブラウザ上で動かすだけならプログラム 16.1 の内容を変える必要はありません。ある種の「呪文」として書き写せばよく、内容を理解する必要はありません。しかしせっかくですから、以下ではプログラム 16.1 に何が書かれているのかを簡単に説明します。

図 16.1　Web ページ

プログラム 16.1 のような HTML の文書に書かれているのは Web ページを描くために必要な情報です。たとえばプログラム 16.1 を翻訳すると図 16.2 のようになります。「本文」という項目の下に「見出し」と「絵を表示するペイン」が並んでいるのがわかります。これらは図 16.1 の Web ページの中身です。他にもいろいろなことが書いてありますが、それらは Web ページの設定情報です。

図 16.2 の階層的に箇条書きされた各項目を記述するために、HTML は**タグ**と呼ばれる括弧のような記号を用います。たとえばプログラム 16.1 の 2 行目の `<html>` と 21 行目の `</html>` がタグです。`<html>` が開き括弧に、`</html>` が閉じ括弧に相当し、二つのタグに囲まれた `<html>` から `</html>` までがひとまとまりの項目になります。このひとまとまりの項目のことを、そのタグの名前をとって html 要素などと呼びます。また名前を <> ではさんだ `<html>` のようなタグを**開始タグ**、</ と > ではさんだ `</html>` のようなタグを**終了タグ**といいます。

その項目に下位の階層の小項目がある場合は、開始タグと終了タグの間に記述します。たとえば html 要素なら、図 16.2 の「HTML 文書」という項目に対応するので、下位の階層の小項目が二つあります。設定情報と本文です。このためプログラム 16.1 では `<html>` と `</html>` の間に head 要素（設定情報）と body 要素（本文）が並んで書かれています。head 要素は 3 行目の `<head>` と 15 行目の `</head>` で囲まれた部分、body 要素は 16 行目の `<body>` と 20 行目

- 以下は HTML 文書 <!DOCTYPE>
- HTML 文書 <html>
  - 設定情報 <head>
    - メタ情報 <meta>：文字は UTF-8 方式で保存
    - Web ページのタイトル <title>
      プログラミングの練習
    - CSS による体裁や見栄えの設定 <style>

```
h1 {
  font-size: x-large;
  font-family: sans-serif;
}
canvas {
  border: 1px solid gray;
}
```

  - 本文 <body>
    - 見出し <h1>
      JavaScript プログラム
    - 絵を表示するペイン <canvas>：名称 draw-area、幅 600、高さ 600
    - 実行する JavaScript プログラムのファイル <script>：program.js

図 16.2 Web ページを描くために必要な情報

の </body> で囲まれた部分です。

このように html 要素の他にも head 要素や body 要素など、さまざまな要素があります。これらいろいろな要素をまとめて **HTML 要素**とも呼びます。

各項目の内容が開始タグと終了タグの間に書かれることもあります。たとえば 17 行目の h1 要素がそれです。h1 要素は Web ページの本文中に現れる見出しを表します。それが具体的にどんな見出しかは開始タグと終了タグの間に書きます。

```
17        <h1>JavaScriptプログラム</h1>
```

これは h1 要素なのでタグは <h1> と </h1> です。タグの間に書かれている「JavaScript プログラム」が Web ページに見出しの文として表示されます (図 16.1)。

その項目の内容が開始タグの中に属性値として書かれることもあります。18 行目の canvas 要素や 19 行目の script 要素がその例です。canvas 要素の開始タグには、三つの属性 id、width、height の値が書かれています。

```
18        <canvas id="draw-area" width=600 height=600></canvas>
```

canvas 要素は絵を表示するペインです。id 属性はこのペインにつける名前で、二重引用符 " で囲まれた `draw-area` がその名前です。この名前は後でプログラムの中から使います。width と height はペインの高さと幅で、値はどちらも 600（ピクセル）です。

19 行目の script 要素は、**この Web ページの上で動かすプログラムを指定します**。動かすプログラムのファイル名は src 属性の値です。プログラム 16.1 の場合、program.js という名前のファイルに保存された JavaScript プログラムを実行します。異なるファイルのプログラムを実行したいときは、この `program.js` の部分をそのファイルの名前に変えます。

友: 項目の内容をタグの間に書いたり、開始タグの中に書いたり、覚えられないな。

先: 俺も覚えきれないよ。HTML を書くときはみんな資料を見ながら書いてるんじゃないかな。

嬢: あの、!DOCTYPE や meta は開始タグだけで終了タグが見つからないのですが...

先: あ、これは例外。開始タグだけで終了タグはない。

プログラム 16.1 の 4 行目の meta 要素は開始タグだけの HTML 要素です。この要素の charset 属性は、この HTML ファイル中の文字が UTF-8 という方式で保存されていることを意味します[1)]。

6 行目から 14 行目までの style 要素はこの Web ページの見出しなどの体裁や見栄えを決めます。この部分は長くなりがちなので別のファイルに分けて書くこともできます。style 要素のタグの内側は HTML ではなく **CSS** (Cascading Style Sheets) という別の言語で書きます。CSS は第 11 章の 11.3 節でも色の表現の仕方の説明に出てきました。

1) つまり HTML ファイルは UTF-8 で保存しないといけません。テキストエディタによっては特に指定しないと UTF-8 と異なる方式で保存することがあるので注意が必要です。

style 要素の中にはルールを書きます。このルールを変えると図 16.1 の Web ページの見た目が変わります。プログラム 16.1 の場合は二つのルールが書いてあります。7 行目から 10 行目までと 11 行目から 13 行目までの二つです。

それぞれのルールは**セレクタ**から始まります。たとえば 7 行目からのルール：

```
7  h1 {
8    font-size: x-large;
9    font-family: sans-serif;
10 }
```

の場合 h1 がセレクタです。セレクタとそれに続く波括弧 {} で囲まれた部分を合わせて一つのルールです。セレクタはそのルールがどの HTML 要素に適用されるかを表します。h1 の場合、すべての h1 要素（といっても例の場合 h1 要素は一つだけです）にルールが適用されます。もう一つのルールのセレクタは canvas ですからすべての canvas 要素にルールが適用されます。

セレクタに続く波括弧 {} の中には、セレクタによって選ばれた HTML 要素の体裁や見栄えについての設定を書きます。たとえば 8 行目は font-size（字の大きさ）を x-large（標準より二段階大きい）に設定します。また 9 行目は font-family（フォント）を sans-serif（サンセリフ体）に設定します。これらの設定により、h1 要素（つまり見出し）の字の大きさとフォントが決まります。font-size や font-family をプロパティと呼び、プロパティとその値の間はコロン : で区切ります。また行末にはセミコロン ; を書きます。

友: これで終わり？ 本当はもっと説明することあるんじゃない？

先: HTML も CSS も奥が深いからなあ。きちんと説明したら、この本が上下二巻になっちゃうよ。きっと編集さんが俺の先生に書くな、って言ったんだよ。

友: そうだねえ。上下二巻の入門書なんて読む気しないな。

16.2 JavaScript のプログラム

二つあるファイルのうち (a) の HTML ファイルはプログラム 16.1 のように書けました。いよいよ動かしたい JavaScript のプログラムを書いて (b) のファイル program.js に保存します。例題として第 7 章の 7.3 節で取り上げた例を再び用います。これは長方形を上から下に向かって動かすだけの簡単な動画のプログラムでした。第 7 章では筆者が書いたライブラリを使いましたが、今度はそれを使わずに標準的なライブラリだけを使ってプログラムを書いてみます。

プログラム 16.2 にプログラムを示します。これを (b) のファイル program.js に保存します。(b) のファイルを作った後に HTML ファイル (a) を開くと、長方形が上から下へ動く動画が Web ページに表示されます（図 16.3）。終了ボタンはなく長方形が永遠に動き続けるので、このプログラムの実行を終わらせる

プログラム 16.2　JavaScript ファイル

```
let frameCount = 0     // 今何回目の draw の呼び出しか

function draw() {
  const drawArea = document.getElementById('draw-area')
  const pen = drawArea.getContext('2d')
  // 背景を白く塗りつぶす
  pen.clearRect(0, 0, drawArea.width, drawArea.height)
  // 長方形を描く
  pen.strokeRect(100, frameCount % drawArea.height, 30, 10)
}

function callback() {
  draw()
  frameCount = frameCount + 1     // frameCount を 1 増やす
  window.requestAnimationFrame(callback)
}

window.requestAnimationFrame(callback)
```

図 16.3　長方形が上から下へ動く動画

プログラム 16.3 第 7 章で示した元のプログラム（一部変更あり）

```
1  function draw() {
2    pro.background(white)                                    // 背景
3    pro.rect(100, pro.frameCount % pro.height , 30, 10)    // 長方形
4  }
5
6  pro.start()     // 動画の開始
```

ためには Web ページを閉じてください。

比較のため第 7 章の 7.3 節の元のプログラムをプログラム 16.3 に再掲します。新しいプログラム 16.2 と動作を合わせるため 3 行目を少しだけ変えています。筆者が書いたライブラリを使っている分、プログラムはわずか六行です。

プログラム 16.2 の draw 関数は元のプログラム 16.3 の draw 関数に対応します。つまりプログラム 16.2 の draw 関数の宣言以外の残りの部分は、元のプログラム 16.3 の 6 行目で呼び出している pro.start の役割を担っています。

> **先:** pro.start を使うと、少なくとも draw 関数以外の行を書かずにすむんだよね。本物の pro.start はもっと長いプログラムだから、本当は使えるライブラリは何でも使った方が便利だよね。

プログラム 16.2 で中心になるのは 18 行目の windows.requestAnimationFrame の呼び出しです。これは Web ブラウザ上で JavaScript のプログラムを動かすときは標準的に使えるメソッドです。このメソッドは、引数の callback 関数をおおよそ 1/60 秒後に改めて呼び出すようにコンピュータに指示します。

1/60 秒後に呼び出される callback 関数は draw 関数を呼び出した後、大域変数 frameCount の値を 1 増やし、15 行目で再び windows.requestAnimationFrame を呼び出します。これによって、さらに 1/60 秒後に再び callback 関数が呼び出されます。

callback 関数は呼び出されると、draw 関数を呼び出した後 frameCount の値を 1 増やしては、次の 1/60 秒後に再び callback 関数が呼び出されるようにします。したがって、一度 callback 関数を呼び出すと、おおよそ 1/60 秒に 1 回、callback 関数が繰り返し呼び出され、その結果、draw 関数も 1/60 秒に 1 回繰り返し呼び出されます。これは pro.start 関数を呼び出したときに起きることと同じです。

プログラム 16.2 では draw 関数も元の draw 関数より少し行数が増えます。大事なのは 4 行目と 5 行目です。

```
4    const drawArea = document.getElementById('draw-area')
5    const pen = drawArea.getContext('2d')
```

4 行目では HTML の canvas 要素を表すオブジェクトを取得して定数 drawArea の値としています。(a) の HTML ファイルの内容として、プログラム 16.1 の 18 行目で canvas 要素を書きました。この HTML 要素には draw-area という名前をつけたので、それを使ってその HTML 要素を表すオブジェクトを得ます。document.getElementById を呼び出すと、引数の名前と一致する HTML 要素を表すオブジェクトを戻り値として返します。

> **友:** HTML の canvas 要素を表す JavaScript 言語のオブジェクト？ 何それ？
>
> **先:** 二つの言語が出てくるからわかりくいよね。難しいことを言わなければ、同じものと思ってよいと思う。要するに、定数 drawArea は HTML の canvas 要素のことだよ。それにつけた新しい名前。HTML での名前は draw-area だけど、JavaScript での名前は drawArea なんだよ。
>
> **嬢:** あ、英語の Mary さんがフランス語では Marie さん、みたいなことですか？ ラテン語なら Maria 様ですよね。

続いて 5 行目では、この drawArea の getContext メソッドを呼び出します。引数は文字列 2d です。すると、このメソッドは canvas 要素の中に図形や文字を描くためのペンの役割をするオブジェクトを取り出して、戻り値として返します。そこでこのオブジェクトを定数 pen とします。

これらの定数 drawArea と pen を使って、7 行目と 9 行目で背景を白く塗りつぶし、長方形を描きます。それぞれ pen のオブジェクトの clearRect メソッドと strokeRect メソッドを呼び出します。

clearRect メソッドの引数は塗りつぶす範囲の座標です。`drawArea.width` と `drawArea.height` は canvas 要素、つまり絵を描くペインの幅と高さを表します。9 行目は元のプログラム 16.3 の 3 行目とほぼ同じです。pro.frameCount が大域変数 frameCount に、pro.height が drawArea.height に変わるだけです。frameCount の値をペインの高さで割った余りを計算していますが、これは長方形がペインの下の端に達したら再び上の端に戻るようにするためです。

pen の値のオブジェクトはさまざまなメソッドを持ちます。pen のメソッドを呼び出すことで、いろいろな図形や文字を描くことができますし、色をつけて描くこともできます。ここでは詳しく紹介できませんが、どのようなメソッドが使えるかは CanvasRenderingContext2D インタフェースとして決められているので、調べてみてください。

16.3 画面のクリックに反応する

プログラム 16.2 は Web ページを閉じない限り永遠に止まらないプログラムでした。これを少し変えて長方形が描かれているペインをクリックしたら（タッチしたら）プログラムがそこで止まるようにします。

前節のプログラムをプログラム 16.4 のように変えて、ファイル program.js に上書き保存してください。その後 Web ブラウザで Web ページを開くと、前と同様、長方形が下に向かって動き出します。しかし今度はクリックすると、長方形の動きがそこで止まります。

プログラム 16.4 クリックすると動画が止まるようにしたプログラム

```
const drawArea = document.getElementById('draw-area')
let running = true      // 動かし続けるか否か
let frameCount = 0      // 今何回目の draw の呼び出しか

function draw() {
  const pen = drawArea.getContext('2d')
  // 背景を白く塗りつぶす
  pen.clearRect(0, 0, drawArea.width, drawArea.height)
  // 長方形を描く
  pen.strokeRect(100, frameCount % drawArea.height, 30, 10)
}

function callback() {
  draw()
  frameCount = frameCount + 1       // frameCount を 1 増やす
  if (running) {                    // もし running が true なら
    window.requestAnimationFrame(callback)
  }
}

drawArea.onclick = function () {
  running = false                   // プログラムを止める
}

window.requestAnimationFrame(callback)
```

前のプログラムが永遠に動き続けていたのは、呼び出された callback 関数が次の 1/60 秒後も再び callback 関数を呼び出すように指示していたためです。したがって callback 関数が指示を止めればプログラムはそこで止まります。

callback 関数は window.requestAnimationFrame を呼び出すことでこの指示を出していたので、これを呼び出すのを止めればプログラムが止まります。そこで新しいプログラム 16.4 では大域変数 running をプログラムに追加して、この大域変数の値が true のときだけ callback 関数が window.requestAnimationFrame を呼び出すようにしました。16 行目の if 文がそれを実現しています。running の値が true（成り立つ、真）のときだけ呼び出しをおこないます。

あとはクリックしたときに大域変数 running の値を false（成り立たない、偽）に変えればプログラムが止まります。筆者が書いたライブラリを使っている場合、mouseClicked メソッドを宣言しておけば、クリックでそのメソッドが呼び出されました。その中で running の値を false に変えればよかったのです。プログラム 16.4 でも同様の手法を使いますが、もう少し面倒なプログラムになります。

新しいプログラム 16.4 では、まず定数 drawArea の宣言を draw 関数の宣言の中から 1 行目へ移します。関数の外へ移すことで drawArea が draw 関数の中だけでなく、プログラムのどこででも利用可能になります。

この定数の値は draw-area と名づけた canvas 要素を表すオブジェクトです。このオブジェクトに onclick メソッドを加えます。21 行目から 23 行目です。宣言を関数の外に移したので定数 drawArea は 21 行目でも利用可能です。onclick メソッドはこの canvas 要素（つまりペイン）がクリックされると呼び出されます。mouseClicked 関数の代わりに onclick メソッドを使うのです。

この onclick メソッドは呼び出されると大域変数 running の値を false に変えます（22 行目)。これにより callback 関数が後で再び呼び出されることはなくなり、プログラムの実行も止まります。

> **嬢:** 先生の先生が書いたライブラリを使わなくても、プログラムの流れはだいたい同じなんですね。
>
> **友:** で、これで終わり？ もう少し役に立つプログラム書かないの？

最後にプログラム 16.4 を少しばかり役に立ちそうなプログラムに変えて終わりにします。プログラム 16.4 の draw 関数をプログラム 16.5 に示す draw 関数に取り替えてください。改めて Web ページを開くと、長方形の代わりに今の時

プログラム 16.5 現在時刻を表示する

```
function draw() {
  const pen = drawArea.getContext('2d')
  // 背景を白く塗りつぶす
  pen.clearRect(0, 0, drawArea.width, drawArea.height)
  // フォントを 20 ピクセルのサンセリフ体に
  pen.font = '20px sans-serif'
  // 時刻を表示
  pen.fillText(Date(), 100, frameCount % drawArea.height)
}
```

図 16.4 ちょっとした時計

間が表示されます（図 16.4）。ちょっとした時計です。

新しい draw 関数は背景を白く塗りつぶすところまでは元の関数と同じですが、その後 pen.font の値を変えることでフォントをサンセリフ体にします。最後に pen.fillText で現在時刻を描きます。pen.fillText の第一引数は描く文字列、第二引数は x 座標、第三引数は y 座標です。第一引数は Date() ですが、実際に引数として渡される値はこの Date の呼び出しの戻り値で、現在時刻を表す文字列です。第二、第三引数の座標の計算方法は元の draw 関数と同じです。

先: はい、これで終わり。お疲れさまでした。

友: なんかあっさりしてるなあ。もっと感動的な終わり方を期待してたのに。

16.4 落ち穂拾い

最後に、本書で取り上げた JavaScript 言語の構文について、これまでに触れられなかったいくつかの事柄を紹介します。これらは構文の省略形や違った書き方で、初学者であっても知っておいた方がよさそうな事柄です。この後、他の書籍を読むときにびっくりしないように覚えておいてください。

文末のセミコロン

これまで一行に一つずつ定数や変数の宣言や関数の呼び出しを書いてきました。実は、このような文の末尾にはセミコロン ; を書きます。ただし JavaScript 言語には自動セミコロン挿入 (Automatic semicolon insertion, ASI) という機能があり、このセミコロンは大半の場合、省略できることになっています。本書ではこの機能を利用してセミコロンを省略してきました。なるべくプログラムを単純にした方が初学者の人にとってはよいと思うからです。

セミコロンを省略せずに書くと、たとえばプログラム 16.4 の一部は次のようになります。

```
function callback() {
  draw();
  frameCount = frameCount + 1;
  if (running) {
    window.requestAnimationFrame(callback);
  }
}
```

このように一部の行末にセミコロンを書きます。

残念ながらすべてのセミコロンを省略できるわけではなく、一部のセミコロンは曖昧さを避けるために省略できません。本書ではそのような例はありませんでしたが、行の左端、つまり行頭に (や [が来るときは、;(や ;[のように行頭にセミコロンを書くか、その前の行の文末にセミコロンを省略せずに書かなければなりません。さもないと前の行の続きと解釈されてしまいます。

> **先:** セミコロンを省略する派としない派があって、今は省略しない派の勢力の方が強いんだよね。二つの流派が対立して熱い議論がかわされた時期もあったらしい。
>
> **友:** えっ？ そんなことで対立するわけ？

先: 少なくとも自分はどちらの流派にするか、はっきり選ばないといけないからね。一つのプログラムの中でセミコロンを省略したり、しなかったりするのは、やっぱりよくないから。

ブロックの波括弧の省略

これまで if 文の条件には波括弧 {} で囲まれたブロックが続くと説明してきました。しかし次の例のように

```
if (running) {
  window.requestAnimationFrame(callback)
}
```

ブロックの中に一行しかない（一文しかない）場合、それを囲んでいる波括弧を省略することができます。

```
if (running)
  window.requestAnimationFrame(callback)
```

このようにです。この省略規則は if 文の else に続くブロックや、for...of 文のブロックについても当てはまります。ただし関数宣言で関数の本体を囲む {} は、たとえ本体の中身が一行であったとしても省略できません。

先: 実は else if つきの if 文は二つの if 文を組み合わせて波括弧を省略したものだったんだよね。if 文は一つで何行にもなるけど、全体で一つの文と見なす。だから括弧を省略できる。たとえば第 4 章の例だと

```
if (i == 13) {
  turtle.width(8)
} else
        if (i == 14) {
  turtle.width(4)
} else {
  turtle.width(1)
}
```

```
if (i == 13) {
  turtle.width(8)
} else {     // { を省略
  if (i == 14) {
    turtle.width(4)
  } else {
    turtle.width(1)
  }
} // } を省略
```

左が第 4 章で見せた形で、右が波括弧を省略しないで書いた形。else if つきの if 文という特別な if 文があるわけじゃないんだ。

コメント

プログラムの中に // があると、// から行末まではコメントとして扱われます。その部分は何も書かれていないのと同じです。

JavaScript 言語ではこの他に /* から始まって */ で終わるまでの部分もコメントとして扱います。途中で改行されていても */ が現れるまですべてコメントとなるので、複数行にまたがる文章をコメントとして書くときに便利です。たとえば次のように使います。

```
/* running が true のときだけ
   requestAnimationFrame メソッドを呼び出す
*/
if (running)
  window.requestAnimationFrame(callback)
```

最初の三行が /* と */ とで囲まれており、コメントとして扱われます。

アロー関数

関数はとても便利でよく使われるので、本書で紹介してきた function から始まる書き方の他に、**アロー関数**と呼ばれる短い書き方もよく使われるようになってきました。厳密には、アロー関数の中では this の扱いが異なるので、function から始まる関数とアロー関数とは**異なるもの**です。しかし、単なる短縮形としてアロー関数が使われることも少なくありません。

アロー関数が使えるのは、= の右辺に function を続けて書く場合などです。たとえば

```
drawArea.onclick = function () {
  running = false
}
```

の場合、次のようにも書けます。

```
drawArea.onclick = () => { running = false }
```

この書き方では => を使うのでアロー（arrow、矢印）関数といいます。矢印 => の左側は関数の引数の並びです。例では引数がないので () だけです。一方、矢印の右側には関数の本体を波括弧 {} で囲んだものを書きます。これは function から始まる書き方と同じです。

アロー関数にはこの他にもいろいろな省略形、短縮形が用意されています。詳細はここでは述べませんが、矢印 => がプログラムの中に現れたら、それは何

らかの関数だと思うようにしてください。

クラス宣言と new 演算子

本書ではプロパティの名前と値の組を波括弧 {} で囲んでオブジェクトを作ってきました。これはかなり簡便な方法で、とくに同じメソッドをもつオブジェクトをたくさん作るときは**クラス宣言**を使う方が普通です。

クラス宣言を使う方法ではメソッドを中心に考えます。まず作ろうとしているオブジェクトに加えるべきメソッドを基本的にはすべて書いて波括弧 {} で囲みます。これはオブジェクトを作るときのひな型になります。

例として第 15 章のプログラム 15.1・15.2 に示したブリックのオブジェクトを考えます。このオブジェクトには show メソッドと checkHit メソッドがありました。そこで、これに constructor（コンストラクタ）という特別なメソッドを加えた三つのメソッドを書いて波括弧 {} で囲みます。

```
1  class Brick {
2    constructor(x, y, v) {      // コンストラクタ
3      this.x = x
4      this.y = y
5      this.visible = v
6    }
7    show() {                    // show メソッド
8      if (this.visible) {
9        pro.rect(this.x, this.y, BRICK_WIDTH, BRICK_HEIGHT)
10     }
11   }
12   checkHit(b1, b2) {          // checkHit メソッド
13     if (this.visible) {
14       if (b1.hits(this) || b2.hits(this)) {
15         pro.beep(880)
16         this.visible = false
17       }
18     }
19   }
20 }
```

1 行目の { と 20 行目の } の間に三つのメソッドの宣言を書きます。メソッドの宣言は、先頭に `function` がないのを除けば普通の関数の宣言と同じ形です。

このようにメソッドの宣言を波括弧で囲んだものを**クラス宣言**と呼びます。クラスは似たようなオブジェクトを作るときのひな形、設計図の役割を果たします。開き波括弧 { の前には `class` とそのクラスの名前を書きます。上の例ではクラスに Brick という名前をつけました。

クラスを元にオブジェクトを作ると、その宣言の中に書かれたメソッドは最

初からそのオブジェクトに含まれます。作ったオブジェクトに一つ一つメソッドを加える必要はありません。

クラスを元にオブジェクトを作るときは new を使います。Brick クラスの場合、

```
const brick = new Brick(10 + i * 60, 50 + j * 20, true)
```

とすると show と checkHit、constructor を含むオブジェクトが一つ作られて定数 brick の値になります。この一行でプログラム 15.1 の 99 行目から 102 行目に対応します。

メソッドはオブジェクトにあらかじめ加えられているとして、普通のプロパティも必要です。そのためには constructor を使います。

上の例では関数を呼び出すときの引数のようなものが、`new Brick` に続けて括弧内に三つ書かれています。実は new を使ってオブジェクトを作ったときは自動的に constructor が呼び出されることになっています。この三つの引数らしきものは constructor に渡される引数なのです。

constructor は受け取った引数を使ってオブジェクトに必要なプロパティを加えます。たとえば Brick クラスの宣言の 3 行目は、作ったオブジェクトには x という名前のプロパティを含め、その値は constructor の第一引数の x にする、という意味です。プロパティの名前も引数の名前も x ですが、`this.x` と書くとプロパティ、`x` とだけ書くと引数です。

JavaScript 言語には他にもオブジェクトを作る方法がありますが、クラス宣言を使う方法が一番普通だと思います。クラス宣言は Python 言語などでもオブジェクトを作るときに使われる一般的な方法です。

16.5　おわりに

本書はこれで終わりです。

本書では JavaScript 言語の基本的な部分だけを使いながらプログラミングの基本を解説してきました。本書で学んだ部分だけでも、たいていのプログラムが書けますが、英語などと一緒で、JavaScript 言語のより高度な構文や機能を学べば、よりよい表現のプログラムを書けるようになります。

実用的なプログラムを書くにはいろいろなライブラリの使い方を知ることも欠かせません。今ではどんな分野でも、便利な関数やメソッドを提供するライブラリが必ず見つかります。次のステップとして、好きな分野のライブラリを

一つ選んで使い方を学んでみるのもよいでしょう。

読者は次にどんなステップを踏み出すのでしょうか。奥深いプログラミングの世界に読者が分け入る最初の手引きに本書がなれば幸いです。

友: 結局最後まで、同じことのちょっと違った書き方の話だったね。

先: まあ最後は書き方の表面的な違いの話だったけど。

嬢: あの、今更ですが、同じことをするプログラムなのに、違った書き方ができたら先生はやっぱり楽しいんですか？

先: えっ？ そのあたりの工夫の積み重ねで簡潔に書かないと、ちゃんと動く実用的な規模のプログラムは書けないからなあ。だって、ちょっとしたスマホのアプリだって何千行、何万行って書くんだよ。面白いだけではなくて大切なことなんだよ。

索 引

［は行］

［ま行］

［や行］

［ら・わ行］

[欧文]

［記号］

[著者略歴]
東京大学大学院情報理工学系研究科教授，博士（理学）
1968 年生まれ
1996 年 東京大学大学院理学系研究科博士課程単位取得退学
1996 年 東京大学大学院理学系研究科助手
1997 年 筑波大学電子・情報工学系講師
2001 年 東京工業大学大学院情報理工学研究科講師
2006 年 同助教授
2008 年 同教授
2011 年より現職
著　書『2 週間でできる! スクリプト言語の作り方』（技術評論社，2012）
　　　『アスペクト指向入門』（技術評論社，2005）
　　　『やさしい Java プログラミング』（アスキー，2004）

14 歳からのプログラミング

2021 年 8 月 19 日　初　版

著　者　千葉　滋（ちば しげる）

発行所　一般財団法人 東京大学出版会
代表者 吉見俊哉
153–0041 東京都目黒区駒場 4–5–29
電話 03–6407–1069 ／ FAX 03–6407–1991
振替 00160–6–59964

印刷所　三美印刷株式会社
製本所　牧製本印刷株式会社

ISBN 978–4–13–062461–9 Printed in Japan